Hans Zirker
Christentum und Islam

W0067352

Hans Zirker

CHRISTENTUM UND ISLAM

Theologische Verwandtschaft und Konkurrenz

Patmos Verlag
Düsseldorf

CIP-Titelaufnahme der Deutschen Bibliothek

Zirker, Hans:

Christentum und Islam:
theologische Verwandtschaft und Konkurrenz / Hans Zirker. –
1. Aufl. – Düsseldorf: Patmos-Verl., 1989
ISBN 3–491–77784–4

Umschlaggestaltung: Peter J. Kahrl, Neustadt/Wied
Gesamtherstellung: Boss-Druck, Kleve
3–491–77784–4

Inhalt

Vorwort 9

I. Verständnisvoraussetzungen und Verständigungsinteressen 13

II. Das Verhältnis von Christentum und Islam:
   ein besonderer Fall 18

   1. Die Schwierigkeiten einer theologischen Zuordnung des
      Islam 18
   2. Die Ausdrücklichkeit der Konkurrenz 24
   3. Der wirkungsgeschichtliche Zusammenhang 27
   4. Die strukturelle Verwandtschaft in der Verschiedenheit . . 34

III. Bedeutung und Grenzen der Äußerungen des
    Zweiten Vatikanischen Konzils über die nichtchristlichen
    Religionen 38

   1. Die Bereitschaft zur Verständigung 40
   2. Die Bevorzugung des Gemeinsamen 43
   3. Die Ausblendung der Differenzen 46
   4. Die Beschränkung des Dialogs in der Selbstbehauptung . . 52

IV. Das Selbstbewußtsein der Endgültigkeit 55

   1. Die Überbietung der Vergangenheit 55
      a. Christlich: Die Heilsgeschichte von Verheißung und
         Erfüllung 56
      b. Islamisch: Die Restauration der verderbten Ordnung 64
   2. Der theologische Grund 71
      a. Christlich: Die unüberbietbare Nähe Gottes in
         Jesus Christus 72

5

b. Islamisch: Die universale Verkündigung von Gottes
Willen im Koran 78
3. Die fundamentale Norm für die Zukunft 85
a. Christlich: Die Überlieferung nach Maßgabe der Schrift 86
b. Islamisch: Die bleibende Gegenwart des Buchs 90

V. Notwendige Spielräume späterer Verarbeitungen 94

1. Die Rolle der Überlieferung 95
a. Christlich: Die schöpferische Leistung der Tradition in
der Vermittlung des Ursprungs 96
b. Islamisch: Die Hadithe als Auslegung des Korans und
zusätzliche Quelle des Rechts 101
2. Die Autorität nachgeordneter Instanzen 104
a. Christlich: Die dogmatische Entscheidungsgewalt der
Konzilien und des päpstlichen Lehramts nach
römisch-katholischer Lehre 105
b. Islamisch: Die Rechtsfindung durch Rechtsgelehrte .. 112
3. Die Ausprägung kultureller Vielfalt –
geschichtlich und regional 120
4. Konfessionen, Sekten, Parteien 128

VI. Anfechtungen der Endgültigkeitsansprüche 133

1. Die Serie der Überbietungen 133
2. Die unüberwindbare Begrenztheit der jeweiligen
Überzeugungsgemeinschaften 143
3. Geschichtliche Relativierungen 148
a. Geschichtliches Denken in christlicher Theologie als
Folge der Aufklärung 149
b. Beunruhigungen durch geschichtliches Denken in
islamischer Theologie 156
4. Öffentliche Geltungsverluste 161

VII. Religiöse Verständigung angesichts der konkurrierenden
Geltungsansprüche 165

1. Naheliegende Gefahren des religiösen
Endgültigkeitsbewußtseins 167

    a. Moralische und intellektuelle Diskriminierungen 168
    b. Angstbesetzte Abwehr kultureller Veränderungen ... 171
 2. Voraussetzungen und Aufgaben religiöser Verständigung 177
    a. Die Wahrheitsfrage angesichts des unabgeschlossenen
       Glaubensverständnisses 177
    b. Zusätzliche Orientierungen für das verantwortliche
       Handeln 182
    c. Religiöse Erfahrungs- und Lerngemeinschaft 189

Register der Bibelzitate 194
Register der Koranzitate 195
Sachregister 196
Personenregister 199

Bibliographische Hinweise

Die *Abkürzungen* bei bibliographischen Angaben richten sich nach dem Abkürzungsverzeichnis der Theologischen Realenzyklopädie, zusammengestellt von *Siegfried Schwerdtner,* Berlin/New York 1976; darin sind nicht enthalten:

CGG: Christlicher Glaube in moderner Gesellschaft. Enzyklopädische Bibliothek in 30 Teilbänden, hg. von *Franz Böckle u. a.,* Freiburg/Basel/Wien 1981–1982

EncRel(E): The Encyclopedia of Religion, hg. von *Mircea Eliade,* 15 Bde., London 1987

HFth: Handbuch der Fundamentaltheologie, hg. v. *Walter Kern u. a.,* Bd. 1–4, Freiburg/Basel/Wien 1985/1985/1986/1988

HrwG: Handbuch religionswissenschaftlicher Grundbegriffe, hg. von *Hubert Cancik, Burkhard Gladigow, Matthias Laubscher,* Stuttgart u. a. 1988 ff

LexRel: Lexikon der Religionen, begr. von *Franz König,* hg. von *Hans Waldenfels,* Freiburg/Basel/Wien 1987

LrelG: Lexikon religiöser Grundbegriffe. Judentum, Christentum, Islam, hg. von *Adel Theodor Khoury,* Graz/Wien/Köln 1987

NHthG: Neues Handbuch theologischer Grundbegriffe, hg. von *Peter Eicher,* Bd. 1–4, München 1984–1985

Rückverweise in den Fußnoten beziehen sich jeweils nur auf andere Fußnoten desselben Kapitels.

Transkriptionen aus dem Arabischen erfolgen nach den Regeln der Deutschen Morgenländischen Gesellschaft, falls es sich nicht um Wörter handelt, die schon in deutscher Orthographie verbreitet sind (wie Bahai, Hadith, Mohammed, Schia u. ä.) oder in einem Zitat stehen.

Der *Koran* wird nach der Verszählung der offiziellen Ausgabe von Kairo zitiert. Die eigenen Übersetzungen sind wechselnd angelehnt an die von Rudi Paret (Stuttgart 1979, überarbeitete Taschenbuchausgabe) und Adel Theodor Khoury (Gütersloh 1987, GTB 783).

Die *Bibelzitate* richten sich zumeist nach der »Einheitsübersetzung«.

Wenn sonstige fremdsprachige Literatur deutsch zitiert wird, ist entweder die Quelle der deutschen Fassung mitvermerkt, oder es handelt es sich um eine eigene Übersetzung.

Vorwort

Wer euch aber ein anderes Evangelium verkündet, als wir euch ver-
kündet haben, der sei verflucht, auch wenn wir selbst es wären oder ein
Engel vom Himmel. Was ich gesagt habe, das sage ich noch einmal:
Wer euch ein anderes Evangelium verkündigt, als ihr angenommen
habt, der sei verflucht! (Gal 1,8 f)

Wenn jemand zu euch kommt und nicht diese Lehre mitbringt,
dann nehmt ihn nicht in euer Haus auf, sondern verweigert ihm den
Gruß! Denn wer ihm den Gruß bietet, macht sich mitschuldig an sei-
nen bösen Taten. (2 Joh 10 f)

Er [Gott] ist es, der seinen Gesandten mit der Rechtleitung und der
wahren Religion gesandt hat, um ihr über jegliche Religion den Sieg zu
verleihen. Gott genügt als Zeuge. (Koran 48,28)

Wer aber eine andere Religion als den Islam begehrt – sie wird nicht
von ihm angenommen werden. Und im Jenseits gehört er zu den Verlie-
rern. (Koran 3,85)

Diese Zitate aus Bibel und Koran könnten wie Signale einer be-
absichtigten Diskriminierung wirken; als ob Christentum und Islam
hier von vornherein als zwei Religionen angeprangert werden sollten,
die prinzipiell so absolut auf ihr eigenes Bekenntnis fixiert wären, daß
sie sich in wechselseitiger Opposition und Konkurrenz offensichtlich
ihre Glaubwürdigkeit selbst ruinierten. Doch ein solches Vorurteil zu
suggerieren liegt hier fern; denn es geht im folgenden um eine theologische Untersuchung, die sich ihrem Wesen nach der eigenen Glaubens-
tradition verbunden weiß. Zugleich aber – dies macht hier die besondere Spannung aus – soll versucht werden, zwei weitere Größen ver-
ständnisbereit miteinzubeziehen:
  – Thematisch ausdrücklich vorgegeben ist der *Islam,* eine Religion
in der Wirkungsgeschichte des Christentums, bis heute von diesem
zumeist nicht nur dogmatisch ausgegrenzt – das liegt nahe –, sondern
im allgemeinen auch theologisch geringgeschätzt und außerhalb der

relativ kleinen Gruppe von Spezialisten kaum beachtet – das freilich ist vor allem die Folge einer geschichtlich weit zurückreichenden überheblichen Unkenntnis[1]. Obwohl in der Neuzeit das Interesse am Islam wuchs und zu einem großen Reichtum an orientalistischen Studien führte, ergab sich daraus doch nur »ein schwaches Echo in der Theologie«[2].

– Nicht gleichermaßen unmittelbar und ausführlich, aber dennoch konsequenzenreich wird bei dem gestellten Thema auch mit im Spiel sein, was in grober Benennung »*neuzeitliche Aufklärung*« heißt, in der Christentumsgeschichte mit zwiespältigem Ruf bedacht[3], heute theologisch eher positiv besetzt; doch die Herausforderungen und Einsprüche, die von ihr ausgehen, sind hartnäckig. Sie betreffen in erster Linie *zwei Fragen:* zum einen, wieweit sich die Religionen auf die *argumentative Verantwortung der Geltungsansprüche* ihrer Traditionen einlassen wollen, und zum anderen, in welchem Maße sie sich dabei einer *praktischen Vernunft* im Interesse der *Freiheit* und des *Gemeinwohls* verpflichtet sehen.

In diesem Zusammenhang muß man selbstverständlich berücksichtigen, daß es – vor allem dem Islam gegenüber – ungerecht wäre, wollte man religiöse und theologische Traditionen schlechthin nach Kriterien bemessen, die der abendländischen Aufklärung und der durch sie beförderten Freiheitsgeschichte entstammen. Dies gilt um so mehr, als man in der Kultur der Moderne neben den konstruktiven Kräften und Ergebnissen die destruktiven nicht übersehen kann und sich dabei der Eindruck aufdrängt, daß mit der weltweiten Auflösung traditionaler Geltungen und Sicherheiten nur die Destabilisierungen »heute schon unwiderruflich universell« geworden sind, während die Macht, »durch Verbreitung von Wissenschaft und wirtschaftlichem Fortschritt, von Information und Bildung, von Demokratie und Menschenrechten das

---

[1] Vgl. *Louis Gardet,* Les hommes de l'Islam. Approche des mentalités, Paris 1977, 316–322: Ignorance et malentendus; *Maxime Rodinson,* Die Faszination des Islam, München 1985 (orig.: Paris 1980), 18–104: Die muslimische Welt im Spiegel des Westens; *Richard W. Southern,* Das Islambild des Mittelalters, Stuttgart 1981 (orig.: Harvard 1962).

[2] *Felix M. Pareja,* Islam, in: SM II, 874–888, hier 886 (diese Situation hat sich seit 1968 nicht grundlegend verändert). Vgl. aber auch die hierzu relevanten Beiträge in Conc 12, 1976, Heft 6/7 (bes. von *Norman Daniel, Youakim Moubarac* und *ders./Guy Harpigny*) sowie – im Blick nur auf protestantische und anglikanische Theologen – *Klaus Hock,* Der Islam im Spiegel westlicher Theologie. Aspekte christlich-theologischer Beurteilung des Islams im 20. Jahrhundert, Köln/Wien 1986.

[3] Vgl. *Martin Schmidt,* Aufklärung II. Theologisch, in: TRE IV, 594–608; *Max Seckler,* Aufklärung – eine Herausforderung des Christentums als Offenbarungsreligion,: ThQ 159, 1979, 82–92; *ders.,* Aufklärung und Offenbarung, in: CGG 21, 78.

Leben der Menschen zu erleichern und vor Willkür zu schützen, [...]
mit der Ausnahme winziger Sektoren provilegierter Eliten in den Ländern des Südens das Monopol des Nordens geblieben«[4] ist.

Doch hat jedenfalls die Aufklärung mit ihren Folgen die kulturellen Bedingungen weltweit so stark geprägt, daß sich ihnen heute
letztlich keine der Religionen entziehen kann, falls sie sich noch jenseits ihrer eigenen Grenzen verständlich machen und dabei wenigstens
respektabel bleiben will. Es wäre letztlich auch für den Dialog zwischen Christen und Muslimen verhängnisvoll, wenn er auf beiden Seiten vor allem von denen geführt würde, die zu den Anforderungen neuzeitlicher Kultur gerne in Distanz gehen und sich am liebsten unange-
fochten auf das beschränken möchten, was sich ihnen schon von ihrer
religiösen Tradition her aufdrängt.

Auf die Schwierigkeiten, die in solchen komplexen Zusammenhän-
gen gegeben sind, sollten die einleitenden Zitate anspielen. Sie können
vielleicht schon assoziativ nahelegen, daß nicht rein wissenschafts-
interne Fachprobleme anstehen, sondern die Sichtung und Verarbeitung von theologischen Positionen, die für das religiöse, aber auch darüber hinaus kulturelle und schließlich gar politische Klima folgenreich
sind. Es geht insgesamt immer wieder darum, ob und wie die Religionen in der Lage sind, einerseits *Orientierung* – dies heißt notwendigerweise auch: *zuverlässige Sicherheit* – zu stiften und andererseits
zugleich einen Raum *kommunikativer Freiheit* offenzuhalten.

Selbstverständlich ist es bei einem derart vielschichtigen Gegenstand der Untersuchung notwendig, auf zahlreiche Vorarbeiten zu-
rückzugreifen. Die Fußnoten geben darüber – trotz ihres manchmal
beträchtlichen Umfangs – nur begrenzt Rechenschaft. Die in ihnen
notierten Publikationen wurden besonders unter dem Gesichtspunkt
ausgewählt, daß sie repräsentative Stimmen zu Wort kommen lassen
und dem daran Interessierten weiterführende Wege weisen.

Wer sich mit Fragen der interreligiösen Beziehungen beschäftigt,
wird bald einen auffälligen Tatbestand bemerken: Die entsprechenden
theologischen Veröffentlichungen (vor allem die deutschsprachigen)
neigen häufig dazu, entweder den »Dialog« mit den nichtchristlichen
Religionen, deren Verständnis als »Heilswege« u. ä. recht grundsätzlich zu erörtern, doch dabei kaum bestimmte Religionen genauer wahr-

---

[4] *Thomas Meyer,* Fundamentalismus. Die andere Dialektik der Aufklärung, in: Ders. (Hg.),
Fundamentalismus in der modernen Welt. Die Internationale der Unvernunft, Frankfurt
1989, 13–22, hier 21.

zunehmen, oder zwar religionswissenschaftlich differenzierte Kenntnisse aufzugreifen, sich dabei aber weitgehend selbst mit der religionswissenschaftlichen Beschreibung zu begnügen und nur knapp die wesentlichen Differenzpunkte anzumerken[5]. Wie man so jedoch theologisch über die bloße Problemanzeige hinauskommen soll, ist nicht deutlich absehbar. Daß die wissenschaftliche Situation in dieser Sache derzeit noch einigermaßen unzulänglich ist, bezeugt das von Wolfhart Pannenberg jüngst in zurückhaltender Zuversicht geäußerte Urteil: »Die Durchführung systematischer Vergleiche zwischen den konkurrierenden Auffassungen der Weltreligionen wird vermutlich zu den Aufgaben gehören, die die systematische Theologie in Zukunft stärker beschäftigen werden.«[6] Dazu will diese Studie ihr Teil beitragen.

---

[5] Zu den Versuchen, einen weiterreichenden Weg zu finden, zählt demgegenüber *Hans Küng* u. a., Christentum und Weltreligionen. Hinführung zum Islam, Hinduismus und Buddhismus, München 1984.

[6] *Wolfhart Pannenberg,* Systematische Theologie, Bd. 1, Göttingen 1988, 9. Ein beachtliches Beispiel ist in dieser Hinsicht der Vergleich des muslimischen und christlichen Theologieverständnisses von *Louis Gardet/M.-M. [Georges C.] Anawati,* Introduction à la théologie musulmane. Essai de théologie comparée, Paris ³1981.

I. Verständnisvoraussetzungen und Verständigungsinteressen

Eine fremde Religion kann man unter verschiedenen Absichten und wechselnden Perspektiven wahrnehmen. Meistens herrscht weithin – auf wissenschaftlicher wie populärer Ebene – zunächst das Interesse vor, die andere religiöse Lebenswelt mit ihrer eigenen Geschichte, ihren besonderen Ausdrucksformen und Glaubenselementen einfach unvoreingenommen kennenzulernen. Zwar ist man sich dabei durchweg der Tatsache bewußt, daß es in solchem Zusammenhang ein rein objektives Verstehen und Beschreiben nicht gibt, sondern daß immer schon unumgängliche Verständigungsvoraussetzungen mit im Spiel sind; doch orientiert man sich gerade deshalb vorrangig an dem respektablen Ziel einer möglichst einfühlsamen sachgemäßen Darstellung, die sich in Wertungen soweit wie möglich zurückhält. Vor allem läßt man bei solcher Absicht die Frage nach der *Wahrheit* von Glaubensaussagen, nach der *Verbindlichkeit* religiöser Forderungen, nach dem *Verpflichtungsgrund* der Geltungsansprüche und schließlich auch danach, wie derartige Überlegungen überhaupt in das Verständnis anderer Religionen einbezogen werden könnten, beiseite.

Diese Zurückhaltung ist offensichtlich angebracht, wenn mangelnde Kenntnisse und verfestigte Vorurteile deutlich den Zugang zu der uns fremden Kultur blockieren und zuerst einmal die groben Verständnisbarrieren verringert werden sollen. Dringlich wird dies für jedermann besonders dort, wo uns die fremde Lebenswelt nicht fern liegt, sondern in unserer alltäglichen Umgebung anzutreffen ist – bei den Menschen, die, obwohl sie unter uns leben, einer anderen Kultur angehören, auf sie angewiesen sind und sich in ihren äußeren Erscheinungsformen wie in ihren Überzeugungen und Verhaltensweisen von unseren eigenen Vorstellungen, Gewohnheiten und Normen in mancher Hinsicht unterscheiden.

Darüber hinaus ist eine solche Selbstbeschränkung auf sachliche, möglichst wertungsfreie Kenntnisnahme aber auch im wissenschaftlichen Bereich als prinzipielle Grundhaltung institutionalisiert: bei der arbeitsteiligen Differenzierung der universitären Disziplinen in der

Religionswissenschaft, die sich von der Theologie betont abhebt[1]. Sie hält das Bewußtsein wach, daß man, um Religion zu verstehen, immer mehr als eine im Blick haben sollte; sonst könnte die religiöse Kultur, die gerade den jeweiligen Wahrnehmungshorizont beherrscht, gar zu leicht in gottgegebener oder naturwüchsiger Selbstverständlichkeit erscheinen.

Aber mit dem Bemühen um ein einfühlsames und sachgemäßes Verständnis der Religionen in ihrer geschichtlichen und kulturellen Besonderheit ist die Erörterung ihrer (oft und in vielen Hinsichten konkurrierenden) *Geltungsansprüche* nicht schon hinfällig geworden. Zwar besteht nicht selten die Neigung, religiöse Überzeugungen einfach einer nicht weiter reflektierten Subjektivität zu überlassen, sie im Verweis auf persönliche Wertschätzungen und individuelle Entscheidungen jeglicher Auseinandersetzung zu entziehen oder sie einfach bei den lebensgeschichtlichen Zufällen zu verbuchen; doch wer Religion und Religionen so beurteilt, fällt über sie selbst schon ein fundamentales Urteil, das wieder erst gerechtfertigt werden müßte, wenn nicht dem ganzen religiösen Bereich samt seinen Verständigungsvoraussetzungen die Möglichkeit argumentativer Erörterung und Begründung prinzipiell bestritten werden soll. Das wertvolle Ziel, eine Religion so weit wie möglich so zu sehen (und eventuell auch didaktisch zu vermitteln), wie derjenige sie begreift, der ihr angehört, macht die *Aufgabe* nicht überflüssig, sich und anderen *erstens* zu sagen, wie man diese Religion vom eigenen Standort her zu sehen in der Lage ist, und schließlich auch *zweitens,* unter welchen Gesichtspunkten man die andere Religion nach den Kriterien des eigenen Standortes vielleicht mehr zu schätzen vermag und unter welchen weniger[2].

---

[1] Vgl. *Peter Antes,* Religion in den Theorien der Religionswissenschaft, in: HFth I, 34–56; *Thomas L. Benson/Eric J. Sharpe/Seymour Cain,* Study of Religion, in EncRel(E) XIV, 64–83; *Burkhard Gladigow,* Religionsgeschichte des Gegenstandes – Gegenstände der Religionsgeschichte, in: Hartmut Zinser (Hg.), Religionswissenschaft. Eine Einführung, Berlin 1988, 6–37; *ders.,* Gegenstände und wissenschaftlicher Kontext von Religionswissenschaft, in: HrwG I, 26–40; *Hans-Jürgen Greschat,* Was ist Religionswissenschaft?, Stuttgart 1988; *Günter Lanczkowski,* Einführung in die Religionswissenschaft, Darmstadt 1980; *Ulrich Mann (Hg.),* Theologie und Religionswissenschaft. Der gegenwärtige Stand ihrer Forschungsergebnisse und Aufgaben im Hinblick auf ihr gegenseitiges Verhältnis, Darmstadt 1973; *Frank Whaling,* Introduction: Contrast between the Classical and Contemporary Periods in the Study of Religion, in: Ders. (Hg.), Contemporary Approaches to the Study of Religion, Volume I: The Humanities, Berlin/New York/Amsterdam 1984, 1–28, hier 13–16: Truth-claims, philosophy, and theology.

[2] Zu unterschiedlichen Tendenzen in dieser Hinsicht vgl. *John Hick (Hg.),* Truth and Dialogue. The Relationship between World Religions, London 1974; *Paul F. Knitter,* Ein Gott – viele Religionen. Gegen den Absolutheitsanspruch des Christentums, München 1988 (orig.: Mary-

So praktikabel und ratsam also für eine gewisse Strecke die Selbstbeschränkung auf die bloße Kenntnisnahme der fremden Lebensformen und Äußerungen – eventuell im wechselseitigen Vergleich – auch ist, so ungerechtfertigt wäre doch der grundsätzliche Verzicht auf eine wertende Prüfung religiöser Geltungen.

Aber selbst die Aufteilung in eine vorgängige einfühlsame und sachliche *Kenntnisnahme* und eine nachgeordnete *Auseinandersetzung,* die auf Werturteile nicht verzichten kann, ist letztlich noch bedenklich. Es ist zwar möglich, daß man etwa angesichts eines fremden Bekenntnisses zunächst einerseits einfach danach fragt, *was es meint,* und andererseits – davon abgehoben und erst in zweiter Linie –, *ob es sich als »wahr«, »verpflichtend«, »verantwortbar« o. ä. behaupten läßt.* Solange wir derart unterscheiden, scheint im ersten Fall – einer bloß semantischen Klärung – unser Urteil darüber, was wir selbst von dem Bekenntnis halten, unerheblich. Hier bewegen wir uns etwa auf der Ebene der Historiker, Sprach- oder Religionswissenschaftler. Erst im zweiten Fall – der pragmatischen Prüfung – wird dann die Sache kritisch: Hier geht es um die Verantwortbarkeit der jeweiligen Äußerung angesichts von Maßstäben der Realität, des Ethos usw., die je unsere sind und die wir zugleich grundsätzlich für generalisierbar halten müssen, wenn wir uns nicht selbst von vornherein in ein weltanschauliches Getto einschließen wollen. Aber obwohl die beiden derart gestellten Fragen nach dem *Inhalt* und nach der *rechtfertigenden Behauptung* eines Bekenntnisses zwei verschiedene zu sein scheinen, so sind sie es bei näherem Hinschauen doch nicht: Wenn wir voraussetzen können, daß Gläubige ihr Bekenntnis in irgendeiner Weise auf Realität beziehen und von ihr her für verantwortbar halten, dann schließt die Frage, *was* sie meinen, bereits die andere, *warum* sie dies im Blick auf ihre Welt meinen sagen zu können, ein. Ihre Äußerung beansprucht also nicht nur irgendeine semantische Bedeutung – die

knoll/New York 1985), 158, vor allem 153–195 über »die Herausforderung des interreligiösen Dialogs«; *Hans Küng,* Gibt es die eine wahre Religion? Versuch einer ökumenischen Kriteriologie, in: Ders., Theologie im Aufbruch. Eine ökumenische Grundlegung, München/Zürich 1987, 274–306; *Wolfhart Pannenberg,* Systematische Theologie, Bd. 1, Göttingen 1988, 167–188: Die Frage nach der Wahrheit der Religion und die Religionsgeschichte; *Hans Waldenfels,* Ist der christliche Glaube der einzig wahre? Christentum und nichtchristliche Religionen, in: StdZ 205, 1987, 463–475. Zur »Balance von Wahrnehmung und Wertung« in der schulischen Vermittlung fremder Religionen vgl. *Hans Zirker,* Das Thema »Islam« im katholischen Religionsunterricht – Didaktische Voraussetzungen, in: Hans Vöcking/Hans Zirker/Udo Tworuschka/Abdoljavad Falaturi, Analyse der katholischen Religionsbücher zum Thema Islam, Braunschweig 1988, 16–29, hier 25 f.

hat innerhalb eines entsprechenden Textes beispielsweise schon die Rede von einem »Einhorn« –, sondern darüber hinaus auch einen erkennbaren Erfahrungs- und Handlungsbezug. Wir haben demnach das Bekenntnis anderer Menschen so lange noch nicht voll verstanden, als wir nicht sehen, woher sie es verantworten wollen und ob sie dies können oder ob sie unverantwortet, gar unverantwortlich reden[3].

Freilich ist von vornherein damit zu rechnen, daß einer solchen Verständigungsabsicht deutliche *Grenzen* gesetzt sind. Es gibt kein Verfahren einer rationalen Rekonstruktion der Glaubwürdigkeit religiöser Überzeugungen. Diese werden in einem weitreichenden, letztlich unabschließbaren lebens- und kulturgeschichtlichen Komplex von Erfahrungen aufgebaut. »Die Prüfung der Wahrheitsansprüche, die Religionen mit ihren Behauptungen über Dasein und Wirken der Götter erheben, erfolgt primär also nicht in Gestalt wissenschaftlicher Untersuchungen und Bewertungen, sondern im Prozeß des religiösen Lebens selber.«[4] Dieser dichte und vielschichtige, zugleich sehr persönliche Begründungszusammenhang läßt sich nicht in eine schlüssige Argumentationsfolge übersetzen. Oft kann man von ihm nur aus unterschiedlicher Nähe und Distanz, mit wechselnder Beteiligung und Betroffenheit erzählen. Wie weit diese und andere Formen der Mitteilung und Wahrnehmung tragen, ist nicht allgemeingültig auszumachen. Eine entscheidende Rolle spielen dabei *Werterfahrungen* und absehbare *Handlungskonsequenzen*. Die unmittelbare Frage nach der Glaubwürdigkeit religiöser Geltungsansprüche entzieht sich demnach der distanzierten Beurteilung[5].

Als eine über die rein rationalen Schwierigkeiten hinausgehende Belastung ist schließlich der Tatbestand zu sehen, daß die Religionen nicht nur zum Aufbau und zur Förderung von Humanität beitrugen, sondern diese oft auch behinderten, ja nicht selten sogar unmittelbar Aggressivitäten und destruktive Haltungen förderten. Dies gilt für das Christentum und den Islam in besonderem Maß. Die Geschichte der

---

[3] Außer fundamentaltheologischen Erörterungen, die sich primär um die Selbstrechtfertigung des eigenen Glaubens bemühen, sind in diesem Zusammenhang religionsphilosophische Abhandlungen und Diskurse beachtenswert, etwa *Willi Oelmüller (Hg.),* Wahrheitsansprüche der Religionen heute, Paderborn 1986; *Richard Schaeffler,* Religionsphilosophie, Freiburg/München 1983; *Hermann Schrödter,* Analytische Religionsphilosophie. Hauptstandpunkte und Grundprobleme, Freiburg/München 1979.

[4] *W. Pannenberg,* Systematische Theologie, Bd. 1 (s. Anm. 2), 175.

[5] Darin liegt der gute Grund für die etwas fragwürdig formulierte Feststellung von *P. F. Knitter,* Ein Gott – viele Religionen (s. Anm. 2), 194, daß es vielleicht besser sei, interreligiöse Urteile »gar nicht erst zu beabsichtigen, sondern sie einfach von selber zustandekommen zu lassen«.

Religionskritik zeigt deutlich, wie beide Momente – das der *rationalen Bedenken* und das der *moralischen Empörung* – zusammenkommen, sich wechselseitig bestärken und allen religiösen Legitimierungsversuchen hartnäckige Verlegenheiten bereiten[6].

Einer Erörterung religiöser Geltungsansprüche, die nicht lebensgeschichtliche Voraussetzungen in schlüssige Argumente umformulieren kann – vor allem angesichts respektabler Konkurrenzen –, bleibt deshalb nur übrig, nach zweierlei Ausschau zu halten:

– mit welchen *faktischen Vorgaben* eine mögliche Verständigung rechnen muß, wenn sie die Lage richtig einschätzen will, und

– welche *regulativen Voraussetzungen* sie zu beachten hat, wenn ihr Weg verantwortbar sein soll[7].

Unter dieser Voraussetzung wird in den folgenden Kapiteln das Verhältnis von Christentum und Islam erörtert werden, und zwar in der besonderen Hinsicht darauf, daß beide Religionen den Anspruch erheben, die Offenbarung Gottes an die Menschen in ihrer endgültigen Gestalt zu vermitteln. Dabei kann es nach den vorausgehenden Überlegungen nicht genügen, nur das jeweilige religiöse Selbstverständnis darzulegen und die entsprechenden Glaubensäußerungen aneinander zu messen; denn damit käme man noch nicht über eine religionswissenschaftliche oder auch dogmatische Deskription hinaus. Das *Ziel* ist vielmehr, einerseits auf dem Umweg über die Wahrnehmung des Islam die Verantwortbarkeit des christlichen Glaubens, seine Mitteilbarkeit auf mögliche Zustimmung hin zu untersuchen, dabei aber auch andererseits auf seiten des Islam die Momente herauszuarbeiten, mit denen er bei der Behauptung seines Geltungsanspruchs dem Christentum gegenüber besonders rechnen müßte. Die Absicht dieser Studie ist also letztlich eine *fundamentaltheologische*. Sie will mit dem Blick auf den Islam – und dabei auf ein grundlegendes Moment seines Selbstverständnisses – einen begrenzten Beitrag liefern zu der weit umfangreicheren Aufgabe einer *Hermeneutik des christlichen Glaubens in einer religiös pluralen Welt*.

---

[6] Vgl. *Heinz Robert Schlette,* Skeptische Religionsphilosophie. Zur Kritik der Pietät, Freiburg 1972; *Hans Zirker,* Religionskritik, Düsseldorf ²1988, etwa 30–44: Die sozialen Voraussetzungen neuzeitlicher Religionskritik.

[7] Zu dieser hermeneutischen Aufgabe vgl. *Hans Zirker,* Lesarten von Gott und Welt. Kleine Theologie religiöser Verständigung, Düsseldorf 1979, bes. 66–109: Literarische Freiheit und Wahrheitsanspruch; 141–205: Verantwortung des Glaubens – Verhandlung von Texten.

II. Das Verhältnis von Christentum und Islam: ein besonderer Fall

Die theologische Rede von »*den* nichtchristlichen Religionen« hat ihre Tücken. Dies ist offensichtlich und allgemein bewußt im Blick auf das Judentum, mit dem sich das Christentum aufgrund seiner Herkunft in unvergleichlicher Weise verbunden sehen muß und das es deshalb nicht in gleichem Abstand neben die übrigen Religionen unserer Welt stellen kann. Aus anderen Gründen müßte der christlichen Theologie aber auch verwehrt sein, den Islam einfach gemeinsam mit Buddhismus, Hinduismus usw. in eine Gruppe hineinzunehmen, ihn unter einen globalen Begriff zu fassen und in solcher Kumulation sein Verhältnis zum Christentum zu erörtern. Dem steht weit mehr entgegen als die kulturelle Individualität, die selbstverständlich auch jeder anderen Religion auf ihre Weise zukommt.

1. Die Schwierigkeiten einer theologischen Zuordnung des Islam

Bis zur Gegenwart gerät die christliche Theologie in besondere Verlegenheiten, wenn sie bei der Erörterung der nichtchristlichen Religionen den Islam und seinen Offenbarungsanspruch wahrnimmt oder in entsprechendem Zusammenhang eigentlich wahrnehmen müßte. Dies ist auf der höchsten Ebene kirchlicher Lehräußerungen ebenso der Fall wie in theologischen Diskursen. Von der »Erklärung über das Verhältnis der Kirche zu den nichtchristlichen Religionen« des Zweiten Vatikanischen Konzils wird später eigens die Rede sein. Besonders bezeichnend ist jedoch, wie schwer sich in dieser Hinsicht selbst theoretische Versuche der Systematischen Theologie tun, die keinen amtlichen Charakter tragen, unbefangener problematisieren und deshalb auch von vornherein differenzierter angelegt sein können. Als Beispiel sei hier *Karl Rahners* Aufsatz über »Das Christentum und die nichtchristlichen Religionen« betrachtet[1]:

---

[1] *Karl Rahner,* Schriften zur Theologie, Bd. 5, Einsiedeln/Zürich/Köln 1962, 136–158.

Für Rahner ist »das Entscheidende im *Begriff des Heidentums* und somit auch der nichtchristlichen, der heidnischen Religionen (dieses Wort als theologischer Begriff ohne alle Abwertung gemeint) nicht die faktische Ablehnung des Christentums [. . .], sondern das Fehlen einer genügenden geschichtlichen Begegnung mit dem Christentum von ausreichender geschichtlicher Mächtigkeit, die das Christentum wirklich real anwesend sein läßt unter diesem Heidentum und in der Geschichte des betreffenden Volkes«[2]. Diese Situation im Nebeneinander der Religionen sieht er eigentlich erst beendet »durch das jetzt geschehende Aufbrechen des Abendlandes in eine planetarische Weltgeschichte hinein, in der jedes Volk und jeder Kulturkreis zum inneren Moment jedes anderen Volkes und jedes anderen Kulturkreises wird« und damit alle Religionen genötigt sind, einander zur Kenntnis zu nehmen[3]. Daß diese Situation der geschichtlichen Begegnung schon mit der Konfrontation von Christentum und Islam, ja schon mit dem Aufkommen des Islam als einer eigenen Religionsgemeinschaft gegeben war, wird hier übergangen. Selbstverständlich kann man immer und also auch in diesem Fall sagen, daß die wechselseitige Kenntnisnahme noch nicht »genügend« gewesen sei; doch geraten mit einer solchen Nivellierung der interreligiösen Beziehungen notwendige Unterscheidungen aus dem Blick. Auf diese Weise ist es für Rahner – zunächst ohne Einschränkung – möglich, die nichtchristlichen Religionen bis in unsere Zeit global als im Grunde »vorchristliche« Gemeinschaften zu bewerten und sie in ihrer prinzipiellen Hinordnung auf das Christentum, das für sie noch zukünftig ist, zu würdigen; so nämlich können sie mit bestimmten Einschränkungen als »*legitime* Religion anerkannt werden«[4].

Bezeichnenderweise sieht sich Rahner aber in diesem Zusammenhang schließlich doch veranlaßt, wenigstens mit einer knappen Bemerkung den Islam als einen Sonderfall anzusprechen. Im Anschluß an das Vorausgehende räumt er grundsätzlich ein, daß es in den anderen Religionen selbstverständlich nicht nur das noch Unvollkommene und Vorläufige gebe, sondern auch »Depravation«, also Verderbtes, Abwegiges, Illegitimes; diese Feststellung sei aber schließlich wenig bedeutsam, da sie nicht für eine dogmatische Beurteilung der Religionen tauge: Es sei fraglich, ob irgendeine von ihnen in letzter Ver-

[2] Ebd. 142.
[3] Ebd.
[4] Ebd. 143.

bindlichkeit »das Falsche zum eigentlichen Wesensbestandteil erheben« und so ihre Gläubigen nötigen könne, »dieses Depravierte als das Eigentlichste und Entscheidende anzunehmen oder aus dieser Religion gänzlich auszuscheiden«[5]. An dieser Stelle rechnet Rahner jedoch offensichtlich mit dem Einwand, daß wenigstens im Islam der Widerspruch gegen das christliche Dogma, die Ablehnung christologischer und trinitarischer Aussagen, einen zentralen Platz einnehme und deshalb die Verweigerung gegenüber der christlichen Lehre zum Kern des Glaubens gehöre; auf eine derart denkbare Einrede muß man Rahners beiläufige Äußerung beziehen: »Selbst wenn man so etwas vielleicht vom Islam als solchem sagen könnte, wäre so etwas immer noch von den meisten Religionen zu verneinen.«[6] Aber mit dieser hypothetischen Erwägung, daß es »vielleicht« um den Islam doch schlechter bestellt sei als um andere Religionen, läßt Rahner das Problem auf sich beruhen; er gibt hier höchstens noch zu bedenken, daß selbst im Fall einer substantiell pervertierten Religion immer noch nicht »die ›Anhänger‹ einer solchen Religion« als verwerflich erachtet werden müßten[7]. Doch diesen Grundsatz formuliert er schon nicht mehr ausdrücklich im Blick auf den Islam; ihm gegenüber verzichtet er in diesem Zusammenhang auf jede konkretere und weiterführende Stellungnahme.

Wenn man sich vergegenwärtigt, unter welcher Überschrift diese Ausführungen stehen – daß sie sich auf »*die*« nichtchristlichen Religionen beziehen wollen – , dann wird die theologische Unsicherheit und Sprachlosigkeit, die angesichts gerade dieser einen Religion Islam besteht, unübersehbar. Letztlich fehlen der christlichen Theologie für sie nach wie vor angemessene begriffliche Kategorien und Beurteilungsmaßstäbe. Der Islam läßt sich weder der traditionell geläufigen, vom Christentum klar distanzierten Gruppe der »Heiden« zurechnen noch in der Weise der jüdischen Religion als Vorgeschichte des Christentums würdigen.

Nur vereinzelt finden wir theologische Ansätze, den Islam als eine »*Vorbereitung auf das Christentum*« zu verstehen[8]. Welche Hemmun-

---

[5] Ebd. 150.

[6] Ebd.

[7] Ebd. 150. Zu *Rahners* Theorie des »anonymen Christentums« vgl. S. 146 mit Anm. 37.

[8] Vgl. *Thomas Ohm,* Machet zu Jüngern alle Völker. Theorie der Mission, Freiburg 1962, 151–154, wobei freilich Ohm selbst einwendet, »daß der Islam gegenüber dem Christentum einen Rückschritt und damit irgendwie Entfernung von Gott bedeutet« (154); vgl. auch *Georges C. Anawati,* Christentum und Islam. Ihr Verhältnis aus christlicher Sicht, in: Andreas Bsteh (Hg.), Dialog aus der Mitte christlicher Theologie, Mödling 1987, 197–216, hier 207–210 über die »Maximalisten« in der Hochschätzung des Islam.

gen und Verlegenheiten sich dabei aber ergeben können, zeigt der für das 19. Jahrhundert respektable Versuch von *Johann Adam Möhler,* dem Islam aus christlicher Sicht gerecht zu werden. Einerseits kommt er im Blick auf die Völker, die »sich der Islam unterwarf«, weil sie zumeist für das Christentum »noch nicht reif« waren, zu dem Urteil: »Mahommeds Satzungen vertreten die Stelle der mosaischen, die Einleitung und den Uebergang zum Evangelium.«[9] Dabei steigert er diese anerkennende Tendenz noch, indem er im Für und Wider verschiedener Gesichtspunkte zunächst das Argument für berechtigt hält, »daß der Islam [. . .] in gewisser Beziehung noch höher stehe, als der Mosaismus, daß er zwischen diesem und dem Christenthum in der Mitte schwebe, daß er demnach geistiger sei, und in Folge davon, selbst wenn er abgerissen würde von dem mit ihm vermischten Staate, auch sein Daseyn noch eher fortzusetzen vermöge, als der jüdische Nationalcult an sich.«[10] Als Gründe dafür, daß man den Islam höher einstufen könne als das Judentum, nennt Möhler außer der Anerkennung Jesu als Prophet Gottes im Koran die universale Mitteilbarkeit des muslimischen Glaubens, die erweiterte Vorstellung von Gottes Handeln in menschlicher Geschichte, die geminderte Bedeutung der Messiasidee und der messianischen Hoffnung, das reifere Verständnis des Kults und schließlich sogar die geläutertere Sittlichkeit, die sich zum einen darin zeige, daß das Wiedervergeltungsrecht zurücktrete und der Bereitschaft zur Verzeihung mehr Raum gebe, zum anderen darin, daß die Zeremonialgesetze im Umfang weniger seien und mit geringerer Ängstlichkeit beachtet würden[11]. Auch wenn die Muslime für Möhler damit noch nicht »den vollendeten Begriff« der Religion erreicht haben, »so lassen sie doch die Juden ebenso weit hinter sich, als sie selbst von den Christen übertroffen werden«[12]. Aber trotz alledem sieht sich Möhler genötigt, nachdrücklich festzuhalten, daß der Islam »auf Täuschung« beruhe, »wenn auch dieselbe unbewußt und unwillkührlich ist«, während im Gegensatz dazu der »Mosaismus« einen »übermenschliche[n] Ursprung« habe[13]; deshalb könne der Islam auf Dauer doch nicht so festen Bestand haben wie das Juden-

---

[9] *Johann Adam Möhler,* Ueber das Verhältniß des Islams zum Christentum, in: Ders., Gesammelte Schriften und Aufsätze, hg. von Joh. Jos. Ignaz Döllinger, Bd. 1, Regensburg 1839, 348–402, hier 386.

[10] Ebd. 391. – S. auch S. 150f (mit den Anm. 45 und 46) zu Hegels Bewertung des Islam als einer »vorchristlichen« Religion.

[11] Vgl. *Möhler,* ebd. 391–393.

[12] Ebd. 392.

[13] Ebd. 394.

tum, da Muslime auf ihrer trügerischen Grundlage, wenn sie ein ähnliches Schicksal erfahren müßten wie die Juden, nie die Kraft hätten, denselben Glaubensmut aufzubringen. »Der Ursprung muß sich gewiß in seinem Ende rächen.«[14]

Die heilsgeschichtliche Funktion, die dem Islam hier zunächst zugestanden wird, und die Wertschätzung, die er angeblich verdient, sollen also letztlich doch nicht im geringsten zu seiner theologischen Legitimation beitragen. Angesichts eines so unbefriedigend zwiespältigen Ergebnisses ist es verständlich, daß die Systematische Theologie bis heute auf weite Strecken hin den Islam in seiner Besonderheit unbeachtet ließ und somit der undifferenzierten und kulturgeschichtlich naiven Würdigung der »nichtchristlichen Religionen« insgesamt verhaftet blieb, selbst wenn sie die abwertende Bedeutung des älteren Begriffs »Heiden« zunehmend scheute und ihn schließlich ganz vermied.

So hebt etwa auch *Wolfhart Pannenberg* in seinen »Erwägungen zu einer Theologie der Religionsgeschichte« den christlichen Glauben zusammen mit dem Israels von allen übrigen Religionen unter dem Gesichtspunkt ab, daß diese zwar »mit derselben göttlichen Wirklichkeit zu tun« hätten wie die Botschaft Jesu, aber »ein eigentümliches Widerstreben der Menschen gegen die Unendlichkeit (Nichtendlichkeit) des göttlichen Geheimnisses« erkennen ließen[15]; daß sie – auf ihre eigene religiöse Ordnung fixiert – in einer »temporalen Verschlossenheit« vergangenheitsorientiert seien und sich »gegen die Zukunft ihrer eigenen Verwandlung« sperrten[16]. Doch kann bei dieser Aussage der Islam nicht ernsthaft im Blick gestanden haben; denn zum einen betont er noch energischer und radikaler als Judentum und Christentum die Transzendenz Gottes, und zum anderen ist seine Verkündigung so intensiv von eschatologischer Erwartung erfüllt, daß man ihm gewiß nicht eine Zukunftsvergessenheit vorhalten kann, jedenfalls keine, in der er mit allen übrigen nichtbiblischen Religionen zusammengeschlossen und mit ihnen von Judentum und Christentum abgesetzt werden

---

[14] Ebd. 394.

[15] *Wolfhart Pannenberg,* Erwägungen zu einer Theologie der Religionsgeschichte, in: Ders., Grundfragen systematischer Theologie. Gesammelte Aufsätze, Göttingen 1967, 252–295, hier 293.

[16] Ebd. 287. Differenzierter im Blick auf den Islam ist der Aufsatz von *Wolfhart Pannenberg,* Religion und Religionen. Theologische Erwägungen zu den Prinzipien eines Dialoges mit den Weltreligionen, in: A. Bsteh (Hg.), Dialog aus der Mitte christlicher Theologie (s. Anm. 8), 179–196, hier 192–195.

könnte. Hier scheint die Existenz des Islam einfach aus dem Blick geraten zu sein[17].

Es ist demgegenüber wenigstens konsequent, aber fragwürdig zugleich, wenn Karl Rahner in einem Aufsatz »Über die Heilsbedeutung der nichtchristlichen Religionen« von vornherein betont, es seien bei seinen Überlegungen »die jüdische Religion und der Islam ausgeklammert aus dem Begriff ›nichtchristliche Religion‹, weil das AT einen Teil derjenigen göttlichen Offenbarung hat, die das Christentum als ihm eigene betrachtet, der Islam wenigstens einen ausdrücklichen Bezug auf das Ganze der christlichen Offenbarung nimmt«[18]. Damit wird das bestehende Problem nur beiläufig angezeigt und zugleich völlig beiseite gelegt[19]. Dies ist um so erstaunlicher, als Rahner in solchem Zusammenhang den Islam doch als die Religion wahrnimmt, die für den Geltungsanspruch des Christentums die nächstliegende Vergleichsgröße ist, von der für das christliche Selbstverständnis die deutlichste Herausforderung ausgehen kann (aber auch dabei stellt er den Islam sofort wieder nivellierend zu allen übrigen Religionen): »Denn keine andere, nicht einmal der Islam, setzt sich selbst so absolut als *die* Religion, als die eine und einzig gültige Offenbarung des einen, lebendigen Gottes wie das Christentum.«[20]

Faktisch führt die unsichere Zurückhaltung der christlichen Theologie gegenüber dem Islam dazu, daß gerade diese eine der nichtchristlichen Religionen unausgesprochen auf einem religiös und intellektuell relativ geringen Rang eingestuft wird; denn einerseits wird sie bei weitem nicht derart wie das Judentum für wert befunden, daß man sich mit ihr

---

[17] Vgl. als weiteres Beispiel eines bedeutenden Theologen die Aussage von *Henri de Lubac,* daß sich »allein das Christentum« von der hoffnungslosen Gleichförmigkeit des zyklischen Denkens abhebe, »sofern es als einzige Religion gleichzeitig dem Menschen ein transzendentes und der Menschheit ein gemeinsames Ziel steckt« (Katholizismus als Gemeinschaft, Einsiedeln/Köln 1943, 124). Bei dieser Aussage wurde offensichtlich sogar das Judentum als bloße Vorgeschichte des Christentums in dieses subsumiert, das gegenwärtig noch existierende völlig vernachlässigt.

[18] *Karl Rahner,* Über die Heilsbedeutung der nichtchristlichen Religionen, in: Ders., Schriften zur Theologie, Bd. 13, Zürich/Einsiedeln/Köln 1978, 341–350, hier 341.

[19] Dies läßt sich nicht allein auf die persönliche Selbstbescheidung Rahners zurückführen, in der er an anderer Stelle bekennt: »Ich bin leider kein Kenner der islamischen Theologie« (Einzigkeit und Dreifaltigkeit Gottes im Gespräch mit dem Islam, in: Ders., Schriften zur Theologie, Bd. 13 [s. Anm. 18], 129–147, hier 130), sondern ist ein prinzipielles Dilemma. – Vgl. auch *Karl Rahner,* Grundkurs des Glaubens, Freiburg 1976, 303–312, wo ein Kapitel über »Jesus Christus in den nichtchristlichen Religionen« in rein dogmatischer Argumentation religionsgeschichtliche Tatbestände ausdrücklich und absichtsvoll völlig außer Acht läßt. Damit wird aber gerade gegenüber dem Islam auf jegliche Vermittlung mit der Realität verzichtet.

[20] Das Christentum und die nichtchristlichen Religionen (s. Anm. 1), 137.

theologisch befaßt, und andererseits läßt sich als Grund dafür nicht wie etwa im Blick auf Buddhismus und Hinduismus die große geschichtliche und kulturelle Distanz anführen. Zugleich kann man diesen fernöstlichen Religionen, wenn sie ihrerseits das Christentum nicht hinreichend würdigen, verständnisvoll ihren Abstand zugute halten und sie allein aus der ihnen eigenen Spiritualität würdigen, während man dem Islam – da er von seinen ersten Urkunden an über das Christentum spricht – aus christlicher Sicht immer ein bestimmtes Maß theologischer Ignoranz oder Verständnislosigkeit zu unterstellen geneigt ist. Die Differenzen werden dann vor allem auf flüchtige Kenntnisnahme des christlichen Glaubens zurückgeführt – schon von Mohammed und dem Koran an – , auf mangelnde Vertrautheit mit den biblischen Traditionen, auf unzuverlässige Gewährsmänner und ähnliches mehr. Dann ist die differenzierende Frage, wieweit dies für die Vergangenheit zutrifft und wieweit man darüber hinaus auch noch heute den Äußerungen islamischer Theologen eine ungenügende Wahrnehmung des Christentums entnehmen kann[21], sekundär; allein schon der stabile Widerstand islamischer Theologie legt auf christlicher Seite abschätzige Erklärungen nahe. Doch letztlich befriedigen diese nicht und können so ihrerseits Anlaß zu einer sorgfältigeren Wahrnehmung und einer gediegeneren theoretischen Verarbeitung des Islam werden.

Die christliche Theologie kann sich jedenfalls nicht auf Dauer verlegen der Frage entziehen, wie sie den Islam entweder in ihre Erörterung der nichtchristlichen Religionen ausdrücklich unterscheidend einbeziehen oder mit welchen begrifflichen Abgrenzungen sie sich ihm als einer eigenen Religion zuwenden will. Solange sie sich dazu nicht in der Lage sieht, trägt sie – auch wenn sie dies nicht will – zur Geringschätzung des Islam bei.[22]

2. Die Ausdrücklichkeit der Konkurrenz

Wenn Religionen mit ihren jeweiligen Lebensorientierungen aufeinandertreffen, können sie sich in unterschiedlichem Grad als Gegen-

[21] Vgl. etwa das deprimierende Ergebnis der Untersuchung von *Adel Theodor Khoury/Ludwig Hagemann,* Christentum und Christen im Denken zeitgenössischer Muslime, Altenberge 1986.

[22] Als ein Beispiel dafür, wie der Islam in bewußter theologischer Kategorisierung leichthin abgewertet wird, s. *Ernst Dammann,* Das Problem einer nachklassischen Religion, gezeigt am Islam, in: Willi Höpfner (Hg.), Der Islam als nachchristliche Religion, Wiesbaden/ Brecklum 1971, 20–32.

sätze erfahren. Falls sie – wie etwa der Hinduismus – davon ausgehen, daß sich verschiedene religiöse Systeme nicht wechselseitig ausschließen müssen, sondern auf je eigene Weise die Menschen zu ihrem Ziel führen können, sehen sie sich in ihren Differenzen nicht als Widersprüche, sondern als kulturell verschiedene Interpretationen, die man nebeneinander gelten lassen, vielleicht sogar in ihrer Vielgestaltigkeit und trotz ihrer Spannungen integrieren kann[23]. Anders ist es, wenn sich der Geltungsanspruch einer Religion an bestimmte institutionelle Formen, vor allem dogmatische Definitionen bindet, die gerade ihr und nicht in gleicher Weise auch anderen Religionen eigen sind. Dies ist wie sonst nirgends im Christentum und im Islam der Fall. Ihnen muß das Nebeneinander der verschiedenen religiösen Kulturen als ein unordentlicher Zustand der Menschheit erscheinen. Die unterschiedlichen Bekenntnisse stehen dann nach dieser Sicht zueinander in geschichtlicher Konkurrenz.

Doch selbst dabei gibt es noch einen erheblichen Unterschied: Zunächst kann eine Religion der anderen allein deshalb schon als Widerspruch zu ihren eigenen Überzeugungen erscheinen, weil sie sich einfach in ihrer Besonderheit behauptet und sich dabei vielleicht noch nicht einmal herausgefordert fühlt, die fremde Verkündigung als eine mögliche Bereicherung ernst zu nehmen. Doch im Verhältnis von Islam und Christentum ist dies prinzipiell anders. Im Unterschied zu den übrigen bedeutenden nichtchristlichen Religionen steht der Islam nicht einfach als eine fremde Glaubensgemeinschaft neben der christlichen, sondern er tritt dieser in ausdrücklicher geschichtlicher Rivalität entgegen. In der Verkündigung des Korans sieht der Muslim zwar einerseits eine Bestätigung aller vorausgehenden Offenbarungen, andererseits aber auch deren endgültige Formulierung, wie sie zuvor den Menschen nie gegeben war, da alle früheren Mitteilungen Gottes nicht gleichermaßen universal angelegt und für alle Zukunft gesichert waren. Insofern muß sich der Islam als die nicht mehr zu steigernde Überbietung des Christentums verstehen, das doch selbst seinem eigenen Anspruch nach unüberbietbar sein will, »nicht nur die faktisch höchste der bestehenden Religionen«, sondern darüber hinaus »die endgültige, wesensgemäß nicht mehr überbietbare, exklusive und universale Geltung beanspruchende Selbsterschließung Gottes für

---

[23] Vgl. *Gerhard Oberhammer (Hg.)*, Inklusivismus. Eine indische Denkform, Wien 1983 (in Auseinandersetzung mit *Paul Hacker,* Inklusivismus, ebd. 11–28); darüber hinaus *Peter Antes,* Christus und Christentum in der Sicht der großen Weltreligionen, in: ThPh 51, 1976, 385–396, bes. 388ff.

die Menschen aller Zeiten«[24]. Der Islam begreift sich als das Ende aller Offenbarungsgeschichte – angesichts der christlichen Überzeugung, daß das Wort Gottes an die Menschen bereits in der Geschichte Jesu endgültig erfahrbar geworden ist.

Freilich ist diese Beziehung von Christentum und Islam von vornherein ein ausdrücklich *asymmetrisches Konkurrenzverhältnis:* Der Islam sieht sich bereits mit der Verkündigung des Korans durch Mohammed auf die Christen verwiesen und zu ihnen in Konfrontation versetzt, während er umgekehrt seinerseits für das Christentum als die geschichtlich frühere Religionsgemeinschaft selbstverständlich kein ursprüngliches Thema sein kann. Daraus folgt, daß sich die wechselseitige Konkurrenz für den Islam als ein *fundamentales* Moment der *Offenbarungsgeschichte* darstellt, dem Christentum dagegen als ein *beiläufiges* Moment der *späteren Kirchengeschichte.* Beide Religionen haben dies auf ihre Weise noch theologisch zu verarbeiten:

– Die Christen haben sich mit der Frage zu befassen, ob der Islam bei seinem geschichtlich nachträglichen Widerspruch der biblischen Verkündigung prinzipiell entgegensteht oder ihr wenigstens in wesentlichen Stücken noch gerecht wird (im Mittelalter erörterte man dies unter der Alternative, ob der Islam dem Unglauben oder der Häresie zuzurechnen sei[25], und selbst in der Neuzeit spricht man gelegentlich im Blick auf das christlich-islamische Verhältnis nicht von zwei unterschiedlichen »Religionen«, sondern »Traditionen«[26]).

– Dem Islam seinerseits bleibt die Erörterung aufgegeben, ob das, was im Koran gegen Christen, ihre Überzeugungen, Verhaltensweisen und Lehren, gesagt wird, global auf das Christentum insgesamt zu beziehen sei, so daß die Urteile, die in besonderer geschichtlicher Lage gefällt wurden, darüber hinaus grundsätzliche Geltung behielten – auch etwa im Blick noch auf heutige Kirche und Theologie[27] –, oder ob man nicht viel stärker die situativen Bedingungen der Vergangenheit in Rechnung stellen müsse und dementsprechend die Urteile des Korans relativieren dürfe.

[24] *Walter Kasper,* Absolutheitsanspruch des Christentums, in: SM I, 39–44, hier 39.

[25] Vgl. dazu S. 32 f mit den Anm. 41–43.

[26] So bei dem vom Weltrat der Kirchen initiierten Treffen von Christen und Muslimen in Broumana (Libanon) im Jahr 1972 (vgl. *Heribert Busse,* Die theologischen Beziehungen des Islams zu Judentum und Christentum. Grundlagen des Dialogs im Koran und die gegenwärtige Situation, Darmstadt 1988, 169).

[27] Wie viel Differenzierungsarbeit in dieser Hinsicht noch zu tun bleibt, belegt die bereits genannte Untersuchung von *A. Th. Khoury/L. Hagemann,* Christentum und Christen im Denken zeitgenössischer Muslime (s. Anm. 21).

Wie immer dabei im einzelnen die Antworten ausfallen mögen, auf jeden Fall bleibt der Tatbestand, daß sich einerseits der Islam seiner Heiligen Schrift gemäß mit werbenden, mahnenden und drohenden Worten auf Christen bezieht und daß sich andererseits die Christen einer Religion gegenübersehen, in deren Verkündigung sie zwar auch mit Zustimmung, doch außerdem kräftig mit Widerspruch bedacht werden. Damit kann für sie die theologische Aufarbeitung ihres Verhältnisses zum Islam – sei es im internen theologischen Diskurs, sei es in einer Form, die man heute gerne als »Dialog« anspricht – nicht dieselbe sein wie in der Beziehung zu irgendeiner anderen Religion sonst, der das Christentum nach seinem dogmatischen Selbstverständnis ebenfalls mit einem konkurrierenden Geltungsanspruch gegenübersteht. Der Islam ist also in dieser Hinsicht »die größte Provokation; denn auf ihn kann das Christentum nicht anwenden, was es gerne von älteren Religionen sagt. Der Islam ist keine Religion, die adventhaft auf das Christentum hinführt.«[28]

Damit stört allein schon die Existenz dieser nachchristlichen Glaubensgemeinschaft das kirchliche Selbstverständnis, wie es sich in Verkündigung und dogmatischer Lehre äußert, ebenso wie dessen theologisch-spekulative Verarbeitungen. Der Islam bewies von Anfang an, daß die christliche Interpretation der Menschheitsgeschichte der Realität nicht hinreichend entsprach, daß nämlich »die Religionsgeschichte nach Christus weitergeht, und zwar in einer sehr dynamischen und bewegten Weise«, und er belegt fortwährend den Tatbestand, »daß offensichtlich die christliche Kirche in ihrer heutigen Form den Anspruch, die absolute Religion darzustellen, bislang noch nicht eingelöst hat, das heißt, daß sie ihre volle Universalität und Katholizität noch nicht erreicht hat, eine Feststellung, die den Anstoß zu einer nützlichen Selbstbesinnung geben könnte«[29], aber theologisch weithin noch wenig bedacht oder nur mit geringem Problembewußtsein wahrgenommen wird.

3. Der wirkungsgeschichtliche Zusammenhang

Die wechselseitigen Beziehungen von Christentum und Islam stellen sich noch intensiver und zugleich prekärer dar, wenn man berücksich-

---

[28] *Hans Waldenfels,* Das Christentum im Streit der Religionen um die Wahrheit, in: HFth II, 241–265, hier 263.
[29] *Ernst Benz,* Ideen zu einer Theologie der Religionsgeschichte, Wiesbaden 1960, 472 (52).

tigt, daß der Islam nicht nur in seinem Anspruch universaler Endgültigkeit das Christentum *überbieten,* sondern es darüber hinaus noch in seiner Geschichte *revidieren* will. Er versteht sich als die Korrektur dessen, was die Christen aus der Verkündigung Jesu gemacht haben. Sie sind in islamischer Sicht ihrem eigenen Ursprung untreu geworden, haben die ihnen aufgetragene Lehre entweder ausdrücklich verfälscht oder wenigstens unter verschiedenen kulturellen Einflüssen schwerwiegend verändert. Den sichtbarsten und überzeugendsten Beleg dafür sieht der Koran in den dogmatischen Zerwürfnissen der Christen zur Zeit Mohammeds: »Von denen, die sagen: ›Wir sind Christen‹, haben wir ihre Verpflichtung angenommen; aber dann vergaßen sie einen Teil dessen, womit sie ermahnt worden waren. So erregten wir Feindschaft und Haß unter ihnen bis zum Tag der Auferstehung.« (5,14). Und im Blick auf Christen und Juden, die Gott insgesamt als eine einzige Gemeinschaft wollte, kann der Koran feststellen: »Aber sie spalteten sich in ihrer Sache untereinander nach Büchern – und jede Partei freute sich über das, was sie besaß.« (23,53). Gott reagiert nach muslimischer Sicht darauf in seiner Offenbarung des Korans durch Mohammed. Es hätte demnach zu der Konfrontation christlicher und muslimischer Verkündigung nicht kommen müssen, wenn nur die Christen dem Wort Jesu, der seinerseits schon die Juden auf den rechten Weg Gottes zurückrufen wollte, treu geblieben wären. So ist die Tatsache, daß es eine eigene Religion Islam gibt, nicht bloß aus christlicher oder profanhistorischer Sicht, sondern auch nach dem Verständnis dieser Religion selbst letztlich eine wirkungsgeschichtliche Folge des Christentums.

Freilich gehen nach muslimischer Überzeugung die vielfachen Berührungspunkte und Entsprechungen zwischen jüdisch-christlichen Traditionen einerseits und dem Koran andererseits, bei denen eine historisch-kritische Wissenschaft nach Herkünften und Beeinflussungen forscht, nicht auf innerweltliche Abhängigkeitsbeziehungen zurück, sondern allein auf Gott selbst, der allem zeitlichen Wandel überlegen ist und jederzeit das Richtige wieder an die Stelle dessen setzen kann, was die Menschen in ihren Überlieferungen verfälscht haben. So hat der Zusammenhang der beiden Religionen in dieser Sicht einen prinzipiell anderen Grund und Charakter als bei einer nichtmuslimischen Betrachtungsweise, ob sich diese aus den Fragestellungen christlicher Theologie ergibt oder aus denen profaner Geschichtswissenschaft. Die *wirkungsgeschichtliche* Beziehung von Judentum, Christentum und Islam schließt für den Islam nicht auch schon eine *tra-*

ditionsgeschichtliche Abhängigkeit der jeweils nachfolgenden Religion ein: Die islamische Verkündigung kommt ihrem eigenen Verständnis nach in keiner Weise vom Christentum her, auch wenn sie in ihrer Besonderheit nicht ohne die vorausgehende Christentumsgeschichte zu erklären und verstehen ist. Der Koran blickt zwar in die Vergangenheit zurück, hat aber nach muslimischer Einschätzung selbst keine historische Genese, der man fragend und forschend nachgehen könnte.[30]

So ist es verständlich, daß Muslime nicht nur die religiöse Distanz des Christentums gegenüber dem Offenbarungsanspruch ihrer Heiligen Schrift, sondern wenigstens ebensosehr die wissenschaftliche Distanz der Koranstudien westlicher Orientalistik als eine glaubenswidrige Einstellung beurteilt. Die Animosität gegenüber dem wissenschaftlichen Gebaren der Orientalisten ist im muslimischen Raum weit verbreitet und heftig. Ihre Belege reichen bis hin zu alltäglichen Zeitungsartikeln und bezeugen eine besondere Empfindlichkeit. Dabei ist freilich auch mitzuberücksichtigen, in welchem Maß einerseits das Bild der Orientalistik mit dem des Kolonialismus verquickt ist und wie oft Orientalisten andererseits heute noch in ihren Ausführungen das selbstherrliche Überlegenheitsgefühl objektiver Wissenschaft ausspielen, ohne dabei die eigenen weltanschaulichen Voraussetzungen und Implikationen mitzubedenken, unter denen sie der fremden Religion nur begrenzt gerecht werden können[31].

In ihrem Verhältnis zum Islam drängt sich demnach für christliche Theologie und Orientalistik eine besondere Symbiose auf: Beide treffen sich darin, daß sie die muslimischen Glaubenselemente aus traditionsgeschichtlichen Herkünften ableiten und damit Relativierungen

---

[30] Ich sehe hier allerdings davon ab, daß die muslimischen Koranerklärungen immerhin die *Anlässe* der Offenbarung einzelner Suren und Surenabschnitte (die »asbāb an-nuzūl«) in der Lebenszeit Mohammeds – und damit in einer sehr begrenzten Weise auch ihre geschichtliche Bedingtheit – berücksichtigen.

[31] Zu gegensätzlichen Beurteilungen der Orientalistik vgl. *Tilman Nagel,* Gedanken über die europäische Islamforschung und ihr Echo im Orient, in: ZMR 62, 1978, 21–39; *Maxime Rodinson,* Die arabischen und islamischen Studien in Europa, in: Ders., Die Faszination des Islam, München 1985 (orig.: Paris 1980), 105–157, bes. 113–115.131.144 f über »Orientalisten, die Gefangene der Orientalistik, die in einem Getto eingeschlossen sind und die sich in dieser Rolle gefallen«, gestützt durch »die Vorherrschaft der europäischen Gesellschaft«; *Rotraut Wielandt,* Offenbarung und Geschichte im Denken moderner Muslime, Wiesbaden 1971, 46–48, über die »Meinung, daß die Orientalisten die geistigen Nachfahren der Kreuzritter seien« (46); vgl. aber hier (7–14) auch umgekehrt Vorbehalte gegen Orientalisten, die sich zugunsten des Islam vom westlichen Wissenschaftsideal distanzieren wollen *(Louis Massignon, Walther Braune, Abdallah Laroui).*

unterwerfen, die der Islam selbst nachdrücklich bestreitet. So erfährt man etwa als eine islamwissenschaftliche Erkenntnis, daß Mohammed Interesse daran gehabt habe, »möglichst viel jüdisches und christliches Gedankengut in Erfahrung zu bringen«[32], und als scheinbarer Beleg dafür wird uns gesagt: »Den Erfolg seines Lerneifers können wir aus dem Koran deutlich ablesen. In erster Linie waren es Geschichten von alttestamentlichen Gottesmännern, die er in das Repertoire seiner Verkündigung aufnahm [...].«[33] Doch für ein derartiges psychologisierendes Urteil fehlt – nach wissenschaftlichen Maßstäben – die sachliche Grundlage. Ähnlich findet man in einem stärker theologisch orientierten Lexikon über die Darstellung von Adams Sündenfall im Koran die Feststellung, daß Muhammad dabei »wohl hauptsächlich die jüdische Haggada verarbeitet hat«[34]. Die Richtigkeit dieser Aussagen kann hier völlig dahingestellt bleiben; bemerkenswert ist vielmehr die selbstverständliche Unbefangenheit, mit der im einen wie im andern Fall von – letztlich weltanschaulichen – Voraussetzungen ausgegangen wird, die dem islamischen Verständnis des Korans völlig entgegenstehen.

Aber auch wenn sich das Christentum dem muslimischen Offenbarungsverständnis, nach dem der Koran die unvermittelt von Gott herabkommende Bestätigung, Kritik und Korrektur der vorausgehenden prophetischen Religionen darstellt, nicht anschließen kann, so muß es doch auf jeden Fall einräumen, daß die Religionsgeschichte mit der Verkündigung des Korans und der Schaffung einer muslimischen Gemeinschaft durch Mohammed nicht nur faktisch mit schwerwiegenden Folgen über das christliche Selbstverständnis hinausgegangen ist; vielmehr führte der Islam wie keine andere Religion dem Christentum vor Augen – und er tut dies nach wie vor –, daß es in einer bestimmten Phase seiner Geschichte selbst zu einer Pluralisierung und Destabilisierung der religiösen Welt beigetragen hat, da es nicht imstande war, seiner eigenen Tradition dort, wo sie schon Fuß gefaßt hatte, genügend Kraft der Orientierung und der sozialen Integration, somit also genügend kulturelle Festigkeit zu verschaffen. So kann man sagen, daß das Aufkommen und die

---

[32] *Rudi Paret,* Mohammed und der Koran. Geschichte und Verkündigung des arabischen Propheten, Stuttgart [6]1985, 62 f; fast wörtlich auch 92, wo Mohammeds entsprechendes Interesse schlicht als »natürlich« vorausgesetzt wird.

[33] Ebd. 63.

[34] *Günter Riße,* Adam, in: LexRel, 6.

Ausbreitung des Islam die »erste große Niederlage des Christentums war«[35].

Die weit verbreitete Vorstellung, daß der Islam »mit Feuer und Schwert« ausgebreitet worden sei – und dies vor allem in den zuvor christlichen Regionen –, ist eine grobe Verzeichnung der Realität[36]. »Vielmehr wurden die neuen muslimischen Herren, die in religiösen Fragen duldsamer waren als ihre Vorgänger (Byzantiner, Sassaniden), von der christlichen Bevölkerung überwiegend begrüßt und von daher weniger als Feinde denn als Glaubensgegner betrachtet. Die Auseinandersetzung mit ihrem neuen Glauben spielte sich zunächst in zwei gattungsmäßig verschiedenen Formen ab: dem gelehrten Disput oder Briefwechsel und dem mehr populären Zwecken dienenden Religionsgespräch, das meist vor einem muslimischen Herrscher bzw. auch unter dessen Beteiligung stattfand [. . .]. In jedem Fall suchte man den Gegner durch die besseren Argumente zu überzeugen.«[37] Dies entsprach der Forderung des Korans: »Ruf zum Weg deines Herrn mit Weisheit und schöner Ermahnung, und streite mit ihnen auf die beste Art! Dein Herr weiß besser, wer von seinem Weg abirrt, und er weiß besser, wer die sind, die der Rechtleitung folgten.« (16,125). Daß dem in der politischen und theologischen Realität vielfache Grenzen gesetzt waren, ist selbstverständlich nicht zu übersehen.

Es war jedenfalls dem Christentum mit dem Aufkommen des Islam nicht mehr möglich, die nichtchristlichen Religionen einfach weiterhin theoretisch so zu interpretieren und praktisch so mit ihnen umzugehen wie zuvor. Von der Alten Kirche und ihren Apologeten her sah man einerseits in den Göttern der Heiden entweder »Nichtse«, Ausgeburten irriger Phantasie, oder Dämonen; dementsprechend neigte man dazu, ihre Kulte entweder im Bewußtsein der Überlegenheit zu vernachlässigen oder sie mit Gewalt zu verdrängen. Andererseits aber konnte man der außerchristlichen Menschheit mit *Justin,* dem christ-

---

[35] *Thomas Ohm,* Die Mohammedaner und Katholiken, Münster 1961, 16. Vgl. *Peter Stockmeier,* Krisen der frühen Kirche als Probleme der Kirchengeschichte, in: Ders., Glaube und Kultur. Studien zur Begegnung von Christentum und Antike, Düsseldorf 1983, 277–297, darin 292–294: Das Aufkommen des Islam.

[36] Daß diese Vorstellung allerdings auch unter Muslimen verbreitet ist, betont Ḥmīda Al-Nayfar, Min ar-ridda ilā l-īmān ilā waᶜy at-tanāquḍ [Von der Apostasie zum Glauben zum Bewußtsein des Widerspruchs], in: Islamochristiana 13, 1987, 1–11 arab. Paginierung, hier 1.

[37] *Hartmut Bobzin,* Islam II/1.: 7.–19. Jahrhundert, in: TRE XVI, 336–349, hier 339. Vgl. *Albrecht Noth,* Früher Islam, in: Ulrich Haarmann (Hg.), Geschichte der arabischen Welt, München 1987, 11–100, hier 63: »Eine muslimische Ökumene [. . .] ist wesentlich durch Vereinbarungen und Verträge zustandegekommen und nicht durch eine praktizierte Missionskriegs-Mentalität.«

lichen »Philosophen« des zweiten Jahrhunderts, doch auch schon den Samen des göttlichen Wortes (spermatikòs lógos) zugestehen, der in seinem Keim der christlichen Verkündigung entspricht[38]. Noch pointierter behauptet *Augustinus:* »Was jetzt die christliche Religion genannt wird, hat bei den Alten immer bestanden und niemals gefehlt, vom Anfang des Menschengeschlechtes, bis Christus selbst im Fleisch erschien. Von dieser Zeit an begann man die wahre Religion, die schon da war, die christliche zu nennen. [. . .] Deshalb habe ich gesagt: Das ist die christliche Religion unserer Zeit; nicht weil sie in früheren Zeiten nicht gewesen wäre, sondern weil sie in den späteren diesen Namen angenommen hat.«[39] Damit waren zwar die »heidnischen« Religionen nicht weniger irrig und verurteilenswert, aber sie gehörten doch zu Kulturen, in denen schon die christliche Wahrheit aufschien, auch wenn sie nicht als solche erkannt und benannt wurde.

Diese überkommenen Deutungen waren bei der Konfrontation mit dem Islam unbrauchbar. Mit ihm stand nicht allgemein die Menschheit, nicht eine vorchristliche Geschichte, aber auch nicht irgendeine späte Variante des Polytheismus im Blick, sondern in konkreter Rivalität »eine Religion post Christum, die die alttestamentliche und neutestamentliche Offenbarung gleichzeitig in sich aufhob und überformte; deshalb erschien ihr gegenüber die Idee vom lógos spermatikós schlechthin verwehrt – »es sei denn, die christliche Theologie hätte sich selbst und ihren eigenen Anspruch preisgegeben«[40].

So lag es nahe, daß man häufig mit *Johannes von Damaskus* (einer bedeutenden theologischen Autorität des 8. Jahrhunderts; sein Vater war als Christ Finanzminister am Hof des Kalifen) bei der Interpretation Zuflucht nahm, die muslimische Glaubensgemeinschaft, »der das Volk in die Irre führende Wahn der Ismaeliten«[41], stelle eine christliche Häresie dar – eine erstaunliche Einschätzung angesichts der Tatsache, daß Muslime nicht getauft sind. Aber schließlich gab es genügend gemeinsamer Glaubenselemente, vor allem auch im Hinblick auf die Offenbarung Gottes durch Jesus Christus, sogar nicht

---

[38] *Justin,* Apologia II 8 (hier auch: spérma tou lógou); 13 (spermatikós theíou lógou); PG 6, 457.465; Frühchristliche Apologeten und Märtyrerakten, 1. Bd., Kempten/München 1913 (BKV² 12), darin: Die beiden Apologien Justins des Märtyrers, übers. von G. Rauschen, hier 93 f; 100.

[39] *Augustinus,* Retractationes I, XIII, 3; CCh.SL 57, 37. Vgl. darüber hinaus *Henri de Lubac,* Die Kirchenväter und die nichtchristlichen Religionen, in: Ders., Geheimnis aus dem wir leben, Einsiedeln 1967, 131–154.

[40] *E. Benz,* Ideen zur einer Theologie der Religionsgeschichte (s. Anm. 29), 440 (20).

[41] *Johannes von Damaskus,* Liber de haeresibus c. 101; PG 94, 763 f.

nur dessen Anerkennung als »Prophet« und »Gesandter«, sondern darüber hinaus als »der Messias« (z. B. 3,45; 4,171), als »Wort« Gottes (3,45; 4,171) und sein »Geist« (4,171). Die Differenzen schienen wie bei den vorhergehenden christologischen Streitigkeiten mehr in den theologischen Interpretationen dieser biblisch begründeten Traditionselemente zu bestehen. »Gegen die Häresie-Deutung sprach freilich die Tatsache, daß dem Islam jegliches Zugehörigkeitsgefühl zum *orbis christianus* fehlte, wie dies bei den heterodoxen Kirchen des Orients der Fall war.«[42] So blieb die Verlegenheit der theologischen Einordnung des Islam durch das ganze Mittelalter hindurch bestehen[43].

Dennoch sah sich das Christentum nicht in seinem Selbstvertrauen, prinzipiell für alle vernünftigen und gutwilligen Menschen der Welt überzeugungskräftig zu sein, angefochten. Da man die Ausbreitung dieser fremden Religion auf Kosten der eigenen vor allem auf den brutalen Durchsetzungswillen der Muslime und deren kriegerische Überlegenheit zurückführte, konnte man die geschichtliche Erfahrung der eigenen Begrenztheit und Schwäche wenigstens theoretisch leicht verarbeiten. Doch in dem Maß, in dem sich derartige Erklärungsmuster als unzulänglich und unverantwortlich herausstellten, wurde das christliche Selbstbewußtsein betroffen. Die Herausforderung durch die Geschichte des Islam ließ sich nicht mehr weitgehend auf die politisch-kulturelle Dimension beschränken; sie drängte sich jetzt verstärkt der theologischen Reflexion auf. Man mußte einräumen, daß es der christlichen Verkündigung – wenigstens an dem geschichtlichen Ort, an dem der Islam aufkam – nicht gelungen ist, ihren Endgültigkeitsanspruch durchzusetzen und aufrechtzuerhalten.

Mag man auch nachträglich feststellen, daß dieses Unvermögen des Christentums seine historischen, von unseren jetzigen Verhältnissen weit entfernten Bedingungen hat, so kann man doch mit dem Verweis darauf nicht die theologischen Verlegenheiten beseitigen, die sich aus der Relativierung und Zurückweisung des christlichen Glaubens durch den Islam ergaben oder vielleicht nur aufgezeigt wurden, jedenfalls bis heute bestehen.

Die Folgen dieser Konfrontation waren schließlich so weitreichend und symptomatisch, daß die christliche Theologie sie bei der Aufarbei-

[42] *H. Bobzin,* Islam (s. Anm. 37), 337.
[43] Vgl. *Norman Daniel,* Islam and the West. The Making of an Image, Edinburgh 1958, etwa 184–188: Islam and Heresy; 188–194: The Religions of the World; *Richard W. Southern,* Das Islambild des Mittelalters, Stuttgart 1981 (orig.: Harvard 1962), z. B. 31 zu Petrus Venerabilis.

tung ihrer Geschichte und mancher zentraler Probleme des gegenwärtigen kirchlichen Selbstverständnisses in einer religiös pluralen Welt intensiv mitberücksichtigen muß, vermutlich weit gründlicher, als sie dies bisher getan hat; denn: »Man macht sich heute im allgemeinen keine Vorstellung mehr davon, wie sehr die Auseinandersetzung der Kirche mit dem Islam die ganze theologische Stellung des Christentums zu den nichtchristlichen Religionen beeinflußt hat. Das Verhältnis des Christentums zum Islam wurde der Modellfall der theoretischen und praktischen Einstellung des Christentums zu den nichtchristlichen Religionen schlechthin. In der Auseinandersetzung mit dem Islam hat sich die Christenheit ihre Anschauungen, ihre Methoden, ihre theologischen Urteile und praktischen Folgerungen für die Behandlung von Fremdreligionen gebildet. Die Prägung durch diese einseitige Erfahrung war um so nachhaltiger und tiefgreifender, als diese Auseinandersetzung mit dem Islam über ein Jahrtausend dauerte.«[44]

4. Die strukturelle Verwandtschaft in der Verschiedenheit

Eine besondere Schwierigkeit im Verständnis des Islam und bei der Verständigung mit ihm folgt gerade aus den beträchtlichen Gemeinsamkeiten, die die Differenzen um so profilierter erscheinen lassen[45]. Dies wird schon deutlich bei der jeweiligen Berufung auf »das Buch« der göttlichen Offenbarung. Zunächst ist dieser Sachverhalt für den Islam ein hinreichender Grund, Juden und Christen als den »Leuten des Buchs« einen besonderen Rang unter den Nichtmuslimen zuzuerkennen; denn die Gemeinsamkeit liegt selbstverständlich nicht darin, daß sich deren Religionen in formal entsprechender Weise auf eine Heilige Schrift als Glaubensfundament beziehen, sondern daß ihnen von Gott das mit dem Koran substantiell identische Buch übermittelt worden ist und daß trotz mannigfacher späterer Umdeutungen, Änderungen, gar Fälschungen[46] auch in ihren jetzigen Schriften noch ein erheblicher Bestand an Gemeinsamem zu finden ist. Daß so vieles zugleich »in der Tora, im Evangelium und im Koran« steht (9,111), sollte

---

[44] *E. Benz* (s. Anm. 29), 441 (21).

[45] Vgl. *G. C. Anawati,* Christentum und Islam (s. Anm. 8); *Wilfred Cantwell Smith,* On Understanding Islam. Selected Studies, Den Haag/Paris/New York 1981, 233–246: Some Similarities and Some Differences Between Christianity and Islām; 265–281: Muslim and Christian: Faith Convergence, Belief Divergence.

[46] Zu diesen muslimischen Vorwürfen gegen die Bibel vgl. *Frants Buhl,* taḥrīf, in: HIsl, 714f.

bei der Verkündigung Mohammeds für Juden und Christen ein Grund der Zustimmung sein: »Sag: ›Ihr Leute des Buchs! Ihr habt keine Grundlage, solange ihr nicht die Tora, das Evangelium und was von eurem Herrn zu euch herabgesandt worden ist, befolgt.« (5,68). Auf diesem als gemeinsam erachteten Fundament, aufgrund der Verbundenheit mit Abraham und Mose, David und Salomo und vielen anderen mehr, nicht aufgrund eines theologischen Vergleichs kommt der Koran letztlich zu der Feststellung: »Unser und euer Gott ist einer.« (29,46).

Aber Juden und Christen konnten schließlich den Koran trotz seiner verbindenden inhaltlichen Elemente und trotz der relativen Legitimierung ihrer Religion durch den Islam nie als ein Äquivalent ihrer eigenen Heiligen Schrift anerkennen; für sie lagen gerade angesichts der Entsprechungen die Unterschiede zu deutlich auf der Hand.

Damit erhielt der Islam im Verhältnis dieser drei Religionen zueinander eine herausragende Rolle, die das interreligiöse Verständnis bis heute besonders brisant macht: Während Christentum und Judentum noch einen umfangreichen Bestand von Schriften haben, auf die sie sich gemeinsam beziehen können, während das Christentum dabei sogar die gesamte Heilige Schrift der Juden als gültige Bezeugung des »Wortes Gottes« in die eigene Glaubensurkunde aufnahm, gibt es ein derartiges gemeinsames Fundament in der Beziehung dieser beiden Religionen zum Islam gerade nicht. Welche Barrieren sich daraus ergeben, machte bereits *Thomas von Aquin* in seiner »Summa contra gentiles« deutlich, wenn er bei der Gruppierung all derer, die nicht den wahren Glauben haben, die Muslime zu den Heiden stellte und von ihnen die Juden wie die irrgläubigen Christen abhob: »[...] manche von ihnen, wie die Mahumetisten und Heiden, stimmen mit uns nicht in der Autorität irgendeiner Schrift überein, durch die sie überzeugt werden könnten, wie wir gegen die Juden mit dem Alten Testament, gegen die Häretiker mit dem Neuen diskutieren können. Jene aber nehmen keines von beidem an. Daher muß man auf die natürliche Vernunft zurückgreifen, der zuzustimmen alle gezwungen sind, die aber in theologischen Dingen nicht ausreicht.«[47]

Mit dieser Feststellung berücksichtigte Thomas freilich noch nicht, was das christliche Verhältnis zu den Muslimen von dem zu den »Hei-

---

[47] Summa contra gentiles I, 2. Dies ist für *Thomas* nur einer von zwei Gründen der Verständigungsschwierigkeiten. Der erste – ein beachtenswertes Eingeständnis – besteht für ihn darin, »daß uns die gotteslästerlichen Reden der einzelnen Irrenden nicht so bekannt sind, daß wir aus dem, was sie sagen, die Argumente nehmen könnten, um ihre Irrtümer zu zerstören.«

den« schließlich doch unterscheidet: den Bestand gemeinsamer Glaubenstraditionen, die auch nach mittelalterlichem Verständnis nicht auf Einsichten der »natürlichen Vernunft« zurückgeführt werden können. Doch diese verbindenden Elemente waren in unterschiedlichen Büchern abgelegt, denen man wechselseitig die Anerkennung versagte, so daß sie im theologischen Disput argumentativ nicht genügten.

Obwohl der Islam also den »Leuten der Schrift« zugesteht, daß sie ursprünglich über eine gleichermaßen gültige Offenbarungsurkunde verfügten, so sieht er sich doch grundsätzlich nicht veranlaßt, darüber hinaus auch das ernst zu nehmen und sich auf das einzulassen, was bei ihnen in späterer Zeit bis zur Gegenwart als »Wort Gottes« ausgegeben wird. Da ihm allein der Koran die authentische Norm der Glaubens sein kann, erübrigt es sich für ihn prinzipiell, nach dem Inhalt und dem Wert der anderen religionsgeschichtlichen Glaubenszeugnisse zu fragen, gar von ihnen her die eigenen Überzeugungen einer Revision zu unterziehen; »denn alles, was mit dem Koran übereinstimmt, ist Teil der ursprünglichen göttlichen Offenbarung; was sich davon unterscheidet, ist verfälscht«[48].

Daraus ergibt sich für den Islam die ständige Gefahr – sie bestimmt gegenwärtig noch weitgehend die Realität –, daß er das Christentum aus keiner anderen Perspektive wahrnimmt und bewertet als der des Korans, obwohl dieser zunächst gerade nicht das Christentum schlechthin im Blick hat, sondern die Christen in der Umgebung Mohammeds. In dem Maß, in dem eine Religion derart an eine dogmatische Vorgabe gebunden ist, liegt es nahe, daß spätere geschichtliche Erfahrungen nur noch insofern gewonnen werden, als sie dem einmal fixierten Urteil entsprechen und dieses wiederum bestätigen; man weiß also immer schon, wie es um die andere Religion steht und was man von ihr zu halten hat. Selbstverständlich ist auch das Christentum seinerseits ähnlich massiv von tradierten Vorstellungen darüber, was den Islam ausmache, eingenommen; aber es bezieht diese Vorurteile notwendigerweise nicht aus seiner Heiligen Schrift, der Bibel. Damit stehen sie ihm von vornherein in einem theologisch minderen Rang und haben prinzipiell eine geringere normative Kraft, selbst wenn sie geschichtlich noch so hartnäckig und folgenreich sind.

---

[48] *Peter Antes,* Offenbarung VI. Islam, in: LexRel, 476f, hier 476.

Freilich lassen sich die *dogmatischen Differenzen* dieser Religionen nicht schon durch derartige Erklärungen ihrer Verständnisbarrieren relativieren oder gar überwinden. Sie reichen offensichtlich tiefer. Die erheblichsten Widerstände der koranischen Lehre gegen die biblische, besonders die neutestamentliche, richten sich gegen die vierfache Annahme: daß Gott mit den Menschen eine Gemeinschaft eingehe; daß er sich ihnen in Jesus Christus unüberbietbar nahe mitgeteilt habe; daß Jesus am Kreuz hingerichtet worden sei; daß er mit seinem Tod die Menschen aus ihrer vorgängigen Unheilsgeschichte gerettet habe.

Damit erhält hier das Verständnis von Gott und Welt, von Mensch und Geschichte eine eigene, von Judentum und Christentum verschiedene Struktur – und dies gerade am thematisch gemeinsamen Glaubensbestand. Dadurch wird die wechselseitige Kommunikation gleichermaßen schwierig wie dringlich. Einerseits sind die Grenzen der Verständigung und die Anlässe zum Widerspruch unübersehbar; andererseits aber ist es zugleich auch unmöglich, einander auszuweichen: »Keine dieser drei Glaubensgemeinschaften kann ihr eigenes Wesen verstehen, ohne den Blick auf die beiden anderen.«[49]

Wie thematische Gemeinsamkeiten dieser Religionen zugleich schwerwiegende Barrieren zwischen ihnen sein können, sei noch an einem Beispiel verdeutlicht, das auf besondere Weise aufschlußreich ist, weil es aus der Sicht der biblischen Tradition als einigermaßen bedeutungslos erscheint, für die muslimische dagegen ein Glaubenselement von großem Gewicht darstellt:

Nach dem Koran wurde das Heiligtum in Mekka durch Abraham und seinen Sohn Ismael begründet (z. B. 2,125–128). Von einem solchen Ereignis wissen weder die biblischen Überlieferungen noch sonst irgendwelche historische Zeugnisse. Dennoch ist es für den Islam eine unbezweifelbare Tatsache; denn der Koran genügt als Beleg. Eine Erörterung darüber ist weder mit theologischen noch mit historischen Argumenten möglich. Die gemeinsame Gestalt Abraham ist in den biblischen Religionen einerseits und im Islam andererseits über je unterschiedliche Erkenntniswege zugänglich und erhält dabei auch je verschiedene Umgebung und Bedeutung. Bei solchen Verhältnissen stecken die Versuche, sich wechselseitig wahrzunehmen und zu verstehen, voller Tücken.

---

[49] *Johannes Feiner/Lukas Vischer (Hg.),* Neues Glaubensbuch, Wien/Zürich ⁶1973, 30.

III. Bedeutung und Grenzen der Äußerungen des Zweiten Vatikanischen Konzils über die nichtchristlichen Religionen

Daß in gegenwärtiger Theologie, wenn es um nichtchristliche Religionen geht, die Rede schnell auf das letzte Konzil zu sprechen kommt, ist ein zwiespältiges Symptom: Einerseits ist es ein Hinweis auf das unbestreitbare Gewicht der bei dieser Gelegenheit formulierten kirchlichen Lehre für die theologische Verständigung über die Religionen und für das Verhältnis zu ihnen; andererseits ist es aber auch das bedenkliche Zeichen dafür, daß aus der gesamten Kirchengeschichte kein einziges anderes lehramtliches Dokument zitiert werden kann, das nur einigermaßen vergleichbar bemüht wäre, den fremden Religionen gerecht zu werden und sie unter christlicher Perspektive wenigstens in Ansätzen anzuerkennen. Bei der Würdigung der konziliaren Äußerungen kann man also nicht davon absehen, in welcher Zeit sich die Kirche erst zu ihnen bereitfand und mit welch großer Verspätung sie sich auf die entsprechenden Impulse der Aufklärung einließ[1].

Das Ausmaß, im dem sich das Zweite Vatikanische Konzil mit den nichtchristlichen Religionen befaßte, war nicht von Anfang an zu erwarten. Eine eigene Erklärung zu diesem Thema stand lange Zeit nicht auf den Tagesordnungen. Außerdem war vor allem nicht abzusehen, mit welcher Einstellung diese kirchliche Synode die anderen Religionen wahrnehmen werde. Daß das Thema als ganzes nicht zu vermeiden war, ergab sich allerdings von vornherein aus der Absicht, die missssionarische Aufgabe der Kirche im Dienst für die Welt besonders eindringlich darzustellen. Schon unter den zehn »vorbereitenden Kommissionen«, die im Juni 1960 geschaffen wurden, trug eine den Namen »De missionibus«. Sie hatte eine mühevolle und kontroverse, von vielen Korrekturen und Revisionen betroffene Arbeit vor sich. Erst am 7.12.1965 konnte das Konzil schließlich sein *Dekret über die Missionstätigkeit der Kirche »Ad gentes«* verabschieden.

---

[1] Zum geschichtlichen Überblick und zur Einordnung der entsprechenden Äußerungen des Zweiten Vatikanischen Konzils vgl. *Youakim Moubarac,* Recherces sur la pensée chrétienne et l'Islam dans les temps modernes et à l'époque contemporaine, Beirut 1977, 391–397: La papauté et l'Islam de Paul II à Paul VI; 389–428: Vatican II, le Vatican et l'Islam; 398–405: Contexte et textes de Vatican II sur l'Islam.

Eine brisante Vorgeschichte hat die *Erklärung über das Verhältnis der Kirche zu den nichtchristlichen Religionen »Nostra aetate«*. Zuerst hatte das Konzil nur eine Stellungnahme zum Judentum und gegen den Antisemitismus beabsichtigt. Erst nachdem zahlreiche Dispute darüber aufkamen, in welcher Form diese gehalten sein sollte und in welchem Zusammenhang sie am besten ihren Platz fände (erwogen wurde anfangs vor allem die Einfügung in das Ökumenismusdekret oder die Veröffentlichung als dessen Anhang[2]), entschloß man sich zu einer umfassenden Äußerung über die Religionen insgesamt. So ist zur gerechten Beurteilung dieser Konzilserklärung immer mitzusehen, »daß die Aussagen über die anderen nichtchristlichen Religionen zunächst eher als eine Art Vehikel dienen sollten, mit dessen Hilfe eine möglichst große Zustimmung der Konzilsväter zu der ›Judenerklärung‹ gewonnen werden sollte«[3]. Das Konzil sah sich demnach erst durch die Komplikationen seiner ursprünglich anderen Absicht zu dem erweiterten und damit letztlich noch komplizierteren Thema veranlaßt. Dies macht manche zurückhaltende und kompromißartige Äußerungen der schließlich verabschiedeten Erklärung verständlich. Besonders von Artikel 3, der sich mit den Muslimen befaßt, muß man sagen, daß er »wohl eher aus taktischen Erwägungen zustande kam«; doch kann man dann auch hinzufügen: das »sollte dessen sachliche Bedeutung nicht mehr beeinträchtigen«[4].

Noch in weiteren Dokumenten richtet das Konzil seinen Blick ausdrücklich auf die nichtchristlichen Religionen:

In der *dogmatischen Konstitution über die Kirche »Lumen gentium«* befaßt sich der gesamte Artikel 16 mit ihrer Bedeutung für das kirchliche Selbstverständnis. Darüber hinaus ist von ihnen eher beiläufig die Rede in dem *Dekret über die Ausbildung der Priester »Optatam totius«,* wo zu einem Studium aufgefordert wird, das zur gediegenen Kenntnis derjenigen fremden Religionen führt, »die in den betreffenden Gegenden stärker verbreitet sind«[5] (eine symptomatische Einschränkung, die das eher pastoral-pragmatische als systematisch-theologische Interesse erkennen läßt).

Allgemeiner auf die »Nichtchristen«, denen gegenüber man gesprächsfähig sein müsse, beziehen sich die *Erklärung über die christ-*

[2] Vgl. dazu *Johannes Oesterreicher,* Erklärung über das Verhältnis der Kirche zu den nichtchristlichen Religionen. Kommentierende Einleitung, in: LThK.E II, 406–478.

[3] *Karl Rahner/Herbert Vorgrimler,* Kleines Konzilskompendium, Freiburg/Basel/Wien 1966, 349–353, hier 349.

[4] Ebd. 351.

[5] Artikel 16.

liche Erziehung »Gravissimum educationis«[6] und die *Pastorale Konstitution über die Kirche in der Welt von heute »Gaudium et spes«*[7]. Darüber hinaus sind in diesen Dokumenten aber auch all die Äußerungen von Bedeutung, in denen die Kirche sich und die einzelnen Christen einfach auf die fremden Kulturen verwiesen sieht, um von ihnen zu lernen[8] – auf dem Weg zu einer *»Universalkultur«*[9].

Ausdrücklich von den Muslimen ist in den Konzilstexten nur an zwei Stellen die Rede: in Artikel 3 von *»Nostra aetate«* und in Artikel 16 von *»Lumen gentium«*. Doch dürfen diese kurzen Abschnitte nicht isoliert gesehen werden – obwohl sie auch für sich allein schon sehr beachtenswert sind –, sondern sie erhalten ihre volle Bedeutung erst im Zusammenhang der übrigen genannten Äußerungen des Konzils und deren Aussageabsicht[10].

1. Die Bereitschaft zur Verständigung

Mit dem Zweiten Vatikanischen Konzil bekam das Stichwort *»Dialog«* eine Bedeutung und einen Rang wie nie zuvor; es wurde zum vorherrschenden Symptom eines hoffnungsvoll kommunikativen Klimas innerhalb der Kirche. »In aufrichtigem und geduldigem Zwiegespräch« (dialogo sincero et patienti) – so heißt es im Missionsdekret[11] – sollen die Christen »lernen, was für Reichtümer der freigebige Gott unter den Völkern verteilt hat«. Und die Erklärung über die Religionsfreiheit »Dignitatis humanae« weist alle Menschen darauf hin, daß die Wahrheit »auf eine Weise gesucht werden« muß (inquirenda est), »die der Würde der menschlichen Person und ihrer Sozialnatur eigen ist, d. h. auf dem Wege der freien Forschung, mit Hilfe des Lehramtes oder der Unterweisung, des Gedankenaustauschs und des Dialogs« (ope [. . .] communicationis atque dialogi), wodurch sie »einander die Wahrheit, die sie gefunden haben oder gefunden zu haben glauben, mitteilen, damit sie sich bei der Erforschung der Wahrheit gegenseitig zu Hilfe kommen«[12]. Hier stellt sich nicht einfach eine Kirche, die lehrt, denen gegenüber, die noch Belehrung brauchen, sondern sie ordnet sich

---

[6] Artikel 11.
[7] Artikel 92.
[8] Z. B. Gaudium et spes, 2. Kapitel, Artikel 53–62.
[9] Ebd., Artikel 61.
[10] Vgl. *Robert Caspar,* Le Concile et L'Islam, in: Études 324, 1966, 114–126.
[11] Artikel 11.
[12] Artikel 3.

auf doppelte Weise in eine umfassendere Verständigungskultur ein: *erstens,* indem sie die Lehre als eine Form der Wahrheitsermittlung von anderen, mündigeren umgeben sein läßt, und *zweitens,* indem sie diese Formen insgesamt als Wege der Wahrheits*suche* sieht (eine ›Inquisition‹ von besonderer Dignität) und nicht etwa dieser die Wahrheits*verkündigung* oder gar -*behauptung* entgegensetzt. Hier werden also nicht einfach die einen, die die Wahrheit schon haben, zu anderen geschickt, denen sie noch fehlt; wohl wird hier grundsätzlich gefordert: »an der einmal erkannten Wahrheit jedoch muß man mit personaler Zustimmung festhalten«, aber es sind dabei keine scharfen Grenzen gezogen zwischen denen, die sich ihres Glaubens zu Recht gewiß sein dürfen, und den anderen, die in ihrem – vielleicht gleichermaßen selbstsicheren – Denken und Meinen irren. Vielmehr werden mit diesen Sätzen zunächst einmal alle daran erinnert, daß sie einander bedürfen, weil ihre Überzeugungen aus sozialen Beziehungen hervorgehen und immer auf sie angewiesen bleiben.

Daß eine solche Sicht nicht nur das Bewußtsein und das Verhalten des Einzelnen, sondern auch das der Kirche als ganzer prägen soll, betont das Konzil unüberhörbar, wenn es in den ersten Sätzen der Erklärung über ihr Verhältnis zu den nichtchristlichen Religionen auf die neuzeitliche Situation der gesamten Menschheit blickt und daraus Konsequenzen für ihre eigenen Aufgaben zieht: »In unserer Zeit, da sich das Menschengeschlecht von Tag zu Tag enger zusammenschließt und die Beziehungen unter den verschiedenen Völkern sich mehren, erwägt die Kirche mit um so größerer Aufmerksamkeit, in welchem Verhältnis sie zu den nichtchristlichen Religionen steht.«[13]

Das *Fundament* der wechselseitigen Bemühungen kann dabei nur das sein, »was den Menschen gemeinsam ist« (quae hominibus sunt communia) und in sich bereits die Dynamik enthält, daß es »sie zur Gemeinschaft untereinander führt« (ad mutuum consortium)[14]. Damit ist die *Methode,* durch »Gespräch und Zusammenarbeit« (per colloquia et collaborationem) gemeinsam weiterzukommen[15], ebenso unumgänglich wie die dominierende *Wertung:* »Hochachtung« (aestimatio) – in Artikel 3 gegenüber den Muslimen und in Artikel 4 gegenüber den Juden.

Wenn in diesem Zusammenhang die »brüderliche Haltung« (fraterne gerere) nachdrücklich gegenüber *allen* Menschen gefordert wird,

---

[13] Artikel 1.
[14] Ebd.
[15] Artikel 2.

dann ist dies um so bemerkenswerter, als man selbst innerhalb der neutestamentlichen Schriften eine Begrenzung des Begriffs »Brüderlichkeit« auf die christliche Gemeinschaft findet. So wird in der paulinischen Theologie deutlich unterschieden: »Die Menschen im allgemeinen *sind* noch nicht Brüder in Christus, sie können und sollen es aber werden«[16] und: »Jedem Menschen gilt die Haltung der agápe (Liebe), aber nur dem Bruder, dem Mitchristen gilt die philadelphía (Bruderliebe).«[17] Die johanneischen Schriften gar sind noch restriktiver: »Nicht nur ist das Wort ›Bruder‹ hier endgültig auf den christlichen Glaubensgefährten beschränkt. Es fällt vor allem auf, daß Johannes immer nur die Bruderliebe, die Liebe der Christen untereinander, fordert, dagegen nie von der Liebe zu den Menschen überhaupt spricht«[18]. »Brüderlichkeit« ist also im Neuen Testament die Kennzeichnung eines zunehmend exklusiven innergemeindlichen Bewußtseins und Verhaltens[19] – im deutlichen Unterschied zu Jesu Forderung der *»Nächstenliebe«,* die jeden meint, auf dessen Not ich treffe. Daß sich das Zweite Vatikanische Konzil (ob bewußt oder unbewußt) davon abhebt und von den Christen verlangt, sich zu allen Menschen »brüderlich« zu verhalten, ist mehr als eine sprachliche Korrektur.

Die wechselseitige Verständigung und das Bemühen um zunehmende Gemeinschaft erscheinen um so dringlicher, wenn man mitberücksichtigt, daß die Folgen der oft aggressiven Beziehungen der Vergangenheit bis in die Gegenwart nachwirken – wenigstens in hartnäckigen Feindbildern. Deshalb erwähnt das Konzil, wo es von den Muslimen spricht, einerseits ausdrücklich die früheren »Zwistigkeiten und Feindschaften« (dissentiones et inimicitiae), mahnt aber andererseits, »das Vergangene beiseite zu lassen« (praeterita obliviscentes), damit der Blick frei werde für die gegenwärtigen Aufgaben[20]. Die genannten *Ziele* sind hier nicht primär dogmatischer oder gar einfach theologisch-intellektueller Natur, sondern *handlungsbezogen:* Man sollte die Fähigkeit gewinnen, »gemeinsam einzutreten für Schutz und Förderung der sozialen Gerechtig-

---

[16] *Joseph Ratzinger,* Die christliche Brüderlichkeit, München 1960, 50.

[17] Ebd. 52.

[18] Ebd. 54.

[19] Vgl. mit bezeichnendem Titel *Heinrich Schürmann,* Gemeinde als Bruderschaft, in: Ders., Ursprung und Gestalt. Erörterungen und Besinnungen zum Neuen Testament, Düsseldorf 1970, 61–73. – Zur Abwehr des Verdachts, es könne sich dabei um »eine fast sektenartige Abkapselung von der übrigen Menschheit« handeln vgl. *Rudolf Schnackenburg,* Die sittliche Botschaft des Neuen Testaments, Bd. 2: Die urchristliche Verkündigung, Völlige Neubearb., Freiburg/Basel/Wien 1988, 171–181: Die Bruderliebe als Bewährung der Christus- und Gottesliebe (Zitat 177).

[20] Nostra aetate, Artikel 3.

keit, der sittlichen Güter und nicht zuletzt des Friedens und der Freiheit für alle Menschen«[21]. Dies kann einmal gesagt sein in der pragmatischen Abschätzung dessen, was bei realistischem Blick im besten Fall überhaupt erreichbar sein dürfte; es bedeutet aber möglicherweise zugleich auch eine theologische Aufwertung des *sittlichen Handelns* gegenüber dem Übergewicht *dogmatischer Lehraussagen* in den Konfrontationen der Vergangenheit – vor allem im christlichen Bewußtsein[22].

2. Die Bevorzugung des Gemeinsamen

Die Konzilstexte würdigen die fremden Religionen nicht einfach je für sich, aus ihren eigenen Lebensformen, sondern nach ihrer jeweiligen Beziehung zum christlichen Glauben und zur Kirche. Dabei wählen die beiden Texte, die ausdrücklich von den Muslimen sprechen, jeweils eine *unterschiedliche Blickrichtung:* Die *Erklärung über das Verhältnis zu den nichtchristlichen Religionen* geht von den unscheinbarsten Gemeinsamkeiten zu den deutlichsten und dichtesten, von einer unauffälligen Verbundenheit, die auch noch im großen kulturellen Abstand gegeben ist, zu der Nähe, die sich aus geschichtlichen Beziehungen und gemeinsamen Glaubenstraditionen ergibt. Demgegenüber setzt Artikel 16 der *dogmatischen Konstitution über die Kirche* bei dieser selbst an, richtet den Blick von ihr aus zunächst auf die ihr näheren Religionen, geht also von innen nach außen. Im einen wie im anderen Fall nehmen die Muslime einen Rang ein, der in seiner Nähe zur Kirche nur noch von dem der Juden überboten wird.

Vorrangig wird die Gemeinsamkeit an bestimmten *Glaubensinhalten,* erst in zweiter Linie an *sittlichen Einstellungen und Forderungen* festgemacht. (Damit besteht hier eine andere Gewichtung als bei den zuvor besprochenen Zielen der geforderten Verständigung, die primär handlungsorientiert formuliert waren.) Ein Vergleich der beiden Konzilsdokumente in ihrer unterschiedlichen Ausführlichkeit zeigt, welche Elemente insgesamt als fundamental erachtet werden:

Die *Kirchenkonstitution* hebt in dem einen Satz, mit dem sie die Muslime würdigt, fünf inhaltlich unterscheidbare Gemeinsamkeiten hervor:

---

[21] Ebd.

[22] Zum Verhältnis von Glaube und Handeln, von Dogma und Pragmatik in dieser Hinsicht vgl. auch die Ausführung der vom Zweiten Vatikanischen Konzil gegebenen Richtlinien durch das Sekretariat für die Nichtchristen: *Maurice Borrmans,* Wege zum christlich-islamischen Dialog, Frankfurt 1985 (orig. Paris 1981; zurückgehend auf eine Veröffentlichung desselben Sekretariats von 1970).

- die Anerkennung des »Schöpfers«,
- den »Glauben Abrahams«,
- das Gebet zum »einen Gott«,
- das Bekenntnis, daß Gott »barmherzig« ist,
- die Erwartung des »Jüngsten Tags«, an dem Gott über die Menschen richten wird.

Es besteht kein Zweifel, daß dies auch nach dem Selbstverständnis des Islam grundlegende Inhalte des Glaubens sind (daß sich aus ihnen aber nicht schon das muslimische Glaubensbekenntnis oder die Hauptstücke eines islamischen Katechismus aufbauen lassen, sei an späterer Stelle ausgeführt[23]). Besonders bemerkenswert ist, daß gerade vom Gebet gesagt wird, in ihm richteten sich Muslime »*mit uns*« (nobiscum) zum einen Gott. Hier wird eine Gemeinschaft betont, die bislang in der spirituellen und liturgischen Realität der beiden Religionen noch kaum zu sichtbaren Konsequenzen geführt hat.

Die *Erklärung über das Verhältnis der Kirche zu den nichtchristlichen Religionen* nennt darüber hinaus noch eine Vielzahl weiterer verbindender Elemente, die teilweise die fünf vorhergehenden differenzierend ergänzen, teilweise aber auch neue Gesichtspunkte der Gemeinsamkeit hervorheben:

- Der eine, barmherzige Gott und Schöpfer wird hier in offensichtlicher Nähe zur Sprache des Korans als der »*lebendige*«, der »*in sich seiende*« und »*allmächtige*« bezeichnet. Dem entspricht etwa der sogenannten »Thronvers« Sure 2,255: »Gott! Es gibt keinen Gott außer ihm, dem Lebendigen (al-ḥayyu), dem Beständigen (al-qayyūmu[24]) [. . .] Sein Thron umfaßt die Himmel und die Erde. Es fällt ihm schwer, sie zu bewahren. Er ist der Erhabene und Gewaltige (al-ᶜalīyyu l-ᶜaẓīmu)«.
- Für einen kirchlichen Lehrtext beachtlich ist die Feststellung, daß die Muslime sich zu Gott als demjenigen bekennen, »*der zu den Menschen gesprochen hat*«; denn damit wird das zwischen Christentum und Islam prekäre Thema der Offenbarung berührt. (Dies ist im folgenden[25] noch eigens zu erörtern.)

[23] S. 46–52: III.3. über »Die Ausblendung der Differenzen«.
[24] Auf diesen arabischen Namen Gottes bezieht sich die lateinische Benennung »subsistens«, die im Deutschen mit »in sich seiend« übersetzt wurde. Damit vermied das Konzil die an dieser Stelle zunächst beabsichtigte Aussage, daß die Muslime an einen »personalen« Gott glauben; dieser Begriff wäre nach dem Verständnis muslimischer Theologie zu anthropomorph und deshalb für Gott unangemessen gewesen. Mit dem schließlich gewählten, auch in der Tradition christlicher Theologie und Philosophie schon vertrauten Wort erwies sich das Konzil demnach als sachkundig. Vgl. *R. Caspar,* Le Concile et L'Islam (s. Anm. 10), hier 124.
[25] S. 48 f.

– Von Abraham wird nicht mehr einfach im Bezug auf seinen »Glauben« gesprochen, sondern im Blick darauf, daß er »sich Gott unterworfen hat« und die Muslime so wie er darauf bedacht sind, Gottes »*verborgenen Ratschlüssen (occultis decretis) sich mit ganzer Seele zu unterwerfen (toto animo se submittere)*«. Dies ist eine angemessene Umschreibung dessen, was »*Islam*« in der vollen Bedeutung des Wortes besagt[26]. Allerdings muß man dabei berücksichtigen, daß der lateinische Begriff der »occulta decreta« deutlicher als die offizielle deutsche Übersetzung die *Forderungen* Gottes an *das menschliche Handeln* einschließt (und gerade damit dem islamischen Selbstverständnis entspricht), während die Rede von den »geheimen Ratschlüssen« stärker an die *schicksalhaften Entscheidungen* Gottes denken läßt und damit die verbreiteten klischeehaften Vorstellungen vom *Fatalismus* des Islam unterstützt.

– Konkreter wird die menschliche Verantwortung im islamischen Glauben mit der Feststellung betont, daß die Muslime als Konsequenz ihrer eschatologischen Auferstehungshoffnung und Gerichtserwartung die »*sittliche Lebenshaltung*« (vitam morale) hochschätzen und Gott »besonders durch Gebet, Almosen und Fasten« verehren.

– Als weiteres Glaubenselement, das die Muslime mit den Christen verbindet, wird hervorgehoben, daß sie Jesus verehren und »seine jungfräuliche Mutter Maria, die sie bisweilen auch in Frömmigkeit anrufen«. Freilich wird dabei zugleich die Grenze angesprochen, die trennt: daß die Muslime Jesus »allerdings nicht als Gott anerkennen« können, sondern nur »als Propheten«. Doch ist dieser Einschränkung allein nicht zu entnehmen, daß sie die zuvor genannte Gemeinsamkeit schwerwiegend beeinträchtigen könnte.

Insgesamt sind damit die beiden Konzilstexte deutlich bemüht, in den wenigen Sätzen, mit denen sie den Islam ansprechen, die stabile Grundlage aufzuzeigen, die bereits gegeben ist, und zwar nicht nur aus der Sicht der christlichen Theologie, sondern gleichermaßen aus muslimischem Selbstverständnis. Es werden hier also nicht erst die Momente aufgezeigt, über die man sich bei einigem guten Willen und Bemühen verständigen können müßte, sondern es wird Bilanz gezogen im Blick auf das, was erst gar nicht strittig sein dürfte. Da diese Sich-

[26] »*Islām*« ist das Verbalnomen der 4. Stammform von »salima«, die man in der religiösen Bedeutung mit »sich (Gott) überantworten«, »sich hingeben«, »sich unterwerfen«, »sich lassen« übersetzen kann. Auch wenn »Islām« in einer weiterreichenden Sicht mit dem hebräischen »schalôm« (»Friede") verwandt ist, so darf man diese etymologische Beziehung doch nicht überstrapazieren und bei der Übersetzung des Wortes assoziativ heranziehen.

tung des Gemeinsamen insgesamt nicht aus taktischem Optimismus hervorgeht, sondern aus theologischem und religionswissenschaftlichem Realismus, steht sie auch nicht in der Gefahr, daß sie bei klimatischen Veränderungen der religiösen Landschaft leicht Schaden nehmen könnte.

Doch ist die Bedeutung eines Textes nie nur von dem her bestimmt, was er sagt, sondern immer auch von dem, was er nicht anspricht. In dieser Hinsicht sind gegenüber den Äußerungen des Konzils zum Islam Vorbehalte angebracht, auf die sich im folgenden der Blick richten soll.

3. Die Ausblendung der Differenzen

Unter einer Reihe von Gesichtspunkten läßt sich zeigen, wie das Konzil in seinem Bemühen, vor allem die Gemeinsamkeit mit den anderen Religionen, hier mit dem Islam, hervorzuheben, zugleich das Verständnis behindert:

(1) Nicht zufällig, sondern mit theologischem Bedacht sprechen die Konzilstexte an den genannten Stellen nirgends vom »*Islam*«, sondern immer nur von den »*Muslimen*« (muslimi, musulmani) und dem »islamischen Glauben« (fides islamica). Damit wird gerade diese Religion nicht mit dem Namen bezeichnet, der ihren Gemeinschaftscharakter erkennen läßt. Dies ist um so auffallender, als die Erklärung über die nichtchristlichen Religionen in Artikel 2 vom »Buddhismus« und »Hinduismus« spricht und danach in Artikel 4 vom »jüdischen Volk« (populus iudaicus). Doch läßt sich diese unterschiedliche Bezeichnung schließlich leicht erklären: Bei den ostasiatischen Religionen steht der Name jeweils nicht für eine institutionell formierte Glaubensgemeinschaft, sondern für eine religiöse Orientierung und die Lebensformen der Menschen, die sich nach ihr richten; denn Buddhismus und Hinduismus beanspruchen nach ihrem eigenen Verständnis nicht, Religionen mit streng strukturierten Grenzen zu sein. Und andererseits ist die Tatsache, daß sich die Juden im Gegensatz dazu als Angehörige eines »Volkes« verstehen, unbestreitbar, auch wenn sie im Laufe der christlichen Theologiegeschichte unterschiedlich bewertet wurde. Damit stellt der Islam für das Konzil die Religion dar, mit deren eigenständiger sozialer Abgrenzung und Selbstbehauptung es sich trotz aller Aufgeschlossenheit theologisch schwertut wie bei keiner anderen.

Auf diese Weise bleibt bei der konziliaren Würdigung des Islam eine fundamentale Dimension seiner Glaubenswelt unerwähnt: daß sich der Muslim als Angehöriger der »*umma*« begreift, d. h. der von Gott gewährten Gemeinschaft, in der einerseits alle politischen und religiösen Zerklüftungen unserer Welt überwunden werden sollen und zugleich andererseits jeder Einzelne sich geborgen wissen darf[27]. Beschwörend ruft der Koran den Gläubigen zu: »Haltet allesamt am Seil Gottes fest und spaltet euch nicht! Gedenkt der Gnade Gottes euch gegenüber, als ihr Feinde wart und er Vertrautheit zwischen euren Herzen stiftete, so daß ihr durch seine Gnade Brüder wurdet; und als ihr euch am Rand einer Feuergrube befandet und er euch davor rettete. So macht euch Gott seine Zeichen deutlich, auf daß ihr der Rechtleitung folgt. Aus euch soll eine Gemeinschaft werden, die zum Guten aufruft, das Rechte gebietet und das Verwerfliche untersagt. Das sind die, denen es wohl ergeht. Seid nicht wie diejenigen, die sich gespalten haben und uneins geworden sind, nachdem die deutlichen Zeichen zu ihnen gekommen waren. Sie erhalten eine gewaltige Strafe.« (3,103–105). Hier verpflichtet Gott jeden, der sein Wort zu hören vermag, sich der einen muslimischen Glaubensgemeinschaft anzuschließen; zugleich setzt sich damit der Koran energisch von der Kirche und den Kirchen ab, vor allem angesichts ihrer konfessionellen Gegensätze, wie sie sich aus den christologischen Streitigkeiten der Jahrhunderte vor Mohammeds Verkündigung ergaben. Die muslimische »umma«, die in ihrer sozialen Realisierung auch die politischen Dimensionen umfassen soll, steht also schon *vor* allen Differenzen, die sich aus einzelnen Elementen der muslimischen Glaubensverkündigung ergeben, in fundamentalem Gegensatz zum kirchlichen Geltungsanspruch. Allen Muslimen wird gesagt: »Ihr seid die beste Gemeinschaft, die je unter den Menschen hervorgebracht worden ist. Ihr gebietet das Rechte, verbietet das Verwerfliche und glaubt an Gott. Würden die Leute des Buchs glauben, es wäre besser für sie. Unter ihnen gibt es Gläubige, aber die meisten von ihnen sind Frevler.« (3,110).

[27] Zwar kann man dem islamischen Normbegriff der *umma* entgegenhalten: »Dieses Modell hat heute keinerlei Bedeutung für die Realität, obwohl es für 800 Millionen Muslime verbindlich ist, die in vierzig Ländern in Asien und Afrika leben, und obwohl es auch auf den Fahnen vieler religio-politischer Gruppen in dieser Periode der Re-Politisierung des Sakralen als Programm steht.« (*Bassam Tibi,* Der Islam und das Problem der kulturellen Bewältigung sozialen Wandels, Frankfurt 1985, 226). Doch berücksichtigt diese Feststellung zum einen nicht, daß auch Ideen auf ihre Weise eine »Realität« darstellen, und sie vernachlässigt zum anderen, daß die Realität der muslimischen Gemeinde nicht nur an makropolitischen Kriterien zu messen ist. In der sozialen Lebensordnung ist das Bewußtsein, der umma anzugehören, durchaus wirksam gegenwärtig; vgl. *Peter Antes,* Islamische Ethik, in: Ders. u. a., Ethik in nichtchristlichen Kulturen, Stuttgart 1984, 48–81, hier 48f über »Islam und Alltagsleben« und »Die islamische Ordnung« (niẓām); *William R. Darrow,* Ummah, in: EncRel(E) XV, 123–125; Rudi Paret, Umma, in: HIsl, 762–764.

Eine solche Konfrontation mit dem eigenen theologischen Selbstverständnis wollte das Konzil nicht einmal andeutungsweise berühren. So vermied es, den Islam auch nur mit der Nennung seines Namens in seinem sozialen Charakter als Religionsgemeinschaft anzusprechen; die Würdigung gilt nur den individuell Gläubigen. Damit aber wird im Grunde der Islam verfehlt.

(2) Als weiteres schwerwiegendes Moment kommt hinzu, daß das Konzil nirgends den *Propheten Mohammed* erwähnt. Die rudimentäre Feststellung, daß nach muslimischer Überzeugung Gott »zu den Menschen gesprochen hat«[28], bleibt demnach seltsam beziehungslos; das »Wort Gottes« wird nirgends an die Geschichte angebunden. Damit erscheint das Bekenntnis der Offenbarung Gottes aber wie ein völlig formaler Sachverhalt, der als solcher bereits theologisch gewürdigt werden könnte, wo und im Blick auf welche Offenbarungsmittler auch immer er behauptet würde.

Als eigentlichen Grund der zurückhaltenden Äußerung kann man hier jedoch unterstellen, daß das Konzil die muslimische Ausweitung der Prophetie über die in der Bibel bezeugten Propheten hinaus als gravierenden Widerspruch zum christlichen Offenbarungsverständnis sah und wieder im gegebenen Interesse unausgesprochen lassen wollte. Damit aber überging es letztlich nicht irgendein, wenn auch wichtiges Element, sondern die zweite Hälfte des muslimischen Glaubensbekenntnisses, der šahāda, die die Zugehörigkeit eines Menschen zum Islam besiegelt und deshalb in ihrer Bedeutung mit der Funktion der Taufe für das Leben des Christen und der Kirche verglichen werden kann.

Allerdings sind auch nach muslimischer Auffassung die beiden Teile des Glaubensbekenntnisses nicht gleichgewichtig: Die erste kann und muß von allen Menschen jeder Zeit gesagt werden: »Ich bezeuge, daß es keinen Gott gibt außer Gott«; die zweite dagegen ist geschichtlich bedingt: »und Mohammed ist sein Gesandter« – dies konnte nicht immer so ein Stück des Glaubensbekenntnisses sein; denn der Name ist prinzipiell austauschbar – freilich nicht mehr nach der Verkündigung des Korans durch den letztgültigen Propheten.

Was eine christliche Würdigung des Islam wert ist, die sich nicht in der Lage sieht, von Mohammed zu sprechen, läßt sich nicht ohne Berücksichtigung dessen, was in der Geschichte vorausging, sagen. Das Verhältnis des Christentums zum Islam war über viele Jahrhunderte

---

[28] Nostra aetate, Artikel 3.

hinweg so schlecht, daß die Konzilserklärung bezeichnenderweise auch von Muslimen begrüßt wurde. Doch ist dies nur auf dem Hintergrund der Vergangenheit und angesichts des offensichtlich guten Willens des Konzils zu verstehen. Die Barriere, die das Bekenntnis des Islam zu Mohammed für die christliche Theologie weitgehend darstellt, scheint nach wie vor unüberwindlich hoch zu sein, so daß das Konzil an dieser Stelle lieber schwieg.

Dies bedeutet jedoch für Muslime eine kaum verdeckte Mißachtung ihres Propheten. So ist es verständlich, wenn 1978 der Rektor der al-Azhar-Universität von Kairo ᶜAbd al-Ḥalīm Maḥmūd in einem Brief, den er an den Sekretär der Gesellschaft für islamisch-christliche Freundschaft in Madrid richtete, auf bisherige Gespräche zurückblickend, bitter feststellte: »Wir haben unsererseits die Grundlagen der Verständigung offen und deutlich vorgelegt: Die Verehrung Christi – der Friede sei mit ihm –, und die Verehrung seiner Mutter – der Friede sei mit ihr –. Aber was haben die Christen vorgelegt? . . . Nichts!«[29]

(3) Konsequenterweise spricht das Konzil dann auch nicht vom *Koran*. Damit übergeht es die muslimische Offenbarungsurkunde schlechthin. Freilich kann man daraus nicht schließen, daß die Kirche diese heilige Schrift einfach nicht wahrgenommen wissen will[30]; hat doch alles, was das Konzil vom Islam anerkennend sagt, nur aus ihr seine Gültigkeit. Den Islam zu verstehen verlangt in erster Linie, den Koran zu lesen. Aber daß sich das Konzil nicht dazu durchringen konnte, die Quelle zu nennen, auf die es sich faktisch selbst bezog und auf die es alle Christen, die nach seiner Absicht den Islam künftig doch besser verstehen sollten, eigentlich hätte verweisen müssen, zeigt den inneren Widerspruch, in den die Kirche bis heute gerät, sobald sie sich zum Islam nicht mehr mit den alten Verwerfungen äußern will.

(4) Indem die Erklärung »Nostra aetate« in ihrem Artikel 3 »Gebet, Almosen und Fasten« als die Elemente nennt, durch die die Muslime »besonders« ihre Verehrung Gottes bekunden, zitiert es die »*Säulen des Islam*« in bezeichnender Unvollständigkeit: Außer dem rituellen Gebet zu den fünf Tageszeiten (ṣalāt)[31], den Sozialabgaben

---

[29] Abgedruckt in: ᶜAbd al-Ḥalīm Maḥmūd, Urubbā wa-l-islām [Europa und der Islam], Kairo ³1986, 186.

[30] Auf die im Christentum weit zurückreichende »ehrwürdige Geschichte«, den Koran nicht zur Kenntnis zu nehmen, verweist *Ernst Benz,* Ideen zu einer Theologie der Religionsgeschichte, Wiesbaden 1960, 431–434 (11–13).

[31] Das Konzil gebraucht das lateinische Wort »oratio«. Mit der ihm zur Verfügung stehenden Terminologie konnte es die für den Islam wichtige Unterscheidung des offiziellen und rituellen Gebets (ṣalāt) von dem privaten (duᶜā') nicht formulieren.

(zakāt), die bei uns üblicherweise, aber mißverständlich »Almosen« genannt werden, und der Beachtung des Fastenmonats Ramadan (ṣawm) gehören dazu noch das bereits genannte Glaubensbekenntnis (šahāda) und die Wallfahrt zur heiligen Stätte in Mekka (ḥaǧǧ).

In einer gewissen Analogie zu den fundamentalen Äußerungen des christlichen Glaubens kann man diese fünf Elemente als die »*Sakramente*« des Islam bezeichnen, da sie die authentischen Zeichen darstellen sowohl für den persönlichen Glauben des Einzelnen wie für das Leben der gesamten muslimischen Gemeinschaft im Vertrauen auf die allem menschlichen Handeln vorausgehende heilsstiftende Zuwendung Gottes[32].

Indem das Konzil zum einen die *Wallfahrt nach Mekka* völlig übergeht und zum andern bei der Erwähnung des *Gebets* nicht erkennen läßt, welche Bedeutung dabei die *Ausrichtung zur gemeinsamen heiligen Stätte* hat, entfällt auch in dieser Hinsicht ein wesentliches Stück des sozialen Charakters des Islam. Durch die täglich mehrfache Hinwendung aller gläubigen Muslime auf ein einziges geographisches Zentrum, bezeugen sie gleicherweise ihre Einheit und ihren Universalitätsanspruch, da sie damit der gesamten Welt eine symbolische Mitte geben.

Daß sich die frühe muslimische Gemeinde in Medina bei ihrem Gebet zunächst noch aus Verbundenheit mit Juden und Christen nach Jerusalem wandte und Mekka erst – auf Weisung des Korans hin – wählte, nachdem sie von ihnen enttäuscht worden war, gibt dieser religiösen Ausdrucksform eine zusätzliche theologische Bedeutung. Das Konzil übergeht hier also nicht ein beiläufiges, gar nur folkloristisches Element des Islam, sondern eines, das auf seine symbolische Weise dem Selbstverständnis der Kirche fundamental widersteht.

(5) Das Konzil sah sich auch nicht in der Lage, in seinen offiziellen Dokumenten auf die Rolle des göttlichen *Gesetzes,* der *Scharia*[33], im Islam einzugehen. In der ersten Fassung der Erklärung »Nostra aetate« war über das Ethos der Muslime noch knapp, aber sachkundig zu lesen: »Sie bemühen sich auch, im Gehorsam gegen Gott als Einzelne, in den Familien und in der Gesellschaft ein moralisches Leben zu führen« (vitam quoque moralem tam individualem quam familialem

---

[32] Vgl. *Josef van Ess,* Islam, in: Emma Brunner-Traut (Hg.), Die fünf großen Weltreligionen, Freiburg/Basel/Wien 1974, 67–84, hier 73, wo die (christliche) »Idee des Sakramentes« auf die Pilgerfahrt bezogen wird.

[33] Vgl. *Ann Elizabeth Mayer,* Islamic Law: Sharīʿah, in: EncRel(E) VII, 431–446; *Joseph Schacht,* An Introduction to Islamic Law, Oxford 1964; ders., Sharīʿa, in: HIsl, 673–678.

et socialem in obsequium Dei ducere conantur)[34]. Die Einwände dagegen kamen vor allem von seiten mancher afrikanischer Bischöfe, die die Gefahr beschworen, es könnten durch eine solche Formulierung die Bedenken und Widerstände gegen die muslimische Ehe- und Familienmoral, d. h. besonders gegen die Polygamie und die Rolle der Frau, indirekt geschwächt werden. So beschränkte sich das Dokument schließlich auf die Feststellung, daß die Muslime »Wert auf sittliche Lebenshaltung« legen. Aber damit entfiel der Anspruch muslimischer Ethik, gerade nicht nur die individuelle Gesinnung oder das prinzipielle Gewissen der Gläubigen zu prägen, sondern eine für alle Zeiten verbindliche und alle gesellschaftlichen Räume bestimmende Lebensordnung zu stiften. Gewiß ist dies für eine nichtmuslimische Gesellschaft unseres Jahrhunderts aus mehrfachem Grund ein herausfordernder Tatbestand: zum einen wegen der entschiedenen Betonung unwandelbarer materialer sittlicher Normen, zum anderen wegen seiner alle Muslime jeglichen Landes erfassenden Ausdehnung und schließlich wegen einzelner gesetzlicher Vorschriften, bei denen die Spannungen zu neuzeitlich westlicher Kultur besonders spürbar werden[35]. So ist es verständlich, daß sich das Konzil wieder dafür entschied, diesen für das Selbstverständnis des Islam erheblichen Komplex[36] nicht zu berühren. Daß diese Zurückhaltung wie bei den vorausgehenden Gesichtspunkten sinnvoll sein kann, sei hier nicht bestritten; doch ist ein solcher Entschluß selbstverständlich keine Lösung des Problems, sondern eher ein indirekter Beleg für dessen Dringlichkeit.

(6) Schließlich ist selbst der einzige Dissens von christlichem und muslimischem Glauben, den das Konzil überhaupt ausdrücklich erwähnt, sehr zurückhaltend formuliert; denn dieser Gegensatz beschränkt sich nicht darauf, daß die Muslime *Jesus* »allerdings nicht als Gott anerkennen«[37]; sie bestreiten vielmehr dieses Element des christlichen Glaubensbekenntnisses mit allem Nachdruck als einen Rückfall in den Polytheismus, der der ursprünglichen Verkündigung Jesu nicht entspricht.

---

[34] Zitiert nach *Georges C. Anawati,* Exkurs zum Konzilstext über die Muslim, in: LThK.E II, 485–487, hier 486.

[35] Vgl. z. B. Einleitung und erläuternde Anmerkungen von *Manfred Forstner,* in: Allgemeine Islamische Menschenrechtserklärung, Cibedo-Dokumentation Nr. 15/16, Frankfurt Juni/ September 1982, 3–15; 43–52.

[36] Vgl. *Peter Antes,* Ethik und Politik im Islam, Stuttgart 1982; *ders.,* Islamische Ethik (s. Anm. 27).

[37] Nostra aetate, Artikel 3.

Wenn man diese sechs Momente zusammennimmt (selbst wenn sie nicht alle gleiches Gewicht haben), so sind die Grenzen dessen, was das Zweite Vatikanische Konzil für die Verständigung von Christentum und Islam, ja auch nur für das entsprechende Problembewußtsein, leisten konnte, deutlich abzusehen.

4. Die Beschränkung des Dialogs in der Selbstbehauptung

Für die Einschätzung der nichtchristlichen Religionen durch das Zweite Vatikanische Konzil ist letztlich und zugleich vor allem bezeichnend, nach welchem systematischen Modell es die fremden religiösen Kulturen der Kirche zuordnet und in welchen Maßen es sie dabei würdigen kann: Die anderen Religionen werden nur insofern anerkannt, als Christen in ihnen das wiederfinden können, was ihrem eigenen Verständnis von Gott, Welt und menschlichem Leben entspricht. So räumt das Konzil diesen Religionen in behutsamer Formulierung ein, daß sie »nicht selten einen Strahl jener Wahrheit erkennen lassen, die alle Menschen erleuchtet«, und betont demgegenüber im unmittelbar folgenden Satz mit Nachdruck als Aufgabe der Kirche: »Unablässig aber verkündet sie und muß sie verkündigen Christus, der ist ›der Weg, die Wahrheit und das Leben‹ (Joh 14,6), in dem die Menschen die Fülle des religiösen Lebens finden, in dem Gott alles mit sich versöhnt hat.«[38] Die Hochschätzung der anderen Religionen ist für das Konzil im Grunde nur die Hochschätzung des eigenen Glaubens bei den anderen. Sie sind »auf das Gottesvolk auf verschiedene Weise hingeordnet«[39], während die Kirche sich selbst unmittelbar als Gottesvolk bezeichnen kann[40].

Dementsprechend stellt sich die Kirche den fremden Religionen gegenüber nicht als eine dar, die von ihnen deshalb lernen möchte, weil sie vielleicht im eigenen Glauben noch bereichert werden könnte; sie erwartet vielmehr nur, daß die Christen noch besser verstehen und schätzen lernen, was bei anderen an religiösen und sittlichen Werten gegeben ist und gelebt wird. In dieser Hinsicht »mahnt sie ihre Söhne«, daß sie die entsprechenden Werte »anerkennen, wahren und fördern« mögen[41]. Es ist nicht zu überhören, daß daraus bei aller beachtlichen

---

[38] Nostra aetate, Artikel 2.
[39] Lumen gentium, Artikel 16.
[40] Vgl. Artikel 9.
[41] Nostra aetate, Artikel 2.

Aufgeschlossenheit zugleich das Selbstbewußtsein eines überlegenen Urteilsvermögens spricht.

Immer wieder ist zu lesen, daß sich das Konzil für einen »Dialog« mit den anderen Religionen ausgesprochen habe. Dies ist auch insofern richtig, als die Erklärung über das Verhältnis der Kirche zu den nichtchristlichen Religionen ausdrücklich zu »Gespräch und Zusammenarbeit« auffordert; doch wird hier eine andere Sprache gewählt als etwa dort, wo es dem Konzil um »die Beziehung zwischen Kirche und Welt« geht; denn nur dabei ist vom »gegenseitigen Dialog« (mutuus dialogus) die Rede[42]. Im Gegensatz dazu erscheint gegenüber den nichtchristlichen Religionen nie die Kirche selbst als das unmittelbare Subjekt des Gesprächs; sie erwartet vielmehr, daß »ihre Söhne«[43], die »Jünger« Jesu[44], die »Missionare«[45] usw. diese Aufgabe erfüllen. Deshalb ist es auch nicht verwunderlich oder ein bloß zufälliger Tatbestand, daß in der Erklärung über das Verhältnis der Kirche zu den nichtchristlichen Religionen das so oft beschworene Wort »Dialog« überhaupt nicht vorkommt: Wo es nach der offiziellen deutschen Übersetzung »Gespräch und Zusammenarbeit« verlangt, wird im Lateinischen zu »colloquia et collaborationem« aufgefordert, also im Plural zu »Gesprächen«. Hier wird demnach insgesamt *nicht* ein *fundamentales Verhältnis* zwischen der Kirche und den Religionen in den Blick genommen (wie in der Beziehung von Kirche und Welt), sondern es werden *verschiedene Maßnahmen* erwartet, die von Einzelnen und Gruppen *in* der Kirche durchzuführen sind.

Demgegenüber kann konsequenterweise die Pastoralkonstitution »Gaudium et spes« nach Artikel 40 über »Die gegenseitige Beziehung von Kirche und Welt« und nach den Artikeln 41–43 über das, was sie selbst bringen möchte, den Artikel 44 über »Die Hilfe, welche die

---

[42] Gaudium et spes, Artikel 40. Vgl. auch den Hinweis auf das »*Gespräch zwischen Kirche und menschlicher Gemeinschaft*« in der Erklärung über die christliche Erziehung »Gravissimum educationis«, Artikel 8. – Gleicherweise wird vom »*colloquium*« der Kirche gesprochen (statt vom »dialogus« – ohne daß ein Bedeutungsunterschied erkennbar würde) in der Aussage, daß »*es der Kirche aufgegeben ist, mit der menschlichen Gesellschaft, in der sie lebt, in ein Gespräch zu kommen*« (Dekret über die Hirtenaufgabe der Bischöfe in der Kirche »Christus Dominus«, Artikel 13); in der Zielsetzung »des Gespräches [der Kirche!] mit der heutigen Welt« (Dekret über Dienst und Leben der Priester »Presbyterorum ordinis«, Artikel 12); in der Erklärung der Bereitschaft der Kirche zum »Dialog« mit »der ganzen Menschheitsfamilie« (Pastoralkonstitution über die Kirche in der Welt von heute »Gaudium et spes«, Artikel 3).

[43] Nostra aetate, Artikel 2.

[44] Ad gentes, Artikel 11.

[45] Ebd., Artikel 34.

Kirche von der heutigen Welt erfährt« anschließen. Eine solche wenigstens ansatzweise auf Symmetrie angelegte Relation sucht man im Verhältnis der Kirche zu den nichtchristlichen Religionen vergeblich. Dies ist um so bemerkenswerter, als nur die Religionen – nicht jedoch die »Welt« – der Kirche im eigentlichen Sinn *gegenüber*stehen und in ein *Wechsel*gespräch hineingenommen werden könnten.

So erweist sich das vielgepriesene Stichwort »Dialog« zwar als ein beachtliches theologisches Signal, aber sein Pathos ist mächtiger als seine reale Tragfähigkeit im Verhältnis zu den anderen Religionen[46]. Letztlich werden diese dogmatisch auf eine Hinordnung zur Kirche fixiert. Es ist deshalb verständlich, daß sich selbst innerhalb der christlichen Theologie Bedenken gegen eine solche Sicht der interreligiösen Beziehungen erheben: »In diesem Denkrahmen sind alle anderen Religionen adventhafte Vorläufer der christlichen Botschaft. Freilich überzeugt diese Bewertung immer weniger, wo die Konkurrenz der Weltreligionen in Erscheinung tritt. Sie gilt vor allem für den Islam nicht.«[47]

[46] Vgl. auch *Richard Schaeffler,* Wahrheit, Dialog und Entscheidung, in: Andreas Bsteh (Hg.), Dialog aus der Mitte christlicher Theologie, Mödling 1987, 13–42.
[47] *Hans Waldenfels,* Ist der christliche Glaube der einzig wahre? Christentum und nichtchristliche Religionen, in: StdZ 205, 1987, 463–475, hier 465.

IV. Das Selbstbewußtsein der Endgültigkeit

Daß sowohl das Christentum wie der Islam aus dem Selbstbewußtsein leben, die endgültige und unüberbietbare geschichtliche Form der Beziehung von Gott und Mensch zu sein, wurde in den vorausgehenden Kapiteln bereits mehrfach berührt; denn dieser Anspruch durchzieht notwendigerweise sämtliche Aspekte des gegenseitigen Verhältnisses dieser beiden Religionen. Im folgenden soll er systematisch entfaltet und auf seine theologischen Konsequenzen hin erörtert werden. Dabei geht es

– *erstens* um die jeweilige *Einschätzung der vorausgehenden Geschichte,* die sich in ihrer Beharrungstendenz immer noch weiter fortsetzen will, sich also in ihrer Vorläufigkeit zu behaupten versucht und deshalb zu Konfrontationen führt;

– *zweitens* um die theoretische *Begründung des Endgültigkeitsanspruchs* in dem, was im einen und im anderen Fall als geschichtlich vermittelte und dennoch absolute Realität angenommen wird; und

– *drittens* um die jeweilige *institutionelle Sicherung* der Endgültigkeit in einer sozial greifbaren Norm.

1. Die Überbietung der Vergangenheit

In christlicher wie in muslimischer Sicht ist die Geschichte der Menschheit – trotz ihrer unermeßlichen Dimensionen von Anfang und Ende und über die vielfältigen Unterscheidungen von Epochen und Phasen hinweg – in zwei Abschnitte gegliedert, die durch ein historisch faßbares Ereignis fundamental voneinander abgegrenzt und dennoch zuinnerst aufeinander verwiesen sind. Beide Religionen beziehen sich in dieser Hinsicht also nicht nach der Weise mythischen Denkens auf eine archaische Gründung, auf eine vorzeitlich gestiftete Ordnung, auf einen urgeschichtlichen Anfang, sondern auf ein Geschehen, das selbst schon in einen größeren Ereigniszusammenhang eingelassen ist; das nicht verständlich wird ohne den Blick auf das, was ihm vorherging; das nicht nur Traditionen eröffnet, sondern bereits voraussetzt.

Dabei wird nach der Sicht beider Religionen die Menschheitsgeschichte durch das zentrale Ereignis so entscheidend qualifiziert, daß die vorausgehende Zeit notwendigerweise in einem minderen Rang erscheinen muß und alle künftige unausweichlich auf das, was zu einer bestimmten Zeit ein für allemal geschah, verwiesen bleibt. Die Grundstruktur von Vergangenheit, Gegenwart und Zukunft kann hier demnach nicht symmetrisch gesehen werden; die theologischen Wertungen sind nicht gleichartig und gleichgewichtig auf die eine wie die andere Seite verteilt.

Da sich in solcher Erinnerung Christentum wie Islam auf die Geschichte Israels, auf das jüdische Volk zurückbeziehen, setzen sich somit beide zugleich von dieser Glaubensgemeinschaft als einer vorläufigen ab. Dabei entsprechen sie sogar insofern dem Selbstverständnis des jüdischen Glaubens, als dieser keine ähnliche Zäsur kennt, von der her die gesamte Menschheitsgeschichte in zwei Abschnitte gegliedert und in ein endgültiges Stadium gebracht worden wäre. Selbst wenn Judentum, Christentum und Islam religionsgeschichtlich immer wieder mit gutem Grund gemeinsam genannt werden, so lassen sie sich also unter dem hier betrachteten Geltungsanspruch gerade nicht zusammenschließen; allein der christliche und der muslimische Glaube erscheinen in dieser Hinsicht strukturverwandt.

Doch dürfen auch deren offensichtliche Gemeinsamkeiten nicht schon zur Annahme verleiten, daß das Christentum und der Islam formal dasselbe theologische Geschichtsverständnis hätten und sich nur dadurch unterschieden, daß sie es auf je besondere Ereignisse bezögen. Die Differenzen reichen vielmehr weiter.

a. Christlich: Die Heilsgeschichte von Verheißung und Erfüllung

Daß die Menschen in ihrer Geschichte »Neues« erfahren können, ist eine in den biblischen Schriften intensiv bekundete Überzeugung. Dies ist für das Alte Testament um so beachtlicher, als man im Blick auf seine Überlieferungen zunächst auch feststellen kann: »die Erfahrung des Neuen ist für den Israeliten auf ganz wenige Erfahrungskreise beschränkt; er redet sehr selten von Neuem.«[1] Aber in der Zeit des Exils, der ruinösen Enttäuschungen und der tiefen Beunruhigungen des Glaubens, verkündeten die Propheten für Israel eine grundlegende

---

[1] *Claus Westermann,* ḥādāš neu, in: ThHAT I, 524–530, hier 526; vgl. auch *R. North,* ḥādāš, in: ThWAT II, 759–780.

Umgestaltung der Welt und der menschlichen Geschichte. Es ist vor allem der mit seinem eigentlichen Namen unbekannte Prophet Deuterojesaia, der in dieser Weise seinem Volk die Zukunft vor Augen stellt: »Dann sehen die Völker deine Gerechtigkeit und alle Könige deine strahlende Pracht. Man ruft dich mit einem neuen Namen, den der Mund des Herrn für dich bestimmt.« (Jes 62,2). Wo man nach biblischem Sprachverständnis einen »neuen Namen« erwartet, dort rechnet man damit, daß die Wirklichkeit in ihrem »Wesen« eine andere wird. Im voraus kann sich das prophetische Wort schon auf das beziehen, was noch aussteht: »Seht, das Frühere ist eingetroffen, Neues kündige ich an. Noch ehe es zum Vorschein kommt, mache ich es euch bekannt.« (Jes 42,9). Das »Neue« erscheint hier so nahe, daß der Prophet fragen kann: »Schon kommt es zum Vorschein – merkt ihr es nicht?« (Jes 43,19). Und doch ist es gleich auch wieder »etwas Verborgenes, von dem du nichts weißt« (Jes 48,6).

Während Deuterojesaia an den genannten Stellen besonders die Ablösung der bisherigen, oft verdunkelten Geschichte Israels durch eine überwältigend lichtvolle Zukunft ankündigt, betont Jeremia die innere Umgestaltung des Menschen im »neuen Bund«, in dem allen das Gesetz »auf ihr Herz« geschrieben sein wird: »Keiner wird mehr den andern belehren, man wird nicht zueinander sagen: Erkennt den Herrn!, sondern sie alle, klein und groß, werden mich erkennen – Spruch des Herrn. Denn ich verzeihe ihnen die Schuld; ihrer Sünde gedenke ich nicht mehr.« (31,31–34). Im selben Sinn sagt der Prophet Ezechiel an, daß Gott den Menschen »das Herz von Stein aus ihrer Brust nehmen und ihnen ein Herz von Fleisch geben«, »ein anderes Herz und einen neuen Geist schenken« wird (11,19; vgl. 18,31).

Daß die Ankündigung einer derart die Verhältnisse umstürzenden Zukunft letztlich an die Aufhebung der bestehenden Welt insgesamt denken muß, heben diejenigen prophetischen Worte hervor, die »einen neuen Himmel und eine neue Erde« ankündigen. Mit Jes 66,22 »ist der Schritt hinüber zum apokalyptischen Reden getan, das die Geschichte transzendiert«[2]: »Wie der neue Himmel und die neue Erde, die ich erschaffe, vor mir stehen – Spruch des Herrn –, so wird euer Stamm und euer Name dastehen.« Im Anschluß daran kann der apokalyptische Seher des Neuen Testaments sagen: »Dann sah ich einen neuen Himmel und eine neue Erde; denn der erste Himmel und die erste Erde sind vergangen, auch das Meer ist nicht mehr. Ich sah die heilige

[2] *C. Westermann,* ebd. 528.

Stadt, das neue Jerusalem von Gott her aus dem Himmel herabkommen [...].« (Offb 21,1f).

Inhaltlich weniger gefüllt, im Ausdruck formelhafter ist der Aufruf des Psalmsängers: »Singt dem Herrn ein neues Lied!« (z. B. 96,1). Doch auch hier ist eine Erfahrung vorausgesetzt, die die bisherigen Erinnerungen und Erwartungen übersteigt; denn »neu« ist das Lied »nicht deshalb, weil an die Stelle des alten ein neuer Text oder der alten einen neue Melodie treten sollte«, sondern »weil etwas Neues von Gott her geschehen ist und das Lied diesem neuen Tun Gottes antworten, dieses neue Tun Gottes in dem neuen Lied widerhallen soll«[3]. Der Imperativ des Aufrufs bezeugt, daß nicht erst in der Zukunft, gar in einer, die die Verhältnisse dieser Welt ganz hinter sich läßt, sondern schon jetzt Ereignisse erfahren und besungen werden können, die das Leben der Menschen und ihre Geschichte grundlegend verändern.

Gewiß wäre es völlig unangemessen, den Glauben und die Hoffnungen Israels, sein Verhältnis zu Vergangenheit und Zukunft vor allem oder gar ausschließlich solcher Rede vom »Neuen« zu entnehmen. Doch ist sie eine wichtige Vorgabe für das neutestamentliche Verständnis des Handelns Gottes in Jesus Christus, an seiner Gemeinde und der Welt insgesamt. »Wenn also jemand in Christus ist, dann ist er eine neue Schöpfung: Das Alte ist vergangen, Neues ist geworden«, schreibt Paulus in seinem zweiten Brief an die Korinther (5,17; vgl. Gal 6,15). »So wird kainós auch zum Kennwort der in Christus schon jetzt gewissen Heilswirklichkeit«[4]: Juden und Heiden sollen zusammen »ein neuer Mensch« werden (Eph 2,15); alle sind aufgerufen: »Zieht den neuen Menschen an!« (4,24); in der Erinnerung an Jesu Tod feiert die Gemeinde den von Jeremia angekündigten »neuen Bund« (1 Kor 11,25; Lk 22,20), zu dem sich nun alle Christen befähigt sehen sollen (2 Kor 3,6; Hebr 8,8–13; 9,15).

Die nachösterliche Betonung des »Neuen« verweist also auf die Zäsur gegenüber der Vergangenheit, schafft Distanz und stellt doch zugleich auch Kontinuität her, indem sie auf die vorgängigen Verheißungen, Erwartungen und hoffnungsstiftenden Erfahrungen zurückgreift. Selbstverständlich ist das Verhältnis der frühen christlichen Gemeinden zu den Überlieferungen Israels nicht auf dieses eine Wort fixiert und läßt sich nicht mit ihm allein ausloten. Aber es ist ein entscheidendes Signal für die Überzeugung, daß die den früheren Genera-

---

[3] Ebd. 529.
[4] *Johannes Behm,* kainós [usw.], in: ThWNT III, 450–456, hier 451f.

tionen angesagte Zukunft jetzt angebrochen, daß »die Zeit erfüllt« ist (Gal 4,4); daß mit Jesus die Geschichte eschatologisch qualifiziert wurde[5].

Demgegenüber wird die biblische Vergangenheit gerade in ihrer Vorläufigkeit anerkannt, in der sie immer wieder über sich hinausdrängte, sich immer von dem, was ihr gegeben war, unerfüllt zeigte und mit anderem rechnete, was noch unverfügbar ausstand. Dies nämlich zeichnete die Geschichtserfahrungen Israels vor denen seiner kulturellen Umwelt aus: »Während man in Ägypten oder Babylonien nach allen Störungen, an denen es auch nicht gefehlt hat, kein anderes Heil kannte, als daß die Dinge wieder zu jenen uralten sakralen Ordnungen zurückkehrten, die im Mythus und im Turnus der Feste ihren Ausdruck fanden, insistiert Israel immer auf dem Einmaligen. So hat derjenige, der die großen Zusammenhänge überschaut, wirklich den Eindruck von etwas Ruhelosem, von einer großen Wanderschaft des Volkes, und im Blick auf seine fortgesetzten Aufbrüche in immer neue religiöse Vorstellungen den von einer Fremdlingschaft Israels in der Zeit.«[6] In solcher Offenheit auf eine überbietende Zukunft hin konnten die Traditionen Israels den nachösterlichen Gemeinden der Christen zum Verständnis ihrer eigenen Gegenwart verhelfen.

An zwei Deutungsmustern läßt sich besonders deutlich ablesen, wie sich das Christentum in seinen Anfängen – nach dem »Doppelgesetz von Ähnlichkeit und Gegensatz«[7] – von der vorausgehenden Geschichte einerseits abhob und sich gleichzeitig doch auch an sie anschloß, dem sogenannten *Schriftbeweis* und den *Typologien:*

In der Darstellung des Lukasevangeliums verkündet Jesus nach der Verlesung einer Perikope des Jesaja-Buchs der staunenden Gemeinde: »Heute hat sich das Schriftwort, das ihr eben gehört habt, erfüllt.« (4,21). Die vergangene Rede des Propheten wird durch die Schriftauslegung so unvermittelt auf die Gegenwart bezogen, daß den Hörern jetzt erst die eigentliche Bedeutung des Textes aufgehen sollte. Dabei belegt Jesus sein autoritatives Wort nicht etwa damit, daß er die heilenden und rettenden Taten, die Jesaja ansagte, selbst gewirkt habe oder von jetzt an zu wirken gedenke; er gibt vielmehr nur der gottesdienst-

[5] Daß »der eigentliche Kern des Gegensatzes« von Christentum und Islam in der Eschatologie zu sehen ist, betont *Wolfhart Pannenberg,* Religion und Religionen. Theologische Erwägungen zu den Prinzipien eines Dialoges mit den Weltreligionen, in: Andreas Bsteh (Hg.), Dialog aus der Mitte christlicher Theologie, Mödling 1987, 179–196, hier 192–194.

[6] *Gerhard von Rad,* Theologie des Alten Testaments, Bd. 2, München ⁵1968, 340.

[7] *Henri de Lubac,* Der geistige Sinn der Schrift, Einsiedeln 1952, 29 f.

lichen Schrift eine neue Lesart vor: Wer das, was zunächst den Früheren gesagt wurde, jetzt als »erfüllt« betrachtet, wird dieses und zugleich die bewegenden Ereignisse seiner Gegenwart in ihrer wechselseitigen Stimmigkeit begreifen.

Ohne den Rückgriff auf eine überkommene Deutung ist weder Erfahrung noch Geschichte möglich; umgekehrt erhalten aber die Traditionen auch ihrerseits durch die neuen Geschehnisse und Betroffenheiten einen Sinn, der ihnen zuvor nicht zu entnehmen war[8]. Für die christliche Verkündigung bedeutete dies eine radikale Aktualisierung der biblischen Überlieferungen. Im Blick auf Erfahrungen Israels beim Zug durch die Wüste kann Paulus feststellen: »Uns zur Warnung wurde es aufgeschrieben, uns, die das Ende der Zeiten erreicht hat« (1 Kor 10,11); denn als allgemeiner Grundsatz gilt ihm: »Alles, was einst geschrieben worden ist, ist zu unserer Belehrung geschrieben« (Röm 15,4). Und ähnlich unterrichtet der erste Petrusbrief seine Leser: »Den Propheten wurde offenbar, daß sie damit nicht sich selbst, sondern euch dienten.« (1,12).

Indem sich die neutestamentlichen Schriften auf die Traditionen Israels berufen, greifen sie also nicht in erster Linie nach prophetischen Vorhersagen als apologetischen Argumenten, um ihren Glauben nachträglich mit einem zusätzlichen »*Schriftbeweis*« besser zu behaupten, sondern »es gilt zuallererst, ihm einen begrifflichen Ausdruck zu schaffen«[9]. Erst wenn etwas »gemäß der Schrift« gesehen werden konnte (1 Kor 15,3 f), stand es erkennbar in dem von Gott verfügten Geschichtszusammenhang. In ihm begriff sich der christliche Glaube schließlich nicht nur als endgültig, sondern damit zugleich als universal – im Kontrast zur Vorläufigkeit und Partikularität Israels unter den Völkern der Menschheit.

Daß man bei der Suche nach solchen inneren Entsprechungen zwischen der christlichen Verkündigung und den Überlieferungen Israels oft wenig Rücksicht auf den ursprünglichen Sinn der Texte nahm und

---

[8] Zu Möglichkeit und Grenzen solcher theologischer Bedeutungserweiterungen (auch schon innerhalb des Alten Testaments) vgl. *Heinrich Groß,* Motivtransposition als Form- und Traditionsprinzip im Alten Testament, in: Herbert Vorgrimler (Hg.), Exegese und Dogmatik, Mainz 1962, 134–152; *Albert Gelin,* La question des ›relectures‹ bibliques à l'intérieur d'une tradition vivante, in: Sacra Pagina I, 1959, 303–315; *G. von Rad,* Theologie des Alten Testaments, Bd. 2 (s. Anm. 6), 380–412: Das alttestamentliche Heilsgeschehen im Lichte der neutestamentlichen Erfüllung.

[9] *H. de Lubac,* Der geistige Sinn der Schrift (s. Anm. 7), 29. – Zur »Vieldeutigkeit des Begriffs ›Schriftbeweis‹« vgl. *Karl Lehmann,* Auferweckt am dritten Tag nach der Schrift. Früheste Christologie, Bekenntnisbildung und Schriftauslegung im Lichte von 1. Kor. 15,3–5, Freiburg/Basel/Wien 1968, 205–221.

reichlich assoziativ vorging, verträgt sich selbstverständlich nicht mit den Kriterien heutiger Bibelexegese, doch belegt es, in welchem Maß man alle vorhergehende Geschichte und mit ihr alle Zeugnisse des Glaubens auf die eigene Gegenwart bezogen und in ihr erfüllt sah.

Dasselbe gilt für die Herstellung *typologischer Beziehungen*[10], bei denen man eine Situation, ein Ereignis oder eine Person der Vergangenheit als vorausweisende Analogie, als bildhafte Repräsentation der neutestamentlichen Wirklichkeit begriff. Auch dabei ist die Polarität von Distanz und Kontinuität offensichtlich: Was in den früheren Schriften zu lesen ist, ist gleichermaßen *Vorbild* und *Gegenstück*. Als solches bleibt es bedeutungsvoll, aufschlußreich und für das Glaubensverständnis unverzichtbar. So kann etwa einerseits Mose als Präfiguration Jesu gesehen werden und andererseits Jesus als derjenige, der die Stellung des Mose weit übertrifft (z. B. im Blick auf die Erzählungen von der Rettung des Kindes nach Ex 2 bzw. der entsprechenden jüdischen Haggada einerseits und nach Mt 2 andererseits; oder auf die Überlieferungen vom Bundesschluß am Sinai in ihrem Verhältnis zur Bergpredigt); denn: »Das Gesetz wurde durch Mose gegeben, die Gnade und die Wahrheit kamen durch Jesus Christus.« (Joh 1,17). Für Paulus ist Adam »der Typos des Künftigen« (Röm 5,14), d. h. die vorausblickende Darstellung und das Gegenstück Jesu Christi; die Israeliten der Wüstenzeit sind ihm »Vorbilder (typoi) für uns« (1 Kor 10,6). Der erste Petrusbrief bezeichnet die Taufe als das »Gegenbild« (antítypos) der Rettung Noachs aus der Sintflut (3,21). Die Beispiele ließen sich leicht vermehren. In der wechselseitigen Beleuchtung, wie sie mit solchen typologischen Beziehungen hergestellt wird, soll die in Christus offenbar gewordene Realität als die Mitte und das Ziel der gesamten Glaubensgeschichte sichtbar werden. Deshalb sind bei dieser Betrachtungsweise die Vergleichsgrößen nie einander gleichwertig; ihre Relation ist wie bei der ihr zugrundeliegenden Zeitstruktur nie symmetrisch: Alles Vorausgehende hat seine Geltung nur darin, daß es über sich hinausverweist auf das Künftige und zu dessen Verständnis beiträgt.

Diese vom Neuen Testament geförderte typologische Sicht wurde für die biblische Hermeneutik der späteren Theologie und letztlich für deren Geschichtsbild überhaupt von großer Bedeutung. Die Kirchenväter bezogen mit den biblischen, vor allem den alttestamentlichen Überlieferungen auch die heidnischen Mythen in ihre auf Christus hin

---

[10] Vgl. *Leonhard Goppelt*, Typos. Die typologische Deutung des Alten Testaments im Neuen, Gütersloh 1939 (Nachdruck: Darmstadt 1981).

ausgerichteten typologischen Deutungen ein; auch diese waren für sie zukunftsweisende Bilder, deren innerster ahnungsvoller Sinn erst im christlichen Verständnis zum Vorschein kommen konnte[11]. Damit sprach sich das Christentum die Deutungskompetenz für die Zeugnisse menschlicher Kultur insgesamt zu: »Komm, ich will Dir den Logos zeigen und die Mysterien des Logos, und ich will sie Dir erklären in Bildern, die Dir vertraut sind.«[12] Wer sich in dieser Weise von der Wahrheit des Evangeliums geleitet weiß, kann sich in seinem Überlegenheitsbewußtsein all dessen bedienen, was ihm bedeutsam scheint – wo immer es gedacht und gesagt wurde. Was fern steht, kann dann wenigstens Vorschein dessen sein, was jetzt offenbar geworden ist – in seiner Endgültigkeit wie Universalität.

Mit einer diffizilen hermeneutischen Theorie der *Schriftsinne*[13], grundgelegt schon bei den Kirchenvätern, sah sich die mittelalterliche Theologie in der Lage, verschiedene Bedeutungsebenen – möglicherweise in ein und demselben Text – zu unterscheiden: die historische Aussage vergangener Ereignisse, den bildhaften Hinweis auf die Geschichte Christi, die hoffnungsstiftende Zusage himmlischen Heils und die moralische Forderung für das irdische Leben. So konnte man das, was man las, in unterschiedlicher Hinsicht nach seinem Wahrheitsgehalt befragen. Was vielleicht zunächst befremdlich wirkte und für die Gegenwart keinen erbauenden Sinn mehr zu haben schien, konnte wieder fruchtbar gemacht werden, indem man seine »eigentliche«, seine »tiefere« Bedeutung suchte. Damit ließen sich auch geistesgeschichtliche entlegenere Texte in den eigenen Verständnishorizont einbeziehen und nach den Normen lesen, die jetzt galten. Auf diese Weise wurden prinzipiell alle kulturellen Zeugnisse verfügbar.

Dieses hermeneutische Überlegenheitsbewußtsein entspricht dem Geschichtsverständnis, das in der christlichen Theologie ebenfalls von den Kirchenvätern an entfaltet wird. Nach ihm sind alle Wege der Menschheit – über das ruinöse Wirken des Bösen hinweg – der zielgerichteten Heilsökonomie Gottes unterstellt: »Vom Beginn der ersten Schöpfung bis zur letzten Vollendung, gegen alle Widerstände des

---

[11] Vgl. *Hugo Rahner,* Griechische Mythen in christlicher Deutung, Zürich ³1966.

[12] *Klemens von Alexandrien,* Protreptikos XII, 119, 1; CGS 1, 84; in der hier gegenüber dem Original gekürzten Form zitiert bei *H. Rahner,* Griechische Mythen (s. Anm. 11), 19, als Motto des ersten Teils.

[13] Vgl. *H. de Lubac,* Der geistige Sinn der Schrift (s. Anm. 7), vor allem 13–28: Die vier Dimensionen des Schriftsinns: dazu auch *Hildegard Cancik-Lindemaier,* Allegorese/Allegorie, in: HrwG I, 424–432, bes. 430–432: Historisches Beispiel: Christliche Bibelexegese.

Stoffes und die noch größeren der geschöpflichen Freiheit, durch eine Reihe von Stufen, in deren Mitte die Menschwerdung steht, erfüllt sich, langsam und sicher, ein göttlicher Plan.«[14] Die Geschichte ist in solcher Sicht ein Curriculum, in dem die eine Phase über die andere hinausgeht: »Der Inhalt dieser Geschichte aber wird kein anderer sein als die allmähliche Durchdringung der Menschheit durch Christus.«[15]

Freilich gibt diese Konzeption nicht schlechthin die christliche Deutung wieder. Man hat ihr zur Differenzierung und zum Widerspruch manch andere theologische Aussagen hinzugefügt und entgegengesetzt[16]: daß sich die Heilsgeschichte Gottes mit den Menschen nicht derart im Lauf historischer Ereignisse identifizieren läßt, da sie gerade nach der neutestamentlichen Verkündigung des »Reiches Gottes« einen eschatologischen Charakter trägt, d. h. sich nicht in einen linearen Ablauf der Zeit einfügt, sondern von der Spannung einer schon gewährten und noch ausstehenden Erfüllung bestimmt ist; daß vor allem der Gedanke eines innerweltlichen Fortschritts nicht auf die Wirksamkeit christlicher Verkündigung, nicht auf die Geschichte der Kirche übertragen werden kann.

Dennoch bleibt für das Ereignis Jesu Christi seine historische Datierung auch theologisch bedeutsam: »Es war im fünfzehnten Jahr der Regierung des Kaisers Tiberius [. . .]« (Lk 3,1). Hier zeigt Lukas eine weltgeschichtliche Zäsur an, von der ab für ihn alles Vorherige zur Vorgeschichte wird. Entsprechend hält das Apostolische Glaubensbekenntnis als Datum fest, daß Jesus »unter Pontius Pilatus« gekreuzigt wurde. Selbst wer betont, daß das von Jesus angesagte und durch ihn vergegenwärtigte »Reich Gottes« eschatologisch verstanden werden müsse und sich damit nicht nach historischen Dimensionen bemessen lasse, ordnet doch auch dieses eschatologische Ereignis noch in die lineare Geschichte ein und muß ihm dann die vorausgehende (und die folgende) Zeit in irgendeiner Weise theologisch zuordnen. Der dogmatische Anspruch, Gott habe in Jesus von Nazaret ein für allemal gehandelt, und die gläubige Überzeugung, daß die unüberbietbare Offenbarungs- und Heilstat in Jesu Wirken, Verurteilung und Kreuzigung zu sehen ist – dies sind theologische Urteile, die notwendigerweise alle

---

[14] Vgl. *Ders.,* Katholizismus als Gemeinschaft, Einsiedeln/Köln 1943, 124.

[15] Ebd.

[16] Vgl. dazu den – gerade aus einem Gespräch christlicher und muslimischer Theologen stammenden – Beitrag von *Raymund Schwager,* Grundzüge christlicher Geschichtsauffassung, in: Abdoljavad Falaturi/Walter Strolz (Hg.), Glauben an den einen Gott. Menschliche Gotteserfahrung im Christentum und im Islam, Freiburg 1975, 102–116.

vorausliegende Geschichte als vorläufig qualifizieren und als eine, die jetzt überboten ist, sei es nach den Verhältnissen von »Typus und Antitypus«, »Verheißung und Erfüllung«, »Gericht und Gnade, Gesetz und Evangelium« oder im Bild des »Exodus«, des Aufbruchs zum endgültigen Ziel[17].

b. Islamisch: Die Restauration der verderbten Ordnung

Vom Anfang bis zum irdischen Ende ist die Menschheit nach muslimischer Überzeugung vor ein und dieselbe Frage gestellt: wen sie als ihren Herrn anerkennen wolle. Und vom Anfang bis zum Ende sollte es darauf nie eine andere Antwort geben als das Bekenntnis zu dem einen Gott als dem Herrn aller Welt. Unter dieser fundamentalen Voraussetzung kann der Glaube für den Islam keine Geschichte haben. In besonders komprimierter Form besagt dies der Koran mit dem Hinweis darauf, daß die Nachkommen Adams schon vor ihrer irdischen Existenz auf ihr Bekenntnis verpflichtet wurden, damit sie für alle Zeiten unentschuldbar sind, falls sie sich von Gott abkehren: »Als dein Herr aus den Kindern Adams, aus ihren Rücken ihre Nachkommen nahm und sie gegen sich selbst zeugen ließ: ›Bin ich nicht euer Herr?‹, da sagten sie: ›Doch, wir bezeugen es‹; damit ihr nicht am Tag der Auferstehung sagt: ›Wir hatten davon keine Ahnung.‹« (7,172)[18]. Mit diesem Bekenntnis ist dem Verhältnis von Gott und Mensch nicht ein Anfang gesetzt, aus dem sich eine größere, überbietende Geschichte ergeben sollte, sondern es wird sein immer gleiches Wesen formuliert. Deshalb gibt es für den Glauben darüber hinaus im Grunde auch nichts zu lernen; er ist immer dann in Fülle realisiert, wenn er dieser urzeitlichen und urbildlichen Szene entspricht[19]. Die Bezeugung der Einzigkeit Gottes und damit die selbstverständliche Bindung an ihn ist die für alle

---

[17] Diese vier Zuordnungen der verschiedenen heilsgeschichtlichen Phasen nennt *Walter Kasper,* Offenbarung Gottes in der Geschichte, in: HVk I, 53–96, hier 71 f.

[18] Nach muslimischen Traditionen wird dabei auf eine Szene nach dem Sündenfall der ersten Menschen angespielt (vgl. *Régis Blachère,* Le Coran, Bd. 2, Paris 1950, 649); in den jüdischen Traditionen gibt es eine ähnliche, vielleicht verwandte Erzählung, in der am Sinai die Kinder der Israeliten zu Zeugen des Bundesschlusses angerufen werden (vgl. *Heinrich Speyer,* Die biblischen Erzählungen im Qoran, Hildesheim ³1988 [Nachdruck der 1. Auflage von 1931], 304 f).

[19] Vgl. *Abdoljavad Falaturi,* Zeit- und Geschichtserfahrung im Islam, in: Ders./Walter Strolz (Hg.), Glauben an den einen Gott (s. Anm. 16), 85–101; *Rotraud Wielandt,* Offenbarung und Geschichte im Denken moderner Muslime, Wiesbaden 1971, 24–36: Das koranische Bild vom Verlauf der Offenbarungsgeschichte; 40–56: Koranexegese und Geschichtsdenken in der islamischen Tradition.

Zeiten unveränderte Pflicht und Würde der Gläubigen. Hier ist keine spätere Anreicherung irgendwelcher Art denkbar, durch die der Glaube eine noch größere Intensität oder ein noch reiferes Verständnis Gottes und seiner Absichten mit dem Menschen gewinnen könnte.[20]

Gottes Zuwendung erfolgte in seiner höchsten Form bereits durch die *Schöpfung,* in der er den Menschen ihren *Lebensraum* gewährte, ihren *Unterhalt* schenkte, ihnen ihre *Gemeinschaft* stiftete, dadurch zugleich für alle Vernünftigen und Einsichtigen unübersehbare *Zeichen* setzte, damit sie ihres Schöpfers gewiß sein können, und schließlich den Menschen auf der Erde zu seinem »*Statthalter*«[21] bestimmte. So gab Gott den Menschen alles, was sie benötigen, und verlieh ihnen zugleich die höchste Würde: Sie sollen im Auftrag Gottes herrschen und für die Ordnung der Welt verantwortlich sein. Während sie Gott gegenüber nur »Knecht«, »Diener« oder gar »Sklave« sein können (dies alles meint »ᶜabd«), dürfen sie doch allen übrigen denkbaren Herrschaften überlegen entgegentreten im Bewußtsein, daß Gott sie ermächtigt und freigesetzt hat und daß demnach »'Sein Dienerᐸ der höchstmögliche Name des Menschen ist«[22].

Selbst wenn von der Auferstehung als einer »neuen Schöpfung« die Rede ist (17,49 f u. ö.), so darf auch dies nicht im biblischen Sinn als Hinweis auf eine grundlegend andere Qualität menschlichen Lebens verstanden werden; es geht hier nicht um eine eschatologisch »neuartige«, sondern nur um eine »erneute« Erschaffung des Menschen. Auch das Jenseits führt also nur zu einer gesteigerten Form irdischen Glücks[23].

Dies alles kann zusammengesehen werden, wenn Gott im Koran sagt: »Wir haben den Menschen in bester Form geschaffen.« (95,4 u. ö.). So ist in muslimischer Sicht keine höhere Stufe möglich, sondern nur noch der Absturz, wie ihn der unmittelbar darauffolgende Vers

---

[20] Die umfangreichen Diskussionen in der Geschichte der muslimischen Theologie, ob der persönliche Glaube zu- und abnehmen könne, liegen auf einer anderen Ebene; sie haben den Glauben des Einzelnen und dessen Lebensführung im Blick. Vgl. dazu *Hermann Stieglecker,* Die Glaubenslehren des Islam, Paderborn/München/Wien 1962, 576 f.

[21] Zur alternativen Bedeutung des Wortes »ḫalīfa« als »Statthalter« (Gottes) oder »Nachfolger« (der Engel?) vgl. *Johan Bouman,* Gott und Mensch im Koran. Eine Strukturform religiöser Anthropologie anhand des Beispiels Allah und Muhammad, Darmstadt 1977, 184–189.

[22] *Annemarie Schimmel,* Mystische Dimensionen des Islam. Die Geschichte des Sufismus, Köln 1985 (orig.: Chapel Hill 1975), 312.

[23] Vgl. *R. Wielandt,* Offenbarung und Geschichte (s. Anm. 19), 32 f, Anm. 27.

anspricht, in dem Gott vom Menschen sagt: »Dann haben wir ihn wieder zum Allerniedrigsten gemacht.«[24]

Doch so viel der Koran auch von der Hinfälligkeit und Unzulänglichkeit der Menschen spricht, am Anfang steht die Szene, bei der sogar im Himmel Eifersucht auf den Menschen aufgekommen ist: »Als dein Herr zu den Engeln sagte: ›Ich werde auf der Erde einen Nachfolger einsetzen‹, sagten sie: ›Willst du auf ihr einen einsetzen, der auf ihr Unheil stiftet und Blut vergießt, während wir dein Lob singen und deine Heiligkeit rühmen?‹ Er sagte: ›Ich weiß, was ihr nicht wißt.‹ Und er lehrte Adam alle Namen. Dann führte er sie den Engeln vor und sagte: ›Tut mir deren Namen kund, wenn ihr die Wahrheit sagt!‹ Sie sagten: ›Preis sei dir! Wir haben kein Wissen außer dem, was du uns gelehrt hast. Du bist der Wissende und Weise.‹ Er sagte: ›Adam, tu ihnen ihre Namen kund!‹ Als dieser ihre Namen kundgetan hatte, sagte er: ›Habe ich euch nicht gesagt: Ich weiß das Geheime der Himmel und der Erde, und ich weiß, was ihr offenlegt und was ihr verschweigt?‹ Und als wir zu den Engeln sagten: »Werft euch vor Adam nieder!«, warfen sie sich nieder außer Iblīs [der Satan]. Der weigerte sich und verhielt sich hochmütig; er war einer der Ungläubigen.« (2,30–34).

Was Gott hier von den Engeln verlangt, ist in muslimischer Sicht eigentlich eine Ungeheuerlichkeit; denn es gebührt keinem der Geschöpfe, daß man vor ihm niederfalle; diese Verehrung kommt allein Gott zu[25]. Der aber läßt den Menschen daran Anteil haben – sein Geschöpf, gegen das Iblīs in seiner Weigerung sagt: »Ich bin besser als er. Mich hast du aus Feuer erschaffen, ihn aber aus Lehm.« (7,12). Auch wenn der Islam es zumeist ablehnt, dem Menschen eine »Gottebenbildlichkeit« zuzusprechen[26], so können wir hier doch die größte Nähe zu dieser biblischen Beziehung erkennen.

[24] Zu den verschiedenen Deutungsmöglichkeiten mit Blick auf die Hinfälligkeit des Menschen im Alter, auf seinen Tod, seine Erniedrigung nach dem Sündenfall oder seine Verdammnis in der Hölle vgl. *Rudi Paret,* Der Koran. Kommentar und Konkordanz (überarb. Taschenbuchausgabe), Stuttgart ²1981, 514.

[25] Gerade aus diesem Grund werden in der islamischen Mystik dem Satan gelegentlich verständnisvoll auch positive Züge zugesprochen; vgl. *A. Schimmel,* Mystische Dimensionen des Islam (s. Anm. 22), 279.

[26] Vgl. zu den gelegentlichen Anklängen an diese theologische Sicht des Menschen: *J. Bouman,* Gott und Mensch im Koran (s. Anm. 21), 13 f; *A. Schimmel,* Mystische Dimensionen des Islam (s. Anm. 22), 269, 279; aber auch *W. Montgomery Watt/Alford T. Welch,* Der Islam I. Mohammed und die Frühzeit – Islamisches Recht – Religiöses Leben, Stuttgart 1980, 50 f; *W. Montgomery Watt/Michael Marmura,* Der Islam II. Politische Entwicklungen und theologische Konzepte, Stuttgart 1985 (orig.: Edinburgh 1973), 422 f.

Die hohe Rangstellung, die Gott dem Menschen am Anfang verliehen hat, geht ihm nicht durch den Sündenfall des ersten Menschenpaares verloren. Zwar kann der Mensch sie immer wieder verspielen; aber Gott kann ihm auch immer wieder die Umkehr gewähren. Wie er Adam nach seiner Verfehlung vergab – »Da wandte er sich ihm zu. Er ist der Gnädige und Barmherzige« – so verspricht er allen Menschen: »Wann immer von mir eine Rechtleitung zu euch kommt, brauchen sich diejenigen nicht zu ängstigen und nicht traurig zu sein, die meiner Rechtleitung folgen.« (2,37f).

In dieser Sicht kann es also zwar unzählige »Sündenfälle« geben – dies ist auch die Realität – ; aber es gibt nicht *den* Sündenfall des Anfangs, der eine Geschichte der Schuld und des Unheils, eine »Erbsünde«, nach sich zieht. Deshalb besteht für den Islam kein Grund zu einer »Heilsgeschichte«, einer »Erlösung«; es reicht, daß Gott sich den Menschen immer wieder barmherzig zuwendet und sie auf den rechten Weg zurückführt[27].

Freilich ist dies auch für den Islam keine Sache, die nur den Einzelnen betrifft, sondern sie hat – wieder von Anfang an – ihre soziale Dimension: »Die Menschen waren nur eine einzige Gemeinschaft. Dann wurden sie uneins.« (10,19)[28]. Dementsprechend erstreckt sich auch die Vergebung Gottes auf die sozialen Situationen; doch dies bedeutet wiederum nur die Wiederherstellung der ursprünglichen Verhältnisse: »Die Menschen waren eine einzige Gemeinschaft [umma]. Dann [nachdem sie diese zerstört hatten] schickte Gott die Propheten als Freudenboten und Warner. Mit ihnen sandte er das Buch mit der Wahrheit hinab, damit es zwischen den Menschen über das urteile, worüber sie uneins waren [. . .]« (2,213). Diese rettende Hilfe war im Laufe der Zeiten und allerorten immer wieder nötig und wurde dementsprechend – nach Gottes freiem Ermessen – auch immer wieder gewährt.

Deshalb gibt es für den Islam *kein Erwählungsgefälle* zwischen den einzelnen Völkern. Grundsätzlich wandte sich Gott ihnen allen gleichermaßen zu. So kann der Koran die besondere Offenbarung Gottes durch Mohammed unmittelbar und unterschiedslos neben die unzählbaren Sendungen von Propheten in früheren Zeiten stellen: »Wir haben dich mit der Wahrheit gesandt als Freudenboten und als Warner.

---

[27] Vgl. *Hans Zirker,* Die Hinwendung Gottes zu den Menschen in Bibel und Koran, in: US 43, 1988, 229–238.

[28] Zur entsprechenden Beurteilung der fremden Religionen in islamischer Theologie vgl. *Jacques Waardenburg,* World Religions as Seen in the Light of Islam, in: Pierre Cachia/Alford T. Welch (Hg.), Islam: Past Influence and Present Challenge, New York 1979, 245–275.

Es gibt keine Gemeinschaft, bei der nicht früher ein Warner gewesen wäre.« (35,24). Wenn man nach einer biblischen Entsprechung zu diesem Verständnis von Gottes Beziehung zu allen Völkern sucht, dann legt sich am ehesten das Wort nahe, das der Prophet Amos der falschen Selbstsicherheit Israels entgegenhält: »Seid ihr für mich mehr als die Kuschiter, ihr Israeliten? – Spruch des Herrn. Wohl habe ich Israel aus Ägypten heraufgeführt, aber ebenso die Philister aus Kaftor und die Aramäer aus Kir.« (Am 9,7) Auch hier wird jeder Ansatz dafür, daß man die Geschichte eines Volkes vor der aller anderen ausgezeichnet sehen dürfte, abgewehrt. Doch ist dieses prophetische Wort innerhalb der Bibel – im Unterschied zum Koran – ein unerhörter Angriff gegen das ansonsten verbreitete Erwählungsbewußtsein.

Offenbarungen sind in islamischer Sicht also Zuwendungen Gottes, die in der Vergangenheit zahlreich und gleichartig wiederkehrten. Sie sollten den jeweils von den Menschen angerichteten Schaden beheben und sie wieder in die Lage versetzen, nach Gottes Weisungen zu leben. Sie sind demnach immer vereinzelte Maßnahmen, die zwar ihre geschichtlichen Folgen haben, sich aber selbst nicht zu einer umgreifenden, zielgerichteten Offenbarungs*geschichte* integrieren lassen. Es gibt den *einen* ursprünglichen Heilswillen Gottes, die eine, von Anfang an bestehende »verpflichtende Abmachung« zwischen Gott und den Menschen[29]; erst aufgrund der menschlichen Verfehlungen kommt es zu einer *Vielzahl von Geschichten,* die aber immer wieder zu der *einen* Ordnung zurückführen sollen, die den Menschen an ihrem Anfang gegeben wurde. Alle Gesandten Gottes können ihre Verkündigung in die Worte des Korans fassen: »Richte dein Gesicht auf die Religion als Anhänger des reinen Glaubens! Das ist die natürliche Beschaffenheit [fiṭra], nach der Gott die Menschen erschaffen hat. Die Schöpfung Gottes kann nicht abgeändert werden. Das ist die richtige Religion. Aber die meisten Menschen wissen nicht Bescheid.« (30,30). Auf diese Lehre des Korans bezieht sich der bedeutendste muslimische Theologe und Mystiker des Mittelalters *al-Ghazālī* (gest. 1111) mit einer Überlieferung des Propheten: »Jedes Kind wird in seiner natürlichen Beschaffenheit (fiṭra) geboren. Es sind seine Eltern, die ihn zum Juden,

---

[29] Häufig werden die Wörter »mīṯāq« und »ᶜahd« in Anlehnung an die Sprache der Bibel mit »*Bund*« übersetzt (z. B. in der Übertragung des Korans von Max Henning, (1901) Stuttgart 1960/1982 und Leipzig ⁶1984); doch führt dies leicht zu falschen theologischen Assoziationen.

zum Christen oder zum Magier machen«[30]. Aller individuellen religiösen Erziehung und allen kulturellen Differenzen voraus liegt also das unabdingbare Fundament des Islam, von dem man zwar lebensgeschichtlich abweichen kann, das aber selbst nicht erst lebensgeschichtlich vermittelt wird.

In der Verkündigung Mohammeds und seiner Gründung einer muslimischen Gemeinschaft »erfüllt sich« demnach nicht eine Vorgeschichte, sondern diese soll gerade behoben werden, soweit sie schlecht war; wiederhergestellt aber, soweit sie dem Willen Gottes entsprach. Deshalb kennt der Koran in dieser Hinsicht auch nichts, durch das er Mohammeds Verkündigung inhaltlich von der aller vorausgehenden Propheten abheben könnte: »Der Gesandte glaubt an das, was zu ihm von seinem Herrn herabgesandt wurde, und die Gläubigen. Jeder glaubt an Gott, seine Engel, seine Bücher und seine Gesandten. Wir machen bei keinem seiner Gesandten einen Unterschied. Sie sagen: ›Wir hören, und wir gehorchen.‹ Schenke uns deine Vergebung, Herr!« (2,285). Immer wieder betont der Koran, daß das Verhältnis der Gesandten zueinander nur darin besteht, daß sie »bestätigen«, was schon vor ihnen gesagt worden ist (z. B. 3,81). Alle stehen sie unter dem besonderen Schutz Gottes, der sie vor Sünde und Irrtum so bewahrt, daß sie ihrer Aufgabe ohne Einschränkung gerecht werden können[31].

Dennoch ist mit Mohammed der Menschheit ein Datum gesetzt, von dem an sie sich in einer entscheidend veränderten Situation befindet: Durch ihn gab Gott seine Weisung so, daß sich die Menschen endgültig rechtgeleitet wissen müßten; sie werden keine neue Chance mehr erhalten, wenn sie die gegebene nicht nützen. In diesem Sinn überbot die Verkündigung Mohammeds jede vorausgehende und kann deshalb – gleich der christlichen Bewertung des Wirkens Jesu – als »ein für allemal« gültig (Röm 6,10; Hebr 7,27; 9,12; 10,10) bezeichnet werden[32]. Allein in dieser Hinsicht versteht die muslimische Theologie Mohammed als »das Siegel der Propheten« (33,40) und als »das perfekte,

---

[30] *Abū-Ḥamid Muḥammad al-Ghazālī, Der Erretter aus dem Irrtum* – al-Munqiḏ min aḍ-ḍalāl, Hamburg 1988, 5.

[31] Vgl. *H. Stieglecker,* Die Glaubenslehren des Islam (s. Anm. 20), 185–189: Die Isma; *Georges C. Anawati,* ᶜIṣmah, in: EncRel(E) VII, 464–466; *W. Madelung/E. Tyan,* ᶜIṣma, in: EI² IV, 182–184.

[32] Zu dieser christlich-muslimischen Entsprechung im dogmatischen Gegensatz vgl. *J. Bouman,* Gott und Mensch im Koran (s. Anm. 21), 32 f mit Verweis auf Röm 10,4 (»Denn das Ende des Gesetzes ist Christus«), Mt 17,1–13 (Erfüllung von Gesetz und Prophetie in der Auszeichnung Jesu gegenüber Mose und Elija) und mit Rückgriff auf die biblische Formel »ein für allemal« (vgl. auch ebd. 206).

unfehlbare Vorbild« der Gläubigen[33] – nicht etwa im Blick darauf, daß er etwas abschließend Neues gesagt hätte[34].

Dieses einschränkende Verständnis der prophetischen Verkündigung muß selbst dort gesehen werden, wo der Koran eine besondere zeitliche Markierung setzt und ausdrücklich betont, daß die Zuwendung Gottes jetzt an ihr Ziel gekommen sei:»Heute habe ich euch eure Religion vollkommen gemacht und meine Gnade an euch vollendet. Ich bin zufrieden, daß ihr den Islam habt.« (5,3). Diese Aussage stammt aus der Sure, die Mohammed vermutlich als letzte verkündete. Auch sie sagt hier nur, daß die Gemeinde in Medina jetzt ihre hinreichende Ordnung gefunden hat, in der sie wie die Gläubigen aller Zeiten dem Unglauben widerstehen kann.

Freilich wird mit dem durch Mohammeds Verkündigung realisierten Islam zugleich prinzipiell allen übrigen Religionen, die sich der Botschaft des Propheten verschließen, ihre Legitimität und letztlich auch ihre geschichtliche Wirksamkeit abgesprochen, denn Gott »hat seinen Gesandten mit der Rechtleitung und der wahren Religion gesandt, um ihr über jegliche Religion den Sieg zu verleihen. Gott genügt als Zeuge.« (48,28).

Aus all dem ist verständlich, daß der Islam durch Mohammed nur eine einzige frühere Verheißung – aber eben nicht eine Offenbarungsgeschichte – »erfüllt« sehen kann: die Ankündigung gerade dieses besonderen Propheten. Der Koran überliefert als Wort Jesu:»Ihr Kinder Israels, ich bin von Gott zu euch gesandt, um zu bestätigen, was vor mir von der Tora da war, und einen Gesandten zu verkünden, der nach mir kommen wird. Sein Name ist hochgepriesen« (oder nach muslimisch bevorzugter Übersetzung:»Sein Name ist Ahmad« – eine grammatikalisch verwandte Form zu »Mohammed«) (61,6). Dementsprechend bezieht sich schon die erste Biographie des Propheten auf das Johannesevangelium, in dem Jesus seinen Jüngern den »Parakleten« zusagt, »den Gott euch senden wird«, »den Geist der Wahrheit«

---

[33] Ebd. 207, Anm. 3. Vgl. *al-Ghazālī,* Der Erretter aus dem Irrtum (s. Anm. 30), 33: »[...] es ist richtig, die Notwendigkeit eines Lehrers und dessen Unfehlbarkeit anzuerkennen. Unser unfehlbarer Lehrer aber ist Muḥammad – Friede sei über ihm.« Zugleich erwähnt aber *al-Ghazālī* (ebd. 35) auch zustimmend ein Hadith, nach dem der Prophet selbst gesagt hat:»Ich urteile nach dem Äußeren, das Innere aber ist Gott anzuvertrauen«, und er schließt daraus:»Nach dieser Überlieferung gibt es also selbst für die Propheten keine Sicherheit gegen Irrtümer bei solchen ähnlichen Fällen, in denen die Bildung einer eigenen Meinung erforderlich ist.« (Vgl. dazu auch die Erläuterungen ebd. 136).

[34] Zu dem Begriff »Siegel der Propheten« vgl. auch später S. 136f. – Daß es dennoch auch in muslimischer Theologie den Gedanken eines religiösen Fortschritts der Menschheitsgeschichte gibt, wird S. 156–161 besprochen.

(Joh 15,26 f)[35]. Mohammed ist in dieser Sicht also nicht nur von Gott gesandt, sondern auch von den Menschen erwartet. Von ihm wird das Wort überliefert: »Ich bin das Gebet meines Vaters *Abraham* und die frohe Botschaft meines Bruders *Jesus.*«[36] Aber damit bestätigt er nur wie mit der Verkündigung des Korans die ihm vorausgehenden Prophetien; er führt inhaltlich nicht über sie hinaus; Gott vertraut allen Gesandten dasselbe Wort an: »Er hat euch von der Religion verordnet, was er Noach aufgetragen hat, was wir dir offenbart haben und was wir Abraham, Mose und Jesus aufgetragen haben: Haltet die Religion und spaltet euch nicht in ihr!« (42,13)[37].

Dies ist mitzusehen, wenn der Koran drohend ankündigt: »Wer aber eine andere Religion als den Islam sucht – sie wird nicht von ihm angenommen werden. Im Jenseits gehört er zu den Verlierern.« (3,85). Es geht hier letztlich nicht nur um die besondere Glaubensgemeinschaft, die mit der Verkündigung Mohammeds einsetzt, sondern darüber hinaus um das rechte Verhältnis zu Gott, das die gesamte Menschheitsgeschichte durchzieht.

2. Der theologische Grund

Die beiden Feststellungen, *daß* einerseits der muslimische wie der christliche Glaube eine geschichtliche Zäsur kennt, von der an die Offenbarung Gottes unter den Menschen zu ihrer Endgültigkeit gebracht ist, daß sich aber andererseits beide Religionen darin unterscheiden, *durch wen* und *wann* diese Endgültigkeit vermittelt wurde, bleiben noch einigermaßen oberflächlich. Sie berühren noch nicht die weitere, theologisch entscheidende Frage: *Worin* sie jeweils die Endgültigkeit der gegebenen Offenbarung begründet sehen.

[35] *Ibn Ishāq,* Das Leben des Propheten. Aus dem Arabischen übertragen und bearbeitet von Gernot Rotter, Tübingen/Basel 1976, 42. Vgl. dazu auch *Annemarie Schimmel,* Und Muhammad ist Sein Prophet. Die Verehrung des Propheten in der islamischen Frömmigkeit, Köln 1981, 99; darüber hinaus: *Adel Theodor Khoury/Ludwig Hagemann,* Christentum und Christen im Denken zeitgenössischer Muslime, Altenberge 1986, 58–60; *H. Stieglecker,* Die Glaubenslehren des Islam (s. Anm. 20), 544–567. – Ein besonderes Gewicht hat dabei auch das Wort Gottes an Mose Dtn 18,18: »Einen Propheten wie dich will ich mitten unter ihren Brüdern erstehen lassen. Ich will ihm meine Worte in den Mund legen, und er wird ihnen alles sagen, was ich ihm auftrage.«

[36] *Ibn Ishāq* (s. Anm. 35), 31.

[37] Daß dieser Vers Gott im Subjektwechsel (»er«/»wir«) zur Sprache bringt, könnte auf einen ergänzenden Einschub hinweisen; vgl. *R. Blachère,* Le Coran, Bd. 2 (s. Anm. 18), 548 f.

Die Antwort darauf ist für das Selbstbewußtsein von Christentum und Islam wie für deren wechselseitiges Verständnis von erheblicher Bedeutung. Dies läßt sich an einer systematisch-theologischen Studie ablesen, die aus christlicher Perspektive die jeweiligen Endgültigkeitsansprüche voneinander zu unterscheiden versucht und dabei zu dem Ergebnis kommt, auf muslimischer Seite gehe es nur um »einen positiven Willensentschluß Gottes«, mit der Reihe der Prophetien ein Ende zu machen, auf christlicher dagegen um ein Offenbarungsereignis, das »prinzipiell unüberholbar« sei[38]. Selbst wenn zunächst noch nicht abzusehen ist, worauf sich diese Behauptung im einzelnen bezieht und ob sie einen religionsgeschichtlich faßbaren Tatbestand angemessen beschreibt, so gibt sie doch schon zu erkennen, daß sie nicht eine positionsneutrale Aussage darstellt, sondern eine schwerwiegende theologische Wertung einschließt.[39]

a. Christlich: Die unüberbietbare Nähe Gottes in Jesus Christus

Die Endgültigkeit der Offenbarung beruht nach christlichem Verständnis in der *erfahrenen Gegenwart Gottes selbst*[40]. Dieser Glaube ist in den biblischen Überlieferungen auf vielfache Weise ausgesagt, in Perspektiven, die hier nicht nach all ihren Differenzierungen entfaltet werden können und erst recht nicht auf ein einheitliches Bild hin harmonisiert werden dürfen. Aber es ist von vornherein zu sehen, daß dieser Grundzug des Offenbarungsverständnisses prinzipiell nicht erst mit dem neutestamentlichen Bekenntnis zu Christus ansetzt, sondern schon den Glauben und die Hoffnungen Israels durchzieht.

Auch wenn sich die Erwartungen der Israeliten dringend auf geschichtlich und sozial greifbare Güter richten – auf das gesicherte Land und die Zukunft des Volkes, auf die Durchsetzung der Gerechtigkeit und die Wahrung des Friedens, auf den Bestand des Königshauses und die Heimkehr aus dem Exil, auf die Rettung des Kranken und den

---

[38] *Nikolaus Monzel,* Die Überlieferung. Phänomenologische und religionssoziologische Untersuchungen über den Traditionalismus der christlichen Lehre, Bonn 1950, 188.

[39] Mehr dazu S. 85 bei Anm. 69.

[40] Durch die Betonung endgültiger und unüberbietbarer *innergeschichtlicher* Offenbarung Gottes wird selbstverständlich nicht die Besonderheit der *endzeitlich-apokalyptischen* Ereignisse bestritten – weder für den christlichen noch für den muslimischen Glauben. Deshalb steht dem hier Gesagten auch nicht *Wolfhart Pannenbergs* These entgegen: »Die Offenbarung findet nicht am Anfang, sondern am Ende der offenbarenden Geschichte statt.« (Dogmatische Thesen zur Lehre von der Offenbarung, in: Ders. [Hg.], Offenbarung als Geschichte, Göttingen ⁴1970, 91–114, hier 95).

Schutz des Armen –, so kann sich doch ihre Hoffnung in all dem und letztlich auch über dies hinaus auf Gott selbst, die Gemeinschaft mit ihm, seine Ankunft bei den Menschen richten. Es sind vor allem die drei Bereiche *von Kult, Geschichte* und *Prophetie,* in denen nicht nur Gottes wirksames Wort, die Zuwendung seiner Hilfe, sondern seine eigene Gegenwart verheißen, erbeten und bezeugt wird.

So schafft der *Gottesdienst* im Tempel zu Jerusalem für Israel einen aus aller Umgebung herausgehobenen Raum, in dem intensiv erfahren werden kann, daß Gott bei seinem Volk ist. Inmitten einer zutiefst gestörten, von Schuld betroffenen, von Feindschaft bedrohten und von Angst gequälten Welt dürfen die Gläubigen in dieser Stadt rufen: »Gott ist in ihrer Mitte.« (Ps 46,6). Auf dem Zion hat Gott selbst »seinen Wohnsitz« und seine »Ruhestatt« (Ps 132,13 f); hier »erstrahlt« Gott und »kommt« zu seinem Volk (Ps 50,2 f) – »es kommt der König der Herrlichkeit« (Ps 24,7.9); hier kann der Beter zu Gott rufen: »Laß dein Antlitz leuchten über deinem Knecht!« (31,17) und im Blick auf die heilige Stätte besorgt fragen: »Wann darf ich kommen und Gottes Antlitz schauen?« (Ps 42,3). Der Tempel in Jerusalem und der gemeinsame Kult in ihm ist für Israel der Ort der ständigen Vergewisserung, daß Gott nahe ist und sich zeigt, wie er sich bereits den Vätern kundgetan hat[41].

Über den Gottesdienst bleibt demnach auch die *Geschichte* als ein Raum der Gottesbegegnung in der ständigen Erinnerung des Volkes. Daß Gott den Menschen »erschienen« ist, wird schon in den biblischen Überlieferungen von Abraham erzählt. In der für die jahwistische Quelle bezeichnenden Sinnenfälligkeit »sieht« Abraham ihn wie einen menschlichen Besucher vor sich stehen und lädt ihn gastfreundlich ein (Gen 18,1ff). Der von Gott gegebenen Verheißung eines Sohnes geht hier also die Erfahrung voraus, daß Gott selbst zum Menschen kommt[42].

In größerer Scheu vor der Nähe Gottes, aber dennoch als eine Begegnung mit ihm wird die Berufung des Mose erzählt: Dieser »verhüllte sein Gesicht; denn er fürchtete sich, Gott anzuschauen« (Ex 3,6). Durch die Selbstvorstellung mit dem Namen »Jahwe« bezeugt sich hier

---

[41] Zur Feier des »*deus praesens*« und zur »*Theophanie*« im Gottesdienst Israels vgl. *Hans-Joachim Kraus,* Psalmen. 1. Teilband, Neunkirchen ²1961, LXVI–LXVIII, 143–145.

[42] Dies muß man auch dann noch festhalten, wenn man zugleich bemerken kann, daß die biblischen Überlieferungen der Erscheinungen Gottes gegenüber den Patriarchen auf das visuelle Moment kein Gewicht legen, sondern auf die Zusage; vgl. *Rolf Rendtorff,* Die Offenbarungsvorstellungen im Alten Israel, in: W. Pannenberg (Hg.), Offenbarung als Geschichte (s. Anm. 40), 21–41, hier 23 f.

Gott – nach der tragfähigsten Deutung des Wortes – als derjenige, der sich in aller Freiheit, Souveränität und Unverfügbarkeit den Menschen zu erkennen geben wird: »Ich bin der ›Ich-bin-da‹.« (Ex 3,14). So kann Gott die Israeliten zum Pharao schicken und ihnen auftragen, zu sagen: »Jahwe, der Gott der Hebräer, ist uns begegnet.« (Ex 3,18).

Dementsprechend bedeutet auch der Bundesschluß Gottes mit den Israeliten am Sinai nicht nur deren Verpflichtung, die gegebenen Weisungen einzuhalten, und die Zusicherung Gottes, das Volk dieser Ordnung entsprechend zu schützen, sondern vor allem die Stiftung einer Gemeinschaft, der Gott auf seine Weise zugehören will. Nach der priesterschriftlichen Quelle verheißt er dies nachdrücklich im Blick auf den künftigen Tempel: »Macht mir ein Heiligtum, dann werde ich in ihrer Mitte wohnen.« (Ex 25,8).

Als ein Verhältnis besonderer Innigkeit wird der Bund Gottes mit seinem Volk vom Propheten Hosea im Bild der Ehe gesehen, der Bundesbruch demnach als Ehebruch: »Verklagt eure Mutter, verklagt sie! Denn sie ist nicht meine Frau, und ich bin nicht ihr Mann.« (Hos 2,4). Aber dies soll nicht Gottes letztes Wort sein; wie ein hartnäckiger Liebhaber wird er Israel wieder zu gewinnen suchen: »Darum will ich sie selbst verlocken. Ich will sie in die Wüste hinausführen und sie umwerben.« (2,16). Am Ende werden beide eine neue, unverbrüchliche Ehe eingehen: »An jenem Tag – Rede des Herrn – wirst du zu mir sagen: ›Mein Mann!‹ [. . .] Ich traue dich mir an um den Brautpreis der Treue: Dann wirst du den Herrn erkennen.« (2,18.22). Wenn in biblischen Texten sonst davon die Rede ist, daß Mann und Frau einander »erkennen«, bezeichnen sie damit die geschlechtliche Gemeinschaft. Der Prophet scheut vor einer solchen naheliegenden Assoziation nicht zurück, wenn es ihm um die Zuneigung Gottes zu seinem Volk geht.

Auf eine eigene Weise sehen die Überlieferungen Israels schließlich Gott in der Geschichte der Menschen anwesend durch die *prophetische Rede,* die nicht nur *von* Gott spricht, sondern *ihn selbst* hören läßt. Mit Hilfe der Botenspruchformel »Rede des Herrn«[43] wechselt der Prophet von seiner eigenen menschlichen Rolle in die Gottes; er inszeniert im höchst ernsten Spiel Gottes Gegenwart. Dies ist etwas anderes, als wenn er nur ausrichtete, was Gott ihm aus seiner jenseitigen Ferne mitgeteilt hätte. Es ist vielmehr gerade das eigene Sprachvermögen des Propheten und seine rhetorische Aktion, in der Gott worthaft Gestalt

---

[43] Vgl. *Hermann Eising,* neʾum, in: ThWAT V, 119–123; *Siegfried Wagner,* ʾāmar, in: ThWAT I, 353–373, hier 365. – Vgl. S. 82 f den Vergleich zur gegensätzlichen Struktur des Korans.

gewinnt. Diese Realisierung Gottes im menschlichen Medium liegt allen einzelnen inhaltlichen Mitteilungen voraus.

Derartige Momente der Vergegenwärtigung Gottes nach den Glaubenszeugnissen Israels, wie sie hier nur skizziert werden konnten, müssen mitgesehen werden, wenn die christliche Theologie im Anschluß an das Neue Testament von der »Menschwerdung« Gottes spricht, sonst würde diese zu einem beziehungslos singulären Ereignis.

Daß Gott selbst durch Jesus Christus in dieser Welt offenbar geworden ist, sagen die neutestamentlichen Schriften nicht alle in ein und derselben Sprache aus[44]. Auf unterschiedliche Weise lassen sie in ihren theologischen Konzeptionen erkennen, welche Spannungen sie auszuhalten und zu verarbeiten hatten, um die Einzigkeit und Jenseitigkeit Gottes zusammenzusehen mit seiner Gegenwart unter den Menschen. So läßt das Johannesevangelium etwa einerseits Jesus selbst vor seinem Tod beten: »Das ist das ewige Leben: dich, den einzigen wahren Gott, zu erkennen und Jesus Christus, den du gesandt hast« (Joh 17,3), und läßt doch andererseits den Jünger Thomas in der österlichen Szene als sein Bekenntnis zum Auferstandenen auch sagen: »Mein Herr und mein Gott!« (20,28). Diese beiden Aussagen kann man nicht mit theologisch differenzierenden Begriffen einfach und eindeutig harmonisieren. Die Unterscheidung des »Gesandten« einerseits von »Gott« andererseits wird hier nicht beseitigt, sondern bestätigt – und doch auch überboten in der Identifikation einer besonderen Glaubenserfahrung: »Wer mich gesehen hat, hat den Vater gesehen.« (Joh 14,9). Mit dieser Grundstruktur der Rede von Jesus und Gott hat die johanneische Theologie wie keine andere des Neuen Testaments die Richtung der späteren christologischen Dogmen bestimmt[45].

Aber die neutestamentliche Verkündigung bezeugt trotz ihrer Vielfalt christologischer Bekenntnisformulierungen übereinstimmend, daß sich Gott in Jesus Christus den Menschen in einer nicht mehr überbietbaren Weise mitgeteilt hat. Er ist der vom »Vater« geschickte »Sohn«. Auch wenn diese Aussage in ihrer familiären Metaphorik nicht schon von vornherein nach den ontologischen Kategorien verstanden werden darf, wie sie von den frühen Konzilien dogmatisch formuliert wurden, so ist damit doch durchweg schon dreierlei impliziert:

[44] Vgl. – vor allem hinsichtlich der dogmatischen Wirkungsgeschichte – den ausführlichen Überblick bei *Alois Grillmeier,* Jesus der Christus im Glauben der Kirche, Bd. 1: Von der Apostolischen Zeit bis zum Konzil von Chalzedon (451), Freiburg/Basel/Wien 1979, 14–132: Biblische Ansatzpunkte der patristischen Christologie.

[45] Vgl. *A. Grillmeier,* ebd. 122, mit der Wertung des Dogmatikers, daß die johanneische Theologie den »Höhepunkt in der Entwicklung der neutestamentlichen Christologie« darstelle.

– daß Jesus die Zuwendung Gottes in ihrer *äußersten* Gestalt repräsentiert;

– daß er dabei das *letzte* Wort Gottes an die Menschen darstellt;

– daß er in solch äußerster und letzter Vermittlung die *einzige* Repräsentation Gottes ist.

Im Gleichnis schickt der Herr des Weinbergs mehrfach Knechte aus, um bei den Pächtern den Zins einzufordern; doch sie werden mit Gewalt und Schmach abgewiesen. »Schließlich blieb ihm nur noch einer: sein geliebter Sohn. Ihn sandte er als letzten zu ihnen, denn er dachte: Vor meinem Sohn werden sie Achtung haben.« (Mk 12,6). In dieser metaphorischen Rede Jesu sind alle drei zuvor genannten Momente enthalten. »In der gedeuteten heilsgeschichtlichen Wirklichkeit ist die Bezeichnung ›mein Sohn‹ wie ›geliebter Sohn‹ Prophetenprädikat, das den eschatologischen Propheten freilich aus der Reihe der Propheten herausnimmt und als besonderen Vollmachtsträger Gottes mit besonderer, eschatologischer Autorität ausrüstet.«[46] Damit ist dieser Text »ein hochbedeutsames Dokument für Jesu Selbst- und Sendungsbewußtsein«[47] und für die darauf bezogene neutestamentliche Christologie.

In einer anderen metaphorischen Umgebung – der des Erbschaftsrechts –, doch ebenfalls im Kontrast zu den »Knechten« schreibt Paulus in seinem Brief an die Galater: »Als aber die Zeit erfüllt war, sandte Gott seinen Sohn [. . .]« (4,4). Der Hebräerbrief dagegen stellt unmittelbar der Erinnerung an die Sendung der »Propheten«, durch die Gott »viele Male und auf vielerlei Weise einst zu den Vätern gesprochen« hat, die Aussage gegenüber: »In dieser Endzeit aber hat er zu uns gesprochen durch den Sohn [. . .]« (1,1f); was durch Jesus der Menschheit gewirkt wurde, ist »ein für allemal« geschehen (ephápax: 7,27; 9,12; 10,10; so auch Röm 6,10). In der Konsequenz dieser Sicht schreibt *Augustinus* in seinen Traktaten zum Johannesevangelium über Jesus: »Er war aber der Herr der Propheten, der Erfüller der Propheten, der Heiliger der Propheten, aber auch Prophet«[48]. Bei solcher Bindung des gesamten Heilswirkens Gottes an Jesus Christus kommt die Apostelgeschichte schließlich zu dem Bekenntnis seiner exklusi-

---

[46] *Rudolf Pesch,* Das Markusevangelium. 2. Teil, Freiburg/Basel/Wien 1977, 218.

[47] Ebd. 222 (selbstverständlich gilt diese Aussage nur unter der hier gemachten Voraussetzung: »Einer Rückführung der Parabel auf Jesus steht nichts im Wege« [221]).

[48] Joh. Ev. 24, 7; CCh.SL 36, 247; Übers. nach: *Augustinus,* Vorträge über das Evangelium des Johannes, übers. und mit einer Einleitung versehen von Thomas Specht, Bd. 2, Kempten/München 1913 (BKV² 11), 6.

ven Bedeutung: »Denn es ist uns Menschen kein anderer Name unter dem Himmel gegeben, durch den wir gerettet werden sollen« (4,10); und ähnlich der erste Brief an Timotheus: »Denn einer ist Gott, einer auch Mittler zwischen Gott und den Menschen: der Mensch Christus Jesus« (2,5).

Dies sind nur einzelne Bausteine der neutestamentlichen Christologie; doch sie lassen erkennen, auf welchem biblischen Fundament der Endgültigkeitsanspruch des christlichen Glaubens und die aus ihm entfaltete Dogmatik beruhen. Als »der *letzte* ›Prophet‹« wird Jesus Christus hier zugleich gesehen als »der absolute Heilsbringer«[49]. Deshalb kann er im Bildwort des Konzils von Nizäa als »Licht vom Licht« und dogmatisch folgenreicher schließlich als »Gott von Gott« bezeichnet werden.

In solcher Sicht gewinnt die Offenbarung Gottes in Jesus für den christlichen Glauben eine derart umfassende Geltung, daß sie in bestimmten theologischen Aussagen jegliche Begrenztheit und Relativität zu verlieren scheint: »Wenn Jesus Christus die persongewordene Weisheit und die Zusammenfassung und das Ziel aller Wirklichkeit ist, dann empfängt die Wirklichkeit als ganze wie jedes einzelne Wirkliche von ihm her und auf ihn hin seinen endgültigen Platz und seinen endgültigen Sinn. Dann muß aber auch, was Mitte, Grund und Ziel der Existenz Jesu ist, seine Sohnschaft, sein Sein für Gott und für die Menschen, in verborgener und doch wirksamer Weise alle Wirklichkeit zuinnerst bestimmen.«[50]

Diese dogmatische Aussage steht freilich in kräftiger Spannung zur faktischen Relativität Jesu und seiner Wirkungsgeschichte. Dies ist nicht nur »für die Nichtchristen [. . .] immer ein Ärgernis«[51], sondern auch für die Theologie ein Moment der argumentativen Verlegenheit, wenn sie sich nicht mit einer introvertierten dogmatischen Spekulation oder mit der selbstzufriedenen Feststellung, daß die christliche Botschaft ihrem Wesen nach immer ein Ärgernis bleiben müsse, zufrieden gibt.

---

[49] *Karl Rahner,* Grundkurs des Glaubens, Freiburg/Basel/Wien 1976, 274 f.

[50] *Walter Kasper,* Jesus der Christus, Mainz ⁶1977, 224; beide Sätze sind im Original durch Kursivschrift aus ihrem Kontext hervorgehoben.

[51] *K. Rahner,* Grundkurs des Glaubens (s. Anm. 49), 304; noch schärfer *Walter Kasper,* Absolutheitsanspruch des Christentums, in: SM I, 39–44, hier 39: »dem heutigen Menschen weithin [. . .] ein unerträgliches Ärgernis«.

b. Islamisch:
Die universale Verkündigung von Gottes Willen im Koran

Mohammeds Wirken ist mit der Gründung einer muslimischen Gemeinde in Medina ganz auf die Einigung der arabischen Stämme ausgerichtet. Darüber hinaus wird auch das durch ihn vermittelte Buch Gottes immer wieder ausdrücklich und mit besonderer Gewichtung »ein arabischer Koran« genannt (z. B. 12,2; 20, 113; 39,28 u. ö.), »in deutlicher arabischer Sprache« (z. B. 26,195). Dies ist geradezu ein apologetisches Argument; denn wäre der Koran in einer anderen Sprache gekommen, dann hätte er sich dem Einwand konfrontiert gesehen: »[Wie soll denn das zusammenpassen –] ein fremdsprachiger [Koran] und ein Araber?« (41,44). Von daher läge es zunächst nahe, seine Sendung als eine regional begrenzte anzusehen – und sie somit von der christlichen Verkündigung in ihrer universalen Ausrichtung abzuheben[52]. Doch wird die Botschaft Mohammeds an einigen Stellen des Korans – wenigstens nach dem Verständnis muslimischer Kommentatoren[53] – *auf die ganze Menschheit bezogen:* »Wir haben dich für die Menschen allesamt nur als Freudenboten und Warner gesandt. Aber die meisten Menschen wissen nicht Bescheid.« (34,28). Und: »Sag: ›Ihr Menschen, ich bin an euch alle der Gesandte Gottes, der die Herrschaft über die Himmel und die Erde hat‹!« (7,158).

Mit dieser Perspektive ist die muslimische Überzeugung zusammenzusehen, daß mit dem von Mohammed verkündeten Koran das Wort

---

[52] Dies tut unter den christlichen Theologen etwa *N. Monzel* (s. Anm. 38), 161-165, für eine erste Phase Mohammeds (im Anschluß an *Johann Adam Möhler,* Ueber das Verhältniß des Islams zum Christentum, in: Ders., Gesammelte Schriften und Aufsätze, hg. von Joh. Jos. Ignaz Döllinger, Bd. 1, Regensburg 1839, 348-402, hier 371); noch weiter geht *Ernst Troeltsch,* Die Stellung des Christentums unter den Weltreligionen, in: Ders., Der Historismus und seine Überwindung. Fünf Vorträge, eingel. von Friedrich von Hügel-Kensington, Berlin 1924, 62-83, hier 72: »[. . .] der Islam ist im Grunde eine nationalarabische Religion, die kriegerisch die Prophetenschaft Mohammeds im Zusammenhang der arabischen Völkerwanderung ausbreitet und auch später, als sie weit über das Arabertum hinaus sich erstreckte, die Ungläubigen nicht bekehrte, sondern als Steuerobjekte konservierte.« – Vgl. zu diesem Problem auch S. 91 f.

[53] Vgl. z. B. *aṭ-Ṭabarī* zum folgenden Vers 34,28, zit. bei R. Blachère, Le Coran, Bd. 2 (s. Anm. 18), 590. *Blachère* allerdings urteilt ebd.: »Mais cette interprétation, importante pour la définition de l'oecuménicité de l'Islam, semble forcer le texte.« So auch *Frants Buhl,* Faßte Muḥammed seine Verkündigung als eine universelle, auch für Nichtaraber bestimmte Religion auf?, in: Islamica 2, 1926, 135-149. Dagegen sieht *Robert Caspar* die Prinzipien der Universalität wenigstens von der medinensischen Periode ab im Koran grundgelegt (Traité de théologie musulmane, Tome I: Histoire de la pensée religieuse musulmane, Rome 1987, 65 f. Vgl. darüber hinaus *Rudi Paret,* Mohammed und der Koran. Geschichte und Verkündigung des arabischen Propheten, Stuttgart ⁶1985, 163-165: Zielstrebigkeit und Improvisation.

Gottes ein für allemal eine *gesicherte Textgestalt* gewonnen hat. Dieses Urteil schließt theologische Wertungen und historische Feststellungen ein.

Im Vergleich mit der Bibel, die auf einer über viele Jahrhunderte reichenden Überlieferungs-, Redaktions-, Text- und schließlich Kanongeschichte aufruht, hat der Koran eine äußerst knappe und homogene Entstehungszeit, die ihm eine bemerkenswerte *literarische Geschlossenheit* verleiht. Seine Verkündigung durch Mohammed reicht von dessen prophetischer Berufung im Jahr 610 bis zu seinem Tod 632. Etwa 20 Jahre nach dem Tod Mohammeds lag die Sammlung vor, von der alle heutigen Ausgaben im wesentlichen Kopien sind[54]. Mit wenigen Ausnahmen hegen auch nichtmuslimische Wissenschaftler keinen Zweifel daran, daß der Koran die Offenbarungsworte weitgehend authentisch in der von Mohammed vermittelten Gestalt (freilich nicht in der originalen Reihenfolge und Zusammensetzung als Suren) wiedergibt[55].

Für Muslime ist dieser literarhistorische Tatbestand ein erhebliches theologisches Argument für die Zuverlässigkeit des Korans[56] als Wort Gottes, gerade im Vergleich mit der weitaus komplexeren Sachlage bei den biblischen Schriften und den sich daraus ergebenden schwierigen exegetischen Problemen. Die geschichtliche Genese des Buchs erscheint als der äußere Beleg für die häufig wiederholte Selbstcharakteristik des Korans, daß er »das deutliche Buch« (12,1) sei, mit »deutlichen Zeichen [oder: Versen]« (2,99), die Gott »eindeutig festgelegt

---

[54] Zeitlich weiter muß man allerdings gehen, wenn man die *Sicherung des endgültigen Texts* durch Vokalzeichen mithinzunimmt; diese fand erst stufenweise vom 8.–10. Jh. statt (nachdem sich bereits eine Reihe *unterschiedlicher Lesarten* ausgebildet hatte; dazu s. S. 91). Vgl. *Régis Blachère*, Introduction au Coran, Paris 1947, 92–102: Introduction de la scriptio plena dans la Vulgate; *W. M. Watt/A. T. Welch*, Der Islam I (s. Anm. 26), 162–176: Der Koran zu Mohammeds Lebzeiten; 176–186: Die Geschichte des Textes nach Mohammeds Tod.

[55] Traditionskritisch rechnen auf unterschiedliche Weise mit einer längeren Entstehungsgeschichte des Korans *Günter Lülling*, Über den Ur-Qur'ān. Ansätze zur Rekonstruktion vorislamischer christlicher Strophenlieder im Qur'ān, Erlangen 1974; ders., Wiederentdeckung des Propheten Muhammad, Erlangen 1981; *John Wansbrough*, Quranic Studies. Sources and methods of scriptural interpretation, Oxford 1977; *ders.*, The sectarian milieu. Content and composition for Islamic salvation history, Oxford 1978. Vgl. dagegen *Charles J. Adams*, Qur'ān: The Text and its History, in: EncRel(E) XII, 156–176; *Angela Neuwirth*, Koran, in: Helmut Gätje (Hg.), Grundriß der arabischen Philologie, Bd. 2: Literaturwissenschaft, Wiesbaden 1987, 96–135; *Alford T. Welch*, Al-Ḳur'ān, in: EI² V, 400–429.

[56] Nach Ansicht der Schiiten freilich wurde der überlieferte Koran durch Tilgung der Stellen gekürzt, die sich auf den Kalifen Ali und seine Familie bezogen. Doch läßt sich diese Überzeugung nicht historisch belegen. Vgl. *R. Blachère*, Introduction au Coran (s. Anm. 54), 184–186.

hat« (22,52). Die einsichtigen Menschen zögern nicht, sich darauf zu verlassen, daß dies »das Buch mit der Wahrheit« (3,3) ist[57].

Wohl räumt der Koran hier (3,7) selbst ein, daß es in ihm neben den eindeutig »festgelegten« Versen auch »andere, mehrdeutige« gebe; auf diese Stellen sind nur diejenigen begierig, »in deren Herzen Verirrung ist« und die auf »Deutung« aus sind. Doch die Sicherheit, die der Koran verleiht, stammt nicht aus der Kraft menschlicher Interpretation; denn: »Seine Deutung kennt nur Gott. Die aber im Wissen fest begründet sind, sagen: ›Wir glauben daran. Alles ist von unserem Herrn.‹ Aber nur die Einsichtigen lassen sich mahnen.« (Ebd.).

Der Koran, den Mohammed verkündete, gilt als die irdische Ausführung der himmlischen Urschrift, der »Mutter des Buchs« (13,39)[58]; deshalb kann er auch als die »ins einzelne gehende Darlegung des Buchs« (10,37) bezeichnet werden. Wer immer nur sich von ihm leiten lassen will, der wird erfahren, daß seine Verkündigung eigentlich »leicht zu bedenken« ist (54,17.32). Zur *inhaltlichen Überzeugungskraft* und *autoritativen Verbindlichkeit* des Korans kommt nach gläubiger Einschätzung sein einmaliger und unüberbietbarer *ästhetische Rang;* in dieser dreifachen Auszeichnung gilt er als ein unvergleichliches »*Wunder*«[59]. Die Endgültigkeit der Offenbarung Gottes findet demnach auch ihren erfahrbaren Ausdruck in einer literarischen Qualität, die jeden Zweifel beseitigen müßte: »Sag: Auch wenn die Menschen und die Dschinn sich zusammentäten, um etwas beizubringen, daß diesem Koran gleich wäre, sie brächten nichts Gleiches bei, auch wenn sie einander zu Hilfe kämen.« (17,88).

Doch obwohl die Glaubwürdigkeit unstreitig sein müßte, vertrauen die Menschen oft mehr ihren eigenen unsicheren Überlegungen: »Die meisten von ihnen folgen nur einer Vermutung. Aber das Vermuten

---

[57] Dabei können aus dem apologetischen Überlegenheitsgefühl muslimischer Autoren Werke hervorgehen, deren Selbstsicherheit im Vergleich von Bibel und Koran von keiner entsprechenden Wissenschaftlichkeit begleitet ist; s. etwa *Maurice Bucaille,* Bibel, Koran und Wissenschaft. Die Heiligen Schriften im Licht moderner Erkenntnisse, München/Kuwait 1984 (orig.: Paris 1980). Vgl. auch *A. Th. Khoury/L. Hagemann,* Christentum und Christen im Denken zeitgenössischer Muslime (s. Anm. 35), passim.

[58] Diese Interpretation des Verses ist wissenschaftlich nicht unumstritten; aber sie entspricht der vorherrschenden muslimischen Exegese. Vgl. zur Stelle *Rudi Paret,* Der Koran. Kommentar (s. Anm. 24), 264 f.

[59] Zum Koran als einzigartigem Wunder, das aber den Ungläubigen nicht genügt, s. etwa 10,38; 73,88–96; vgl. *Heinz Grotzfeld,* Der Begriff der Unnachahmlichkeit des Korans in seiner Entstehung und Fortbildung, in: Arch. f. Begr. gesch. 13, 1969, 58–72; *G. E. von Grunebaum,* I^{c}ğāz, in: EI^2 III, 1018–1029; *H. Stieglecker,* Die Glaubenslehren des Islam (s. Anm. 20), 371–408: Der Koran als Beglaubigungswunder.

hilft nicht gegenüber der Wahrheit.« (10,36). Damit ist *die ganz von Gott kommende Gewißheit* in Gegensatz gestellt zum *eigenmächtig abwägenden Urteil* der Menschen, bei dem diese sich mit ihrer begrenzten Perspektive und ihren flüchtigen Erfahrungen begnügen. Darin sehen der Koran und die muslimische Theologie freilich *keine Konfrontation von Glaube und Vernunft;* denn ob der Mensch vernünftig ist, erweist sich gerade darin, ob er die Kraft und Zuverlässigkeit des Korans erkennt und sich von ihm mit einem Vertrauen führen läßt, wie es das menschliche Einsichtsvermögen nie verdient. Entscheidend ist hier also die feste Verbindung von *Glaube und untrüglicher Sicherheit* einerseits gegenüber *Unglaube und zurückhaltend zögerndem, mit Ungewißheit und Wahrscheinlichkeiten rechnendem Denken* andererseits. Wer bei der Verkündigung Mohammeds meinte, er müßte sich erst noch selbst vergewissern, welcher Weg für ihn der beste sei, verweigerte sich schließlich der Botschaft des Korans: »Er dachte nach und wog ab. Verflucht, wie er abwog! Noch einmal: Verflucht, wie er abwog! Dann schaute er; dann runzelte er die Stirn und zeigte Widerwillen; dann kehrte er den Rücken und verhielt sich hochmütig; und er sagte: ›Das ist nur eine Zauberei, die überliefert wird. Das sind nur die Worte von Menschen.‹« (74,18–25). Denen, die sich von einer Skepsis leiten lassen, die zur Verweigerung führt, werden die anderen entgegengesetzt, die »Gewißheit erlangen« und »keinen Zweifel hegen« (74,31). In dieser scharfen Alternative kann es letztlich keine Zwischenwerte geben; denn »Gott hat die beste Botschaft herabgesandt« (39,23); mit ihr ist »der zuverlässige Geist herabgestiegen« (26,193). Die Erkenntnisordnung wird hier also polarisiert auf den Gegensatz von *Gewißheit* und *Unkenntnis,* von *Wahrheit* und *Irrtum* hin. Dabei bleibt etwa für die naheliegende Frage, wie der angeblich unüberbietbare literarische Rang des Korans im Vergleich mit anderen Werken überhaupt festgestellt werden soll, wenn man nicht den Koran selbst schon von vornherein zum Wertmaßstab erhebt, kein Platz.

Die Überzeugung, daß der Koran die authentische Wiedergabe einer himmlischen Urschrift ist, steht freilich in Spannung zu der anderen muslimischen Annahme, daß im Koran Verse enthalten sind, die Gott in eine bestimmte Situation sprach und nur für diese gelten ließ; die er also später selbst wieder zurücknahm, aber nicht aus dem Koran tilgte[60]. »Das metaphysische Problem, wie in einem präexisten-

---

[60] Zu dieser Theorie der »Abrogation« (nas<u>h</u>) vgl. *Richard Bell,* Introduction to the Qur'ān, Edinburgh 1953, 98 f: Note on the Moslem Dotrine of *Nāsikh* and *Mansūkh; W. M. Watt/ A. T. Welch,* Der Islam I. (s. Anm. 26), 167–170.

ten, mit Gott gleich ewigen heiligen Text Abrogationen, also Veränderungen möglich sind, ist von den Theologen nie klar gesehen, geschweige denn gelöst worden; daher konnte es sie auch nicht in ihrer Gewißheit beirren, aus dem Koran Gottes ewiges Wort zu vernehmen.«[61]

Für die muslimische Überlieferung ist die Offenbarung Gottes gerade dadurch ausgezeichnet, daß sie von einem »ungelehrten Propheten« (7,157f) vermittelt ist[62]. Auf diese Weise bleibt sie von dem Verdacht frei, daß sich menschliches Wissen in sie eingeschlichen habe: »Du hast sie vorher nicht gekannt, weder du noch dein Volk.« (11,49). Gott ist der einzige Autor dieses Buchs und bürgt für seine Wahrheit; der Prophet ist nur ein unwissendes Vollzugsorgan bei seiner Übermittlung: »Uns obliegt seine Zusammenstellung und seine Verlesung. Wenn wir es vorgelesen haben, folge du seiner Verlesung! Dann obliegt uns seine Erläuterung.« (75, 17–19).

Dieser besondere theologische Charakter des Korans zeigt sich auch in einem formalen Vergleich seiner literarischen Gestalt mit der der Bibel[63]: In dieser wenden sich etwa die Beter der Psalmen zu Gott hin; überliefern die Gläubigen erzählend ihren Nachkommen den Weg, den Gott mit ihnen und ihren Vorfahren ging – sie reden also über ihn; die Propheten sprechen in ihren Mahnungen und Drohungen, Tröstungen und Verheißungen auch ihre eigene Betroffenheit aus usw. Zwar wird in kultischen und prophetischen Reden der Bibel darüber hinaus Gott selbst, sein (formal) unmittelbares Wort zur Sprache gebracht, so daß wir etwa hören und lesen können: »Bin nicht *ich* es, der Himmel und Erde erfüllt?« (Jer 23,24); aber gerade dabei wird auch der bezeichnende Unterschied zum Koran deutlich: Das biblische Wort Gottes

---

[61] *Rotraut Wielandt,* Offenbarung und Geschichte (s. Anm. 19), 43.

[62] Vgl. *H. Stieglecker,* Die Glaubenslehren des Islam (s. Anm. 20), 386–388: Die literarische Unbildung Muhammeds (Ummiya). – Zur unterschiedlichen Interpretation des Wortes »ummī« (»ungelehrt« oder »heidnisch?) vgl. *R. Paret,* Der Koran. Kommentar (s. Anm. 24), 21 f zur Sure 2,78; *R. Bell,* Introduction to the Qur'an (s. Anm. 60), 17–20: Could Muhammad Write? – Aufschlußreich ist die von einem muslimischen Autor gezogene Analogie zwischen muslimischer und katholischer Glaubenslehre:»Genauso wie die katholische Kirche auf der urewigen Reinheit der Jungfrau Maria besteht, da durch sie das Wort, das bei Gott war, dieser Welt gegeben wurde, besteht der Islam darauf, daß Muhammad ›des Lesens und Schreibens unkundig‹ war, das heißt unbefleckt durch profanes Wissen, durch die Argumente der Philosophen, durch Götzendienst oder sonstige weltliche Einflüsse.« (*Charles Le Gai Eaton,* Der Islam und die Bestimmung des Menschen. Annäherung an eine Lebensform, Köln 1987, 127 [im Zitat wurde ein sinnentstellender Druckfehler korrigiert]).

[63] Im folgenden greife ich auf eine Untersuchung zurück, deren Ergebnisse an anderer Stelle ausführlicher und detaillierter veröffentlicht sind: *Hans Zirker,* Die Rede zu Gott im Koran, in: ZMR 71, 1988, 14–32.

wird hier als solches qualifiziert durch die Rede des Propheten – mit der vielfachen Wiederholung der sogenannten *Botenspruchformeln* »Rede des Herrn« (V. 11.12.23.24) und »So spricht der Herr der Heerscharen« (V. 15.16). Daß Gott selbst spricht, wird also durch die Verkündigung des Propheten inszeniert; dieser gibt – nach der Struktur des Textes – Gott das Wort. Im Koran dagegen ist es schon formal genau umgekehrt: Wenn wir hier die Rede Mohammeds lesen, ist diese ihm durch Gott vorformuliert und eingeleitet mit einer häufig wiederkehrenden imperativischen Formel: »*Sag:* ›Mein Herr hat mich auf einen geraden Weg geführt, zu seinem richtigen Glauben, der Religion Abrahams [. . .]‹! *Sag:* ›Mein Gebet, mein Gottesdienst, mein Leben und mein Tod gehören Gott, dem Herrn der Welten‹!« (6,161f). Wie hier dem Propheten von Gott ein eigenes Wort zur Verfügung gestellt wird, damit er sich selbst seinen Mitmenschen gegenüber auf rechte Weise behaupte, werden gelegentlich im Koran auch menschliche Gebetsworte formuliert – von Gott her, sei es, daß er früheres Verhalten der Menschen in Erinnerung ruft, künftiges voraussagt oder ihnen Weisung gibt, wie sie sich betend an ihn wenden sollten. Gott kann hier als auch nach der literarischen Struktur des Buchs und nicht allein aufgrund der nachträglichen theologischen Bewertung als sein Autor angenommen werden. Anstatt des biblischen *Propheten*wortes »So spricht *der* Herr« formuliert der Koran im bezeichnenden Gegensatz dazu das *Gottes*wort »So spricht *dein* Herr« (19,9.19.21)[64].

Die Glaubwürdigkeit des Korans hängt demgemäß primär nicht etwa davon ab, ob einzelne in ihm erwähnte Tatbestände unseren wissenschaftlichen Erkenntnissen entsprechen – wie es etwa Auseinandersetzungen um das Verhältnis von biblischen Erzählungen und naturwissenschaftlichen oder historischen Einsichten gab (mit Spannungen zu den Naturwissenschaften hat der Islam ohnehin nicht zu rechnen). Man träfe auch dann noch nicht den Kern der Sache, wenn man nur bedächte, ob man ihn letztlich vielleicht selbst in christlicher Sicht und ihrer theologischer Denkweise als ein prophetisches Buch, als »Wort Gottes« anerkennen könne. Entscheidend ist vielmehr, daß muslimische Theologie die Herleitung des Korans von Gott in strikte Opposition setzt zu menschlicher Autor-

---

[64] Es ist deshalb nicht zutreffend, wenn *J. Wansbrough,* Quranic Studies (s. Anm. 55), 13, diese beiden Formeln einfach identifiziert.

schaft[65]. Die Absolutheit und Endgültigkeit des Korans verträgt sich hier also nicht mit der Annahme, daß er gleichzeitig aber auch ein Buch menschlicher Erfahrung, ein kulturelles Zeugnis sein könnte.

So richtet sich die Wahrheitsfrage (wenn sie nicht nur religions- und theologieintern gestellt werden soll) in erster Linie darauf, ob und wem sich diese grundsätzliche Voraussetzung des muslimischen Koran- verständnisses plausibel begründen läßt; wieweit der Hinweis auf den unnachahmlich wunderbaren Charakter dieses Buchs wirklich in der Lage ist, sich auf literarische Erfahrung zu beziehen und diese immer wieder neu zu stiften; ob nicht vielleicht doch auch in muslimischer Theologie einem traditions- und kulturgeschichtlichen Verständnis des Korans etwas mehr Raum zugestanden werden könnte, ohne daß damit sein Charakter als »Wort Gottes« angefochten würde[66]; und wieweit sich sein besonderer Rang auch aus seiner Wirkungsgeschichte ver- ständlich machen läßt.

Von welch zentraler Bedeutung für den Islam der rein göttliche Ursprung des Korans ist, zeigte sich in muslimischer Glaubens- und Theologiegeschichte daran, daß es heftige Auseinandersetzungen gab, ob er überhaupt geschaffen oder nicht nach Gottes Wesen ungeschaf- fen sei[67]. In der Sunna setzte sich schließlich die dogmatische Auffas- sung als orthodox durch, daß das geschichtlich gegenwärtige Buch *in der Zeit geschaffen* sei, aber das bei Gott präexistente *von Ewigkeit* her bestehe.

Die kontroversen Erörterungen dieses Problems erinnern an die christologischen Streitigkeiten der frühen Kirchengeschichte über das rechtgläubige Verständnis Jesu. Daran ist deutlich abzulesen, auf welchen Ebenen das christliche und das muslimische Offenbarungs- verständnis miteinander verglichen werden müssen: Der Koran kann

[65] Vgl. hierzu – im Verhältnis zum jüdisch-christlichen Verständnis der Bibel – *Robert Caspar,* Parole de Dieu et langage humain en Christianisme et en Islam, in: Islamochristiana 6, 1980, 33–60. – Bemerkenswert ist allerdings, wie der muslimische Autor *Fazlur Rahman* die Offen- barung durch Gott mit der inneren Beteiligung des Propheten verbindet und dabei die tradi- tionelle Sicht verläßt: Major Themes of the Qur'ān, Chicago 1980, 80–105: Prophethood and Revelation.

[66] Vgl. entsprechende Erwartungen bei *Hans Küng* in: Ders. u. a., Christentum und Welt- religionen. Hinführung zum Dialog mit Islam, Hinduismus und Buddhismus, München 1984, 60–72 (doch muß man sehen, daß diese Erwägungen selbst noch nicht auf inter- religiöser Verständigung beruhen).

[67] Vgl. dazu *W. M. Watt/M. Marmura,* Der Islam II (s. Anm. 26), 492f: Register-Stichwort »Koran [. . .] als geschaffen [. . .] als ungeschaffen«. Als Einzelstudien dazu sind beachtens- wert: *Johan Bouman,* The doctrine of ᶜAbd Al-Djabbār on the Qur'ān as the created word of Allāh, in: Rudi Paret (Hg.), Der Koran, Darmstadt 1975 (Wege der Forschung 326), 426–440; *Rudi Paret,* Der Standpunkt Al-Bāqillānīs in der Lehre vom Koran, ebd. 417–425.

letztlich nicht neben die Bibel, sondern nur neben Jesus gestellt werden[68].

Doch rechtfertigt ein solcher Vergleich noch nicht das christlich überlegene Urteil, im einen Fall – dem muslimischen – sei die Offenbarung durch den *bloßen Willensakt* Gottes, daß er sein Buch jetzt zum letzten Mal publizieren wolle, zu einem Abschluß gekommen; im anderen dagegen – dem christlichen – sei die Offenbarung durch die personale Gegenwart Gottes in Jesus Christus *prinzipiell* unüberholbar[69]. Obwohl beide Feststellungen je für sich nicht bestritten werden können, ist der kontrastierende Vergleich dennoch unangemessen; denn einerseits ist der Koran nach muslimischem Verständnis auch formal und inhaltlich dadurch als das Ende der Offenbarungsgeschichte qualifiziert, daß er wie keine Schrift zuvor die universal gültige und ein für allemal gesicherte Formulierung des Wortes Gottes darstellt; und zum anderen bleibt auch das christliche Bekenntnis einem unableitbaren Willensentscheid Gottes und damit der geschichtlichen Zufälligkeit verhaftet, wenn es die unüberbietbare Offenbarung gerade in dem einen Menschen Jesus und in seiner Zeit gegeben sieht.

3. Die fundamentale Norm für die Zukunft

Das Christentum und der Islam haben aufgrund ihres jeweils eigenen Offenbarungsverständnisses auch eine je andere Ausgangssituation zur Orientierung und Vergewisserung ihres Glaubens über den Ablauf der Jahrhunderte und Jahrtausende hinweg. Die Geschichtlichkeit eines Buchs und die einer menschlichen Person sind grundsätzlich voneinander unterschieden. Daraus ergeben sich erhebliche Konsequenzen

---

[68] Auf diese Analogie verweist *Nathan Söderblom,* Einführung in die Religionsgeschichte, Leipzig 1920, 65: »Was Christus für das Christentum, das ist der Koran für den orthodoxen Islam.« Vgl. darüber hinaus *Wilfred Cantwell Smith,* Some Similarities and Some Differences Between Christianity and Islām, in: Ders., On Understanding Islam. Selected Studies, Den Haag/Paris/New York 1981, 233-264, hier 239, mit der Parallelisierung von Koran/Prophet/Hadith einerseits mit Christus/Paulus (oder die zwölf Apostel zusammen mit Paulus)/Bibel andererseits. Vorbehalte gegen diesen Vergleich äußert *Smail Balić,* Koran, in: LrelG 607-612, hier 609. – Auf den entscheidenden Unterschied verweist *Olaf H. Schumann:* »Bedeutet ›Offenbarung‹ für den Christen die Selbstoffenbarung Gottes und seines Wesens, das Liebe ist und die Gemeinschaft mit den Menschen sucht, so ist es für den Muslim »Rechtleitung« (huda[n]) und die Mitteilung des Weges (»šarī[c]a«), den der Muslim im Gehorsam zu gehen hat, um am Ende vor einen barmherzigen Richter zu treten.« (Der Christus der Muslime, Köln/Wien ²1987, 168).

[69] Vgl. *N. Monzel,* oben S. 72 zu Anm. 38.

für die institutionellen Formen, mit denen dem Glauben seine Normativität behauptet und sein Endgültigkeitsanspruch gewahrt werden kann.

a. Christlich: Die Überlieferung nach Maßgabe der Schrift

Indem das Christentum die Mitte seines Glaubens in Jesus von Nazaret sieht, muß es sich wesentlich als eine *Erinnerungsgemeinschaft* verstehen. Von Anfang an hatte die Gemeinde der Christen den Tatbestand zu verarbeiten, daß sie sich einerseits ganz an Jesus selbst und nur an ihm ausrichten wollte – »Denn einen anderen Grund kann niemand legen als den, der gelegt ist: Jesus Christus« (1 Kor 3,11) –; daß dieser selbst aber andererseits für sie nicht mehr unmittelbar gegenwärtig war. Bei Paulus finden wir diese geschichtliche Struktur des Glaubens ausdrücklich angesprochen, wenn er die Gemeinde zu Korinth auf die Tradition verweist: »Ich erinnere euch, Brüder [. . .]. Denn vor allem habe ich euch überliefert, was auch ich empfangen habe [. . .].« (1 Kor 15,1.3). Die Legitimation des Gegenwärtigen wird hier in der Vergangenheit begründet gesehen. Deutlich belegt dies auch – nach der Erzählung der Apostelgeschichte – die Nachwahl in das Gremium der Zwölf: »Einer von den Männern, die die ganze Zeit mit uns zusammen waren, als Jesus, der Herr, bei uns ein und aus ging, angefangen von der Taufe durch Johannes bis zu dem Tag, an dem er von uns ging und aufgenommen wurde,« sollte die fundamentale Gruppe der Zeugen ergänzen (Apg 1,21f).

Diese Rückbindung an die Glaubenserfahrung im Ursprung nötigte bald zur *Verschriftlichung* der Tradition. Damit nahm jedoch die christliche Verkündigung nicht nur eine institutionell stabilere Vermittlungsform an, sondern sie bekundete zugleich für die späteren Zeiten ihre von Anfang an bestehende *Vielstimmigkeit* in der Überlieferung und Deutung der Vergangenheit: »Schon viele haben es unternommen, einen Bericht über all das abzufassen, was sich unter uns ereignet und erfüllt hat. [. . .] Nun habe auch ich mich entschlossen, allem von Grund auf sorgfältig nachzugehen [. . .]« (Lk 1,1–4). Dem Autor des Lukasevangeliums geht es dabei ausdrücklich um die »Zuverlässigkeit der Lehre«; doch gleichzeitig teilt er seinen Lesern indirekt mit, daß er das Ziel, das er sich mit seinem »Bericht« setzt, in anderen Traditionen noch nicht – oder jedenfalls noch nicht genügend – erreicht sieht.

Das Christentum schafft also gerade deshalb, weil es im Unterschied zum Islam »keine genuine Schriftreligion«[70] ist, in seinem Ursprung bereits eine eigene theologisch fundamentale Literatur – selbstverständlich im Anschluß an die literarische Kultur Israels.

Je mehr sich die Kirche von ihrer Gründergeneration entfernte (Lk 1,2 spricht von den »Augenzeugen«), je weiter die Räume ihrer missionarischen Ausdehnung reichten und je stärker sie sich schließlich neben dem Judentum als eine eigene Religion behaupten mußte, desto deutlicher sah sie sich auch genötigt, ihren Bestand an normativen Schriften als »ständige Orientierungs- und Argumentationshilfe« und als »die maßgebliche Bekundung göttlicher Wahrheit und Weisheit«[71] aus der Fülle übriger kirchlicher Literatur auszugrenzen. Daß ihr für eine solche Formulierung eines verbindlichen *Kanons* keine eindeutigen Kriterien zur Verfügung standen, erschwerte diesen gemeinschaftlichen Selbstfindungs- und Selbstbestimmungsprozeß[72] erheblich. Selbst für die Schriften Israels, die als »Altes Testament« in die christliche Bibel aufgenommen werden sollten, war der Kirche keine einheitliche Liste vorgegeben. So ist es verständlich, daß diese literarische Rezeption und normierende Ausgrenzung eine lange Phase ihrer Geschichte beanspruchte – je nach den Gesichtspunkten reicht die Zeit entweder bis zum wesentlichen Konsens über den biblischen Kanon im zweiten Jahrhundert, bis zu seinem faktischen Abschluß im vierten oder gar bis zur endgültigen dogmatischen Entscheidung des Trienter Konzils im 16. Jahrhundert, die nur noch ein Ereignis der römisch-katholischen Kirche war. Diesen historischen Vorgängen braucht im einzelnen hier nicht weiter nachgegangen werden[73]. Durch die Festlegung eines Kanons schon in der frühen Kirche sollten jedenfalls alle späteren Wahrheitsansprüche und Gewißheitsbekundungen rückführbar sein auf eine vorgegebene Norm, eine regula fidei, die zwar der

---

[70] *Eugen Biser,* Schrift/Kanon, in: NHthG IV, 122–128, hier 122.

[71] Ebd. 123.

[72] Zur Kanonbildung als ein konstitutives Moment der Entstehung der Kirche selbst s. *Karl Rahner,* Über die Schriftinspiration, Freiburg 1958; vgl. auch *Adolf Martin Ritter,* Die Entstehung des neutestamentlichen Kanons: Selbstdurchsetzung oder autoritative Entscheidung?, in: Aleida und Jan Assmann (Hg.), Kanon und Zensur. Beiträge zur Archäologie der literarischen Kommunikation II, München 1987, 93–99 (die im Thema aufgestellte Alternative hält der Autor für sachlich unangemessen, da beide Aspekte ihre Berechtigung haben).

[73] Vgl. *Hans von Campenhausen,* Die Entstehung der christlichen Bibel, Tübingen 1968; *Alexander Sand,* Kanon. Von den Anfängen bis zum Fragmentum Muratorianum, Freiburg/Basel/Wien 1974 (HDG I, 3a [1]); *Gunther Wanke,* Bibel I. Die Entstehung des Alten Testaments als Kanon, in: TRE VI, 1–8; *Wilhelm Schneemelcher,* Bibel III. Die Entstehung des Kanons des Neuen Testaments und der christlichen Kirche, in: TRE VI, 22–48.

Verschriftlichung selbst wieder schon vorausliegt, in dieser aber ihre verbindliche und sicher tradierbare Gestalt hat.

Da die Kirche sich »auf das Fundament der Apostel und Propheten gebaut« sah (Eph 2,20), mußte sie auch ihren konstitutiven Zeugnissen den Charakter der »*Apostolizität*« zusprechen. Doch diese ist kein empirisches Merkmal, sondern ein Komplex verschiedener traditionsgeschichtlicher und inhaltlicher Normen[74]. Man kann zwar die vielfältigen Kriterien in ein einziges Prinzip zusammenfassen: »die maßgebenden Zeugnisse müssen der christusnahen Ursprungszeit der Apostel und Apostelschüler entstammen«[75]; aber in welchen Fällen dieser Tatbestand gegeben ist, ist keine bloße Frage der Datierung, sondern vor allem auch der sachlichen Anerkennung der Schriften als authentisches Glaubenszeugnis. Gewiß wurde eine solche Wertschätzung durch die tatsächliche oder vermeintliche Autorschaft eines Apostels gefördert; doch die Annahme, dies sei »das ausschlaggebende Prinzip für die Aufnahme einer Schrift ins NT« gewesen, »entbehrt jeder Grundlage«[76]. Umgekehrt läßt sich aber belegen, daß manchen Schriften, bei denen man eine zeitliche und sachliche Nähe zum Ursprung der Kirche zu erkennen meinte und denen man deshalb den Charakter der »Apostolizität« zuerkannte, nachträglich entsprechende Autoren unterstellt wurden.

Der normative Rang der ursprünglichen kirchlichen Verkündigung wurde schließlich auch dadurch betont, daß man sie als »*inspiriert*«[77] anerkannte und ausdrücklich der Zeit der »*Offenbarung*« zurechnete, die nach traditioneller theologischer Lehre erst »mit dem Tod des letzten Apostels« abgeschlossen sein sollte – »wie man den gemeinten Sachverhalt etwas sonderbar auszudrücken pflegte«[78].

---

[74] Vgl. *Karl-Heinz Ohlig,* Die theologische Begründung des neutestamentlichen Kanons in der alten Kirche, Düsseldorf 1972, z. B. 29–33: Die Kanonprinzipien der alten Kirche.

[75] Vgl. *H. von Campenhausen,* Die Entstehung der christlichen Bibel (s. Anm. 73), 381.

[76] Ebd.

[77] Vgl. *Johannes Beumer,* Die Inspiration der Heiligen Schrift, Freiburg/Basel/Wien 1968 (HDG I, 3b); *Meinrad Limbeck,* Die Heilige Schrift, in: HFth IV, 68–99, bes. 76–87: Die Inspiration der Heiligen Schrift.

[78] *K. Rahner,* Über die Schriftinspiration (s. Anm. 72), 72. – Daß freilich der Offenbarung nicht in der gesamten Theologiegeschichte von der frühen Kirche an eine Grenze »mit dem Tod des letzten Apostels« gesetzt wurde, betont *Joseph Ratzinger,* Das Problem der Dogmengeschichte in der Sicht der katholischen Theologie, Köln/Opladen 1966, 18. Vgl. aber auch die teilweise widersprechende Studie von *Joseph Schumacher,* Der apostolische Abschluß der Offenbarung Gottes, Freiburg 1979, bes. 141–194: Der Abschluß der Offenbarung als theologisches Problem.

Aus all dem ergibt sich für die Kirche der spannungsvolle Sachverhalt,

– daß sie sich fundamental auf einen abgeschlossenen Kanon von Schriften verpflichtet sieht, doch zugleich weiß, daß diese in ihrer Vielstimmigkeit und Nachträglichkeit gegenüber dem eigentlichen Glaubensgrund nur eine abgeleitete Bedeutung haben können;

– daß kirchliche Verkündigung und Lehre darüber hinaus mit diesen Schriften an eine Norm gebunden sind, deren Genese und sachliche Legitimierung man weder theologisch noch historisch eindeutig rekonstruieren, sondern nur als positives Datum der Glaubensgeschichte anerkennen kann.

Doch waren sich die christlichen Gemeinden von Anfang an auch der *Relativität der schriftlichen Zeugnisse* im Gesamtzusammenhang ihres Lebens bewußt: »Die Bibel galt niemals als einzige Quelle des christlichen Glaubens. Sie ist stets begleitet von der lebendigen Christusverkündigung und -lehre, die der Kirche schon im Entstehen eingestiftet und vom Heiligen Geiste getragen ist. Die Kirche lebt in diesem Sinne immer zugleich und zuerst aus der *Tradition*.«[79] Auf seine Weise spricht dies das Johannesevangelium mit den Sätzen aus, mit denen es sein gesamtes Zeugnis abschließt: »Es gibt aber noch vieles andere, was Jesus getan hat. Wenn man alles aufschreiben wollte, so könnte, wie ich glaube, die ganze Welt die Bücher nicht fassen, die man schreiben müßte.« (21,25).

Daraus läßt sich nicht ableiten, daß das Christentum *neben* seiner Heiligen Schrift noch über einen zusätzlichen mündlichen Überlieferungsstrom verfügen könnte, durch den ihm eigene Kenntnisse von seinem Ursprung her zukämen[80]; doch ist es sich der geschichtlichen und theologischen Priorität seiner umfassenderen Tradition bewußt, die in der literarischen Gestalt der Bibel freilich ihren gültigen Ausdruck findet. So erhalten die vielfältigen biblischen Zeugnisse letztlich Anteil an der Geltung des *einen* Evangeliums, das aller Verschriftlichung vorausliegt und auf das Paulus seine Gemeinden verpflichtet: »Wer euch aber

[79] *H. von Campenhausen,* Die Entstehung der christlichen Bibel (s. Anm. 73), 379.

[80] Vgl. *Johannes Beumer,* Die mündliche Überlieferung als Glaubensquelle, Freiburg/Basel/Wien 1962 (HDG I, 3) – hier 38 f über den unapostolischen Charakter der Inhalte, derentwegen man sich in der Väterzeit auf die mündliche Überlieferung berief; *Josef Rupert Geiselmann,* Die Heilige Schrift und die Tradition. Zu den neueren Kontroversen über das Verhältnis der Heiligen Schrift zu den nichtgeschriebenen Traditionen, Freiburg/Basel/Wien 1962; *ders.,* Tradition, in: HthG (dtv) IV, 253-264; *Rainer Kampling,* Tradition, in: NHthG IV, 221-235.

ein anderes Evangelium verkündet, als wir euch verkündet haben, der sei verflucht, auch wenn wir selbst es wären oder ein Engel vom Himmel. Was ich gesagt habe, das sage ich noch einmal: Wer euch ein anderes Evangelium verkündigt, als ihr angenommen habt, der sei verflucht!« (Gal 1,8 f). Die Abgeschlossenheit des biblischen Kanons ist die sekundäre literarische Folge dieses apostolischen Anspruchs.

b. Islamisch: Die bleibende Gegenwart des Buchs

Der Islam sieht sich grundsätzlich nicht wie das Christentum vor die Aufgabe gestellt, sich die Offenbarung Gottes über geschichtliche Erinnerungen zu vergegenwärtigen; sie ist ihm vielmehr immer in der Gestalt, in der sie von Mohammed vermittelt wurde, unmittelbar gegenwärtig. Der Auftrag Gottes, den die Sure 96 (nach verbreiteter Annahme der früheste Text des Korans) zunächst an den Propheten richtete, kann seitdem von der muslimischen Gemeinde ständig wieder gehört und angenommen werden: »Trag vor im Namen deines Herrn, der erschaffen hat [...]!«[81] So bedeutsam im Islam die Überlieferungen von Mohammed, die Hadithe, für die Interpretation des Korans und die Normierung des Lebens aus dem Glauben auch sind[82], sie sind nur Verständnishilfen für das eigentliche Wort, die Rede Gottes, die prinzipiell unverstellt und ohne zeitlichen Abstand zu hören und zu lesen ist. Das Urteil eines nichtmuslimischen, aber islamkundigen Soziologen lautet dementsprechend: »Die Schrift ist ein Hort des göttlichen Worts, allgemein zugänglich, keiner bestimmten Person, Gruppe, Institution oder Politik leibhaftig zu eigen und deshalb imstande, über alle zu Gericht zu sitzen. Diese völkerübergreifende und gesellschaftsüberschreitende Qualität der Schrift ist natürlich für das Verständnis gleichermaßen des politischen Lebens der muslimischen Gesellschaften und der Expansionskraft des Islam von größtmöglicher Bedeutung. Auch wenn die Soziologen mit ihrer Behauptung recht haben sollten, daß das Göttliche nur das verschleierte Gesellschaftliche ist, so ist es doch von der größten Bedeutung, daß die Verschleierung (wenn es denn eine sein soll) so rigoros aufrechterhalten und auf diese Weise mit allem Nachdruck dafür gesorgt wird, daß das Gött-

---

[81] Man sollte das Wort »iqra'« (von dem auch der Name des ganzen Buchs »qur'ān« abgeleitet ist) nicht – wie einige deutsche Koranausgaben – mit »Lies!« übersetzen, da dies der aufgetragenen besonderen Rezitation nicht gut entspricht.

[82] Vgl. hierzu S. 101–104: V. 1. b. über »Die Hadithe als Auslegung der Korans und zusätzliche Quelle des Rechts«.

liche nicht mit *irgendeinem* seiner menschlichen bzw. gesellschaftlichen Repräsentanten identifiziert werden kann.«[83]

Zwar gab es auch für den Koran eine Phase vom Vortrag der einzelnen Suren in den unterschiedlichen Verkündigungssituationen Mohammeds bis zum abgeschlossenen und in seinen Lesarten gesicherten Buch; doch sieht die muslimische Überlieferung darin keinerlei theologisch produktiven Vorgang, sondern eine bloße Sammlung. Für eine deutende Vermittlung des Wortes Gottes durch den Menschen ist nach dieser theologischen Auffassung *innerhalb* des Korans kein Raum. Auch bedurfte es demnach nicht wie im Christentum erst einer gemeinschaftlichen Verständigung darüber, welche Texte endgültige Anerkennung verdienen sollen; sie mußten höchstens gegen Widerstände behauptet werden.

Selbst als sich herausstellte, daß die vom Kalifen *ᶜUtmān* (Osman) veranlaßte Festlegung eines autoritativen Textbestandes nicht alle im Umlauf befindlichen Varianten beseitigen und völlige Einheitlichkeit erreichen konnte, beharrte man auf der Behauptung der absolut wörtlichen Authentizität der verschiedenen Fassungen und berief sich dabei auf ein überliefertes Wort Mohammeds, nach dem ihm Gabriel den Koran in *sieben Lesarten* vorgetragen habe[84]. Die gegebene Varianz soll nicht den geringsten Anschein tragen, es könnte das Buch Gottes auch nur von Spuren des geschichtlichen Zufalls und der inhaltlichen Beliebigkeit betroffen sein. Deshalb hat es seinen guten Grund, wenn der Islam im interkulturellen Vergleich als »die in mancher Hinsicht von Anfang an am meisten verdinglichte [most reified] aller Religionen der Welt«[85] bezeichnet wird.

Ein Problem ergibt sich aus diesem Verständnis des Wortes Gottes freilich durch seine arabische Sprachform, sobald es in anderssprachigen Kulturen verkündet wird. Den Zeitgenossen Mohammeds hält Gott zur Verteidigung seines Buchs vorwurfsvoll entgegen: »Wir haben es als einen arabischen Koran hinabgesandt, damit ihr verständig werdet« (12,2), und: »Wenn wir ihn auf einen der Nichtaraber hin-

---

[83] *Ernest Gellner,* Gelehrter und Heiliger, in: Ders., Leben im Islam. Religion als Gesellschaftsordnung, Stuttgart 1985 (orig.: Cambridge 1981), 177–199, hier 179 (allerdings werden an diesem Urteil im folgenden Kapitel einige Modifikationen anzubringen sein; s. S. 118f über die schiitische Einschätzung der Imame).

[84] Vgl. *R. Blachère,* Introduction au Coran (s. Anm. 54), 116–123: Désignation des »lectures« canoniques; 124–131: Primauté des Sept Lecteurs; *W. M. Watt/A. T. Welch,* Der Islam I. (s. Anm. 26), 182–184.

[85] *Wilfred Cantwell Smith,* The Historical Development in Islam of the Concept of Islām as an Historical Development, in: Ders., On Understanding Islam (s. Anm. 68), 41–77, hier 46.

abgesandt hätten und er ihn ihnen vorgetragen hätte, hätten sie nicht an ihn geglaubt« (26,198 f); denjenigen, die sich gegenüber der Verkündigung Mohammeds verschließen, wird damit von vornherein der Einwand verwehrt: »[Was soll denn das –] ein fremdsprachiger [Koran] und ein Araber?« (41,44). Aber so sehr diese Argumentationsrichtung für die Situation Mohammeds auch einleuchten mag, sie ist von dem Augenblick an nicht mehr brauchbar, als die Adressaten der Verkündigung das auf die arabische Sprache festgelegte Wort Gottes nicht mehr verstehen. Im Gegenteil könnte dann aus der zitierten Stelle gerade die regional begrenzte Verbindlichkeit des Korans abgeleitet werden[86].

Doch die muslimische Überzeugung von der Endgültigkeit des Korans ist so unverbrüchlich, daß seine einzig authentische Gestalt die arabische sein muß. Eine Übersetzung[87] kann nur der Versuch sein, die jeweilige »Bedeutung« (maʿnā) der Sätze zu übertragen; doch sie bleibt dabei immer eine individuelle Annäherung, die nie dem eigentlichen Text in der Fülle seines Offenbarungsgehalts entspricht[88].

Wie dem Koran im islamischen Verständnis keine Traditionsgeschichte vorausgeht, so ist er also nach dieser Sicht schließlich auch für alle Zukunft in einer ungeschichtlichen Endgültigkeit gegenwärtig und steht von vornherein und prinzipiell jenseits aller Überlieferungen. Damit nimmt er zugleich eine kulturell dominierende Stellung ein, wie sie der Bibel im Christentum nie zukam: »Man kann, ohne zu widerspruchsvoll zu werden, sagen, daß – außer vielleicht der Dichtung und den Sprichwörtern – alle muslimische intellektuelle Aktivität im weiten Sinn ihren Ausgangspunkt beim Koran nahm: Die Grammatik wurde von Nichtarabern geschaffen, um den heiligen Text korrekt lesen zu können; die Rhetorik, um seine Schönheiten zu unterstreichen; die gesammelten ›Überlieferungen‹ (ḥadīt), um ihn zu erklären und – wo er schweigt – ihn zu ergänzen; die ausgearbeitete Rechtswissenschaft, um aus ihm die moralischen und sozialen Maßstäbe zu

---

[86] Vgl. zu diesem Problem oben S. 78 f mit Anm. 52 f.

[87] Vgl. *R. Paret,* Al-Ḳurʾān. 9. Translation of the Ḳurʾān. a. The orthodox doctrine [. . .], in: EI² V, 429.

[88] Vgl. demgegenüber in der Geschichte der Bibelübersetzungen die Legende von der wunderbar legitimierten *Übertragung des Alten Testaments ins Griechische (Septuaginta)* und die auf mittelalterlichen Bildern häufige Darstellung des vom Heiligen Geist in Gestalt einer Taube inspirierten *Hieronymus bei seiner Übersetzung der Bibel ins Lateinische (Vulgata).* – Aber trotz der wesentlichen Differenz dieser beiden Fälle zur islamischen Einschätzung des Korans als eines eigentlich nicht übersetzbaren Buchs stellen auch sie vergleichbare *Text-Sakralisierungen* dar.

systematisieren; schließlich die Theologie, um die durch das Buch gelehrten Wahrheiten gegen ihre Bestreiter zu verteidigen – man wird sogar sagen: sie zu beweisen.«[89] Es liegt auf der Hand, daß sich damit auch die Glaubwürdigkeitsbedingungen des Islam in ganz anderer Weise auf den Koran konzentrieren als im Christentum auf die biblischen Überlieferungen.

---

[89] *G.-C. Anawati,* Vers un dialogue islamo-chrétien, in: RThom 64, 1964, 280–326. 586–630, hier 320.

V. Notwendige Spielräume späterer Verarbeitungen

Wo das religiöse Bewußtsein vorherrscht, daß die Verhältnisse zwischen Gott und den Menschen einen endgültigen Zustand erreicht haben, kann man auf geschichtliche Veränderungen in unterschiedlicher Weise reagieren:

– Zunächst mag man vielleicht versuchen, sie als verwerflich zu verurteilen und aus dem Glauben der eigenen Gemeinschaft auszugrenzen; doch läßt sich dies nur in beschränktem Maß durchführen.

– Eine andere Möglichkeit besteht darin, sie in solchem Umfang zu verdrängen, daß die Verhältnisse beharrlich immer dieselben zu bleiben scheinen; auch dies ist verständlicherweise nicht auf Dauer zu leisten.

– Darüber hinaus kann man sie durch wertende Definitionen nachträglich marginalisieren, indem man sie etwa als bloß äußere *Schale* eines unveränderlichen *Kerns,* als wandelbare *Form* eines gleichbleibenden *Inhalts,* als *Akzidenzien* einer *Substanz,* als relativ bedeutungslose *Einkleidung* des *Wesentlichen* o. ä. ausgibt.

– Schließlich ist aber auch noch eine geistige Festigkeit und Gelassenheit denkbar, bei der man die Glaubensgeschichte auf Zukunft hin als einen Lernweg begreift, der noch offen ist, so daß man jetzt nicht absehen kann, welch weitreichenden Wandel das gläubige Selbstverständnis im Laufe der Zeit vielleicht noch wird verarbeiten müssen.

Am Christentum wie am Islam ist ablesbar, daß sie ihre Endgültigkeitsansprüche nur auf Dauer erheben konnten, indem sie zugleich auf irgendeine Weise geschichtlichen Veränderungen in ihrem Glaubenssystem Raum gaben. Dabei ist nicht nur aufschlußreich, zu sehen, daß sie solchen Wandel in ihrer Lebenswelt *faktisch zuließen,* sondern auch ob, wieweit und in welcher Weise sie ihn *theoretisch rechtfertigten,* d. h. welche der gerade genannten Reaktionsmöglichkeiten bei ihnen dominierte. Darauf soll im folgenden der Blick gerichtet sein.

1. Die Rolle der Überlieferung

Daß die Tradition innerhalb des christlichen und des muslimischen Glaubensbewußtseins jeweils einen grundsätzlich anderen Stellenwert einnimmt, wurde in den vorausgehenden Kapiteln schon deutlich. Dennoch ist sie selbstverständlich in der einen wie der anderen Religion als das Prinzip der Kontinuität theologisch unverzichtbar. Deshalb ist das Verhältnis zu ihr aber auch besonders symptomatisch für die jeweilige Art und Weise, sich auf geschichtlichen Wandel einzulassen.

a. Christlich: Die schöpferische Leistung der Tradition in der Vermittlung des Ursprungs

Wenn christliche Theologie von der Überlieferung spricht, tut sie dies in doppeltem Sinn:

– zum einen im Blick auf die primäre Verkündigung der nachösterlichen Kirche, bei der diese selbst erst ihre Sprache gewinnen mußte, um sich ihre Erfahrungen mit Jesus Christus zu vergegenwärtigen: *Tradition als Grundlegung;*

– zum anderen aber hinsichtlich der nachfolgenden kirchlichen Weitergabe des christlichen Bekenntnisses in der Erinnerung des Anfangs: *Tradition als Vermittlung des gelegten Grundes*[1].

Beide Phasen lassen sich nicht voneinander trennen, sind jedoch deutlich zu unterscheiden. Von der ersten, die theologisch in die Zeit der Offenbarung einbezogen wird, war schon die Rede; um die zweite vor allem, die ganz als Aktivität der Kirche gilt, wird es im folgenden gehen, denn ihr ist die Spannung auferlegt, daß sie einerseits den überkommenen Glauben, das depositum fidei, in treuer Verantwortung bewahren, andererseits aber auch dieses geistige Erbe im Wechsel der kulturellen Bedingungen verständlich und wirksam weiterreichen soll.

Im Glauben an die endgültige Offenbarung Gottes durch Jesus Christus stand dem kirchlichen Bewußtsein in erster Linie und dominierend die Aufgabe vor Augen, die schon innerhalb des Neuen Testa-

---

[1] Zum folgenden vgl. *Johannes Beumer,* Die mündliche Überlieferung als Glaubensquelle, Freiburg/Basel/Wien 1962 (HDG I, 4); *Max Seckler,* Der Fortschrittsgedanke in der Theologie, in: Ders., Im Spannungsfeld von Wissenschaft und Kirche. Theologie als schöpferische Auslegung der Wirklichkeit, Freiburg/Basel/Wien 1980, 127–148; *ders.,* Tradition und Fortschritt, in: CGG 23, 5–53; *Peter Stockmeier,* Kirche unter den Herausforderungen der Geschichte, in: HFth III, 122–152; *Dietrich Wiederkehr,* Das Prinzip Überlieferung, in: HFth IV, 100–123; *Hans Zirker,* Ekklesiologie, Düsseldorf 1984, 168–185: Kirche als Traditionsgemeinschaft.

ments mit Nachdruck formuliert wurde: »Bewahre das dir anvertraute kostbare Gut durch die Kraft des Heiligen Geistes, der in uns wohnt!« (2 Tim 1,14) und »bleibe bei dem, was du gelernt und wovon du dich überzeugt hast!« (2 Tim 3,14). In diesem Sinn erklärt das Zweite Vatikanische Konzil in seiner Offenbarungskonstitution, auf die Vergangenheit und die Beauftragung der Kirche zurückschauend: »Was Gott zum Heil aller Völker geoffenbart hatte, das sollte – so hat er es in seiner Güte verfügt – für alle Zeiten unversehrt erhalten bleiben und allen Geschlechtern weitergegeben werden.«[2] Der Glaube wird hier als ein inhaltlich abgeschlossener Bestand gesehen, der unangetastet und uneingeschränkt, durch die Zeiten hindurch allen künftigen Generationen vermittelt werden soll. Nicht nur seine Minderung wird dabei abgewehrt; auch für eine Erweiterung soll kein Ansatz gegeben sein.

Diese Vorstellung wird durch die »gesamte frühkirchliche Terminologie der Tradition, der Orthodoxie und des kirchlichen Verfassungsdenkens« zum Ausdruck gebracht: »Nichts darf ›hinzugefügt‹ und nichts ›weggenommen‹ werden von dem, was aufgeschrieben, was überkommen ist: man muß ›festhalten‹ und ›bewahren‹, darf nicht ›Neuerungen einführen‹ noch ›das Alte mißachten‹ oder aus ihm nur ›auswählen‹.«[3] Diese Prinzipien sind um so bemerkenswerter und symptomatischer, als sie den historischen Sachverhalten nicht entsprechen; in Wirklichkeit zeigen die kirchlichen Glaubensäußerungen schon innerhalb einer relativ kurzen Epoche Veränderungen in einer erheblichen Variationsbreite. Die »theoretischen Erörterungen über den Prozeß der Kirchengeschichte, wie sie in dieser frühen Zeit angestellt werden«, und die »tatsächliche Praxis von Theologie und Kirche« klaffen auseinander: Die historische Prüfung ergibt, »daß dieselbe Kirche gleichzeitig keineswegs einen so sklavischen Traditionalismus praktiziert, wie es der Theorie der Kirchengeschichte entsprochen hätte [. . .]. Man darf für diese frühe Zeit wie für die spätere von wirklich qualitativ Neuem in der Geschichte der Kirche sprechen.«[4]

Um dies zu belegen, kann man etwa auf die fundamentale zeitliche Neuorientierung des Glaubens verweisen, als die Christen erfuhren, daß die Parusie Christi, die auch in biblischen Texten – sogar in überlieferten Worten Jesu[5] – für die nahe Zukunft angesagt wurde, aus-

[2] Dei Verbum, Artikel 2.
[3] *Norbert Brox,* Kirchengeschichte als »Historische Theologie«, in: Raymund Kottje (Hg.), Kirchengeschichte heute. Geschichtswissenschaft oder Theologie?, Trier 1970, 49–74, hier 59.
[4] Ders., ebd. 60f.
[5] Vgl. Mk 9,1; Mt 10,23; 24,32–34.

blieb und die Gemeinden sich auf eine unabsehbare Dauer der Kirche einrichten mußten[6]. – Oder man mag für die frühe Kirchengeschichte an die Sakralisierung und Hierarchisierung institutioneller Strukturen bei der Bildung eines eigenen »Klerus« denken[7]. – Für die spätere Kirchengeschichte bis zur Neuzeit haben wir ein bezeichnendes Beispiel in den Interpretationen, die der Lehrsatz »Außerhalb der Kirche kein Heil« bis zur (unausdrücklichen) Verkehrung in sein Gegenteil erfahren hat[8].

Welches Bewußtsein demgegenüber im Leben der Kirche vor allem aufrechterhalten werden sollte, belegt das Glaubenskriterium, das *Vinzenz von Lerin* im 5. Jahrhundert aufstellte und das in der Theologiegeschichte immer wieder aufgegriffen wurde: »Es ist dafür zu sorgen, daß wir das festhalten, was überall, immer und von allen geglaubt wird«[9]. Zwar spricht Vinzenz von Lerin dabei auch von einem »Fortschritt«, den der Glaube nimmt, aber er begreift diesen in seinem Gehalt trotzdem statisch; denn »die Lehre der christlichen Religion« soll allein deshalb den »Gesetzen des Fortschritts folgen, daß sie mit den Jahren gefestigt, mit der Zeit erweitert und mit dem Alter verfeinert werde, dabei jedoch unverdorben und unversehrt bleibe und in dem gesamten Umfang ihrer Teile, sozusagen an allen ihr eigentümlichen Gliedern und Sinnen, vollständig und vollkommen sei, außerdem keine Veränderung zulasse, keine Beeinträchtigung ihrer Eigentümlichkeit und keine Veränderung ihres Wesens erleide.«[10] Die Kirche soll durch alle Zeiten hindurch »in derselben Glaubenslehre nämlich, in demselben Sinn und in derselben Auffassung«[11] beharren. Diese Aussage wird vom *Ersten Vatikanischen Konzil* aufgegriffen und erhält damit lehramtliche Qualität[12].

---

[6] Vgl. *Erich Grässer,* Das Problem der Parusieverzögerung in den synoptischen Evangelien und in der Apostelgeschichte, Berlin ²1960; *ders.,* Die Naherwartung Jesu, Stuttgart 1973.

[7] Vgl. *Norbert Brox,* Kirchengeschichte des Altertums, Düsseldorf 1983, 89–100: Die Entwicklung der kirchlichen Verfassung; *Hans von Campenhausen,* Kirchliches Amt und geistliche Vollmacht in den ersten drei Jahrhunderten, Tübingen ²1963, bes. 262–272; 292–322.

[8] Vgl. *Yves Congar,* Außer der Kirche kein Heil. Wahrheit und Dimensionen des Heils, Essen 1961; *Walter Kern,* Außerhalb der Kirche kein Heil?, Freiburg/Basel/Wien 1979; *Hans Küng,* Die Kirche, Freiburg/Basel/Wien 1967, 371–378: Außerhalb der Kirche kein Heil?

[9] *Vinzenz von Lerin,* Commonitorium 2, 5; PL 50, 640: »curandum est, ut id teneamus quod ubique, quod semper, quod ab omnibus creditum est«.

[10] Ebd. 23, 9; PL 50, 668.

[11] Commonitorium 23, 1–4; PL 50, 667f: »profectus [...] in eodem scilicet dogmate, eodem sensu, eademque sententia«.

[12] Vgl. im Lehrentscheid über den katholischen Glauben »Dei Filius«: NR 44; DS 3020. Zuvor griff bereits *Pius IX.* in seiner Enzyklika »Ineffabilis Deus« von 1854 auf diese Aussage zurück (DS 2802). Sie kehrt dann in der von Pius *IX.* gegen den Modernismus vorgeschriebenen Eidesformel von 1910 wieder (NR 64; DS 3541).

Dabei wird von diesem Konzil eine Alternative aufgestellt und zugleich abgewehrt, die in der Pointierung der statischen Sicht des Glaubens sogar noch über die Aussagen des Vinzenz von Lerin hinausgeht: Die von Gott geoffenbarte Glaubenslehre sei nicht den Menschen »zur Vervollkommnung vorgelegt« worden, sondern der Kirche, »damit sie dieselbe treu bewahre und irrtumslos erkläre. Deshalb muß auch immer jener Sinn der Glaubenswahrheiten beibehalten werden, der einmal von der heiligen Mutter der Kirche dargelegt worden ist; nie darf man von diesem Sinn unter dem Schein und Namen einer höheren Erkenntnis abweichen.«[13]. Hier ist kein Ansatzpunkt für die Vorstellung, daß die Glaubensgemeinschaft in ihrer Geschichte Erfahrungen gemacht haben könnte und immer noch macht, die den Glauben selbst in seinem Bewußtsein und seinen Äußerungen schwerwiegend verändern.

Die Spannung zwischen diesem erklärten Selbstverständnis einerseits und der historischen Realität andererseits ist ein theologisch ebenso bedenkenswertes wie bedenkliches Moment der Kirche. Wie immer man dies im einzelnen erklären und bewerten mag, auf jeden Fall verweist es auf eine eingeschränkte Wahrnehmung der Wirklichkeit. Es besteht hier offensichtlich das Bedürfnis, die Endgültigkeit des christlichen Glaubens in einer Stabilität zu erfahren, wie sie faktisch nicht gegeben und auch prinzipiell nicht möglich ist.

Dies belegt das Erste Vatikanische Konzil selbst dort noch, wo es versuchte, die geschichtliche Identität der Kirche mit einer gewissen Wandelbarkeit zusammenzusehen. In einem Entwurf, der wegen des vorzeitigen Endes des Konzils nicht mehr beraten und verabschiedet werden konnte, heißt es: »Wohl wächst die Kirche – und möge sie nur stets zunehmen in Glaube und Liebe [...] – , wohl entfaltet sie sich je entsprechend ihrem Alter und der Verschiedenheit der Umwelt, in der sie lebt unter ständigen Kämpfen. Trotzdem bleibt sie unveränderlich [...]«[14]. Dieser Sicht schließt sich auch das *Zweite Vatikanische Konzil* in seiner Offenbarungskonstitution an, wenn es der Überlieferung einen »Fortschritt« zuerkennt: »es wächst das Verständnis der überlieferten Dinge und Worte [...]; denn die Kirche strebt im Gang der Jahrhunderte ständig der Fülle der göttlichen Wahrheit entgegen, bis an ihr sich Gottes Worte erfüllen.«[15].

---

[13] NR 386; DS 3020.
[14] NR 391.
[15] Dei Verbum, Artikel 8. Zum theologiegeschichtlichen Hintergrund vgl. *Georg Söll,* Dogma und Dogmenentwicklung, Freiburg/Basel/Wien 1971 (HDG I, 5). Vgl. darüber hinaus in systematisch-theologischer Hinsicht *Walter Kasper,* Dogma/Dogmenentwicklung, in: NHthG I, 176–193.

Mit den *biologischen Metaphern des Wachstums und der Entfaltung* (bei dem Zitat des Ersten Vatikanums eigenartig gemischt mit dem Bild der streitbaren »Kämpfe«) wird allen Transformationen des Glaubens eine solche innere Konsequenz und zielgerichtete Stimmigkeit unterstellt, daß der ganze Weg der Kirche schon in ihren genetischen Anlagen vorgegeben scheint. Auch mit dieser theologischen Deutung ruht das Konzil auf einer weit zurückreichenden Tradition auf: »Die Vorstellung von einem keimhaften, aber noch nicht entwickelten Zustand der Kirche im Anfang, der sich im Laufe der Geschichte zu seiner Vollgestalt entfaltet, hat das Verständnis von Kirche tief beeinflußt«[16]; doch bleibt auch diese Sicht hinter der Bewegtheit, den Spannungen und Umbrüchen, vor allem schließlich den Rückschritten und Abwegen der faktischen Glaubensgeschichte weit zurück[17]. Deutlich erweist sie sich trotz ihrer Betonung des Fortschritts »letzterdings bei näherem Zusehen doch nur als eine Variante des Identitätsgedankens«[18]. Dies belegt auf seine Weise auch das Konzil von Trient, wenn es letztlich keinen Unterschied zuläßt in der Hochschätzung der fundamentalen Offenbarungsdokumente einerseits und der Zeugnisse kirchlicher Tradition andererseits; denn »mit gleicher frommer Ehrfurcht« sind nach ihm die Bücher des Alten und Neuen Testament wie die »Überlieferungen, die Glaube und Sitte betreffen,« gläubig anzuerkennen[19].

Im Kontrast zum dogmatischen *Evolutions- und Fortschrittsmodell* der Kirchengeschichte steht das polemische Muster des *Abfalls vom Ursprung*. Es geht davon aus, daß sich die Kirche von ihrem anfänglich realisierten Ideal im Lauf der Zeit entfernt und immer mehr weltlich pervertierte Strukturen angenommen habe[20]. Diese Theorie entfaltete ihre Wirksamkeit im Zusammenhang von Reformbestrebungen. Mit der evolutionären Vorstellung gemeinsam ist ihr die normative Bewertung des Anfangs und die globale Beurteilung

[16] *P. Stockmeier,* Kirche unter den Herausforderungen der Geschichte (s. Anm. 1), 125.

[17] Vgl. den informativen und kritischen Kommentar von *Joseph Ratzinger* zu der zitierten Aussage des 2. Vatikanums, in: LThK.E II, 519–521; zur Fragwürdigkeit des Entwicklungs- und Fortschrittsmodells für die Glaubensgeschichte vgl. auch die beiden Aufsätze von *M. Seckler* in Anm. 1; *D. Wiederkehr,* Das Prinzip Überlieferung (s. Anm. 1), hier 111–113: Optimistische Deutungsmodelle.

[18] *Joseph Ratzinger,* Das Problem der Dogmengeschichte in der Sicht der katholischen Theologie, Köln/Opladen 1966, 22.

[19] NR 88; DS 1501.

[20] Vgl. *Peter Stockmeier,* Die alte Kirche – Leitbild der Erneuerung, in: ThQ 146, 1966, 385–408; *D. Wiederkehr,* Das Prinzip Überlieferung (s. Anm. 1), hier 113–115: Pessimistische Deutungsmodelle.

der späteren Geschichte im Rückblick auf dieses eine und endgültige Fundament.

Daß sich die an ihren Ursprung zurückgebundene sekundäre Tradition der Kirche trotz solcher theologischer Schematisierungen noch als ein vielgestaltiger, schöpferischer Prozeß erweist, läßt ihre reale Dynamik um so kräftiger erscheinen. Die Verarbeitung des überkommenen Erbes unter den Aufgaben, Bedürfnissen und Möglichkeiten der jeweiligen Gegenwart sprengt oft die theoretisch dominierenden Normen.

Dies gilt erst recht, wenn man von »den Kirchen« in ihrer Mehrzahl, vom »Christentum« oder »den Christen« statt – wie hier vorwiegend – in vereinfachender Verkürzung von »der Kirche« spricht und dabei für die Gegenwart vor allem das Selbstverständnis der römisch-katholischen Kirche im Blick hat. Es ist ein Grundzug der christlichen Tradition, daß sie von Anfang an eine Pluralität mit weitreichenden Unterschieden aufweist und immer wieder dogmatische Differenzen provozierte – bis hin zu Spaltungen der Glaubensgemeinschaft. Wollte man darin von vornherein nur eine Pervertierung der Glaubensüberlieferung sehen, würde man ihrer geschichtlichen Leistung als verarbeitende Rezeption der Vergangenheit nicht gerecht. Es gehört mit zu ihrem »Wesen«, daß sie nie die Uniformierung herstellen konnte, die vielfach von ihr erwartet wurde.

Insgesamt hat das Christentum jedenfalls eine weit bewegtere Glaubens- und Kirchengeschichte, als es die traditionellen systematisch-theologischen Theorien wahrhaben wollen. Bei ihnen überwiegen Interpretationsmuster, die die Veränderungen entweder nur wenig in den Blick nehmen oder als bloß »unwesentliche« Modifikationen erscheinen lassen. Selbstverständlich wird damit dem Glauben auch für seine Zukunft eine entsprechende Norm vorgegeben.

Empirisch kann man solche Geschichtsdeutungen im strengen Sinn weder bestreiten noch gar beweisen, da die Bestimmung dessen, was jeweils als »wesentlich« gelten soll, eine Frage der sozialen Übereinkunft oder der autoritativen Festlegung ist. Dennoch hängt ihre Glaubwürdigkeit zum einen davon ab, wie ernsthaft sie sich der historischen Wirklichkeit stellen, und zum anderen, in welchem Verhältnis sie zu den sonstigen Erfahrungen menschlicher Geschichte stehen. In einer Zeit, in der das Bewußtsein für die kulturellen Veränderungen und Umbrüche besonders geschärft ist, muß die Behauptung einer geschichtlichen Kontinuität differenziert angelegt sein, wenn sie realistisch erscheinen soll.

b. Islamisch: Die Hadithe als Auslegung des Korans und zusätzliche Quelle des Rechts

Dem endgültigen Wort des Korans stehen um des rechten Verständnisses willen die geschichtlichen Überlieferungen dessen zur Seite, was der Prophet *sagte,* was er *tat* und was er *im stillschweigenden Einverständnis billigte.* Zusammenfassend bezeichnet man dies als die »*Sunna*«, d. h. »die übliche Praxis« des Propheten. Jede »Erzählung« (ḥadīt), die von ihm etwas Erhebliches mitzuteilen weiß, trägt bei zu dem großen und vielstimmigen Kommentar, den die Gefährten Mohammeds und die späteren Sammler ihrer Überlieferungen der Nachwelt zum besseren Verständnis des Korans hinterließen[21].

Selbst wenn die Hochschätzung der Hadithe die Bewertung des Korans als des einzig authentischen und endgültigen Wortes Gottes nicht im geringsten einschränkt, so macht sie es doch möglich, daß neben ihm von einer »*zweiten Quelle*« des muslimischen Glaubens und Rechts gesprochen werden kann[22]. Trotz aller Unterschiede zur ersten gelten im allgemeinen auch die Hadithe als von Gott *inspiriert.* Die Stelle aus dem Koran, die gelegentlich als Beleg dafür angeführt wird – Sure 53,3 f[23] –, läßt besonders deutlich erkennen, wie dabei die Grenze zwischen der primären Offenbarung und der sekundären Überlieferung relativiert wird:

Ohne Zweifel bezieht sich Sure 53 in erster Linie auf die visionäre Ermächtigung Mohammeds, das Wort Gottes zu verkünden. Allen, die skeptisch im Unglauben verharren, hält sie entgegen: »Euer Gefährte irrt nicht und geht nicht fehl. Er redet nicht aus Neigung; es ist nichts als eine Offenbarung, die offenbart wird. Belehrt hat ihn einer mit starken Kräften, der Macht besitzt. [. . .] Da offenbarte er seinem Diener, was er offenbarte. Sein Herz hat nicht erlogen, was er sah.« (53,2-11). Aus diesem größeren Zusammenhang also, der vor allem an die Mitteilung des Korans denken läßt, werden in der späteren theologischen Argumentation einige Sätze herausgenommen und so verallgemeinert, daß sie Mohammeds Lehrautorität auch über seine Ver-

---

[21] Vgl. *Johann Fück,* Die Rolle des Traditionalismus im Islam, in: ZDMG 93, 1939, 1–32; *L. T. Librande,* Ḥadīth, in: EncRel(E) VI, 143–151; *James Robson,* Ḥadīṯẖ, in: EI² III, 23–28; *Arent Jan Wensinck,* Sunna, in: HIsl, 704–706.

[22] Die systematische Behandlung der »Rechtsquellen« (uṣūl al-fiqh) wurde durch Muḥammad ibn-Idrīs aš-Šāfiʿī (gest. 820) begründet. Aufgrund der fundamentalen Handlungsorientierung des Islam haben in ihm die Juristen – nicht etwa die Theologen – die entscheidende Stimme in der Darlegung des Glaubens.

[23] Vgl. *Mohammed Hamidullah,* Der Islam. Geschichte, Religion, Kultur, Aachen ²1983, 35; *Hermann Stieglecker,* Die Glaubenslehren des Islam, Paderborn/München/Wien 1962, 613 f.

kündigung des Korans hinaus bekräftigen. Damit wird dem, was die Hadithe überliefern, in Analogie zum Koran eine von Gott gewährte Zuverlässigkeit und Gewißheit zuerkannt[24].

Andererseits aber ist der Traditionsvorgang selbst, die Kette seiner Tradenten, nicht von vornherein als schlechthin vertrauenswürdig gesichert. Dies schafft eine zwiespältige Situation: Mit den Hadithen wird in die Umgebung des Korans, also des unmittelbaren Wortes Gottes, zur Steigerung von dessen Deutlichkeit und Wirksamkeit eine Fülle von Überlieferungen gestellt, die auch von den Gefährten Mohammeds und weiterer Vermittlern, demnach von menschlicher Aktivität abhängig sind: »Es erzählte mir ᶜAbdullāh Ibn Abī al-Aswad, daß Faḍl Ibn al-ᶜAlā' uns erzählte, daß Ismāᶜīl Ibn Umayya uns erzählte von Yaḥyā Ibn ᶜAbdullāh Ibn Ṣayfī, daß er Abū Maᶜbad, den Freigelassenen des Ibn ᶜAbbās, sagen hörte: Ich hörte Ibn ᶜAbbās, wie er sagte: ›Als der Prophet [. . .]‹«[25].

Darüber hinaus ist zu sehen: Im Unterschied zu dem einen, in seinem Umfang eindeutig begrenzten Koran ist die Sunna des Propheten in zahlreichen Büchern niedergeschrieben. Den 114 Suren mit insgesamt über 6000 Versen stehen in der bedeutenden Sammlung von *al-Buḫārī* ungefähr 7300 einzelne Hadithe gegenüber, in der ebenfalls klassischen Sammlung von *Aḥmad ibn-Ḥanbal* gar fast 30 000[26]. Während der Text des Korans in seiner Gültigkeit selbstverständlich nirgends umstritten ist, lösten die Hadithe unter den muslimischen Theologen vielfache Untersuchungen darüber aus, welche Überlieferungen als »gesund« oder – in einem minderen Rang« – als »gut« anerkannt werden können und welche im Gegensatz dazu als »schwach« oder gar als »erfunden« beurteilt werden müssen[27]. Und schließlich kann bei allen Hadithen nur ihr überlieferter *Inhalt,* nicht dagegen die literarische *Form* auf die Würde des Propheten zurückgeführt werden (während beim Koran auch die Sprachgestalt zum Offenbarungsbestand gehört).

Damit kommt in die muslimische Orientierung am Offenbarungswort Gottes insgesamt ein kräftiges Maß an menschlichem Bemühen,

[24] Hinzu kommt ein weiterer Tatbestand, der die Grenze zwischen Koran und Überlieferung relativiert: Einige Hadithe enthalten Mitteilungen Gottes an den Propheten, die aber nach der Art ihrer Offenbarung und ihrer sprachlichen Gestaltung nicht dem Wort Gottes im Koran gleichgestellt sind; vgl. *James Robson,* Ḥadīth kudsī, in: EI² III, 28f.
[25] Einleitung eines Hadith aus der Sammlung von *al-Buḫārī,* zit. nach Rudolf-Ernst Brünnow/ August Fischer (Hg.), Arabische Chrestomathie aus Prosaschriftstellern, Wiesbaden ⁷1988, 151 arab. Paginierung.
[26] Vgl. *W. Montgomery Watt/Alford R. Welch,* Der Islam I. Mohammed und die Frühzeit – Islamisches Recht – Religiöses Leben, Stuttgart 1980, 237.
[27] Vgl. *H. Stieglecker* (s. Anm. 23), 601.

geschichtlicher Bedingtheit, situativer Varianz und vielstimmiger, oft uneinheitlicher Erinnerung. Die Hadithe gewähren also nicht nur, wie es die eigentliche Absicht aller Erläuterungen ist, größere Sicherheit darüber, was das rechte Verständnis des Korans sei, sondern sie lassen auch bestehende Unsicherheiten deutlicher erkennen, ja sie können sie im Einzelfall ihrerseits noch vermehren.

Eine besonders gravierende Differenz innerhalb des Islam schafft die Orientierung an der Tradition dadurch, daß den *Schiiten* nur solche Hadithe als rechtmäßig gelten, deren Überlieferungskette über Ali läuft, da sie nur ihn als einzig legalen Nachfolger Mohammeds anerkennen. Dementsprechend sind für sie die meisten der Gefährten des Propheten, die in sunnitischer Sicht bedeutende Gewährsmänner darstellen, unzuverlässig; standen sie doch politisch auf der falschen Seite. Deshalb erstellte und autorisierte die Schia eigene Sammlungen[28].

Eine solche Sicherung der Botschaft des Korans durch eine erläuternde Tradition belegt den Tatbestand, daß der muslimischen Gemeinde in ihrer geschichtlichen Dauer und regionalen Ausdehnung, ihrem sozialen Wandel und ihrer Vielfalt an Handlungssituationen die primäre Offenbarungsschrift allein faktisch nicht hinreichen konnte. Diese mußte auf konkretere Normen hin ausgelegt und den jeweils gegebenen Bedürfnissen und Notwendigkeiten angepaßt werden. Die Hochschätzung der Hadithe verweist also auch auf eine gewisse funktionale Unzulänglichkeit des Korans[29]. Dies zeigt sich besonders deutlich bei der Anreicherung der prophetischen Überlieferungen durch unauthentische Materialien: »Erst als sich herausstellte, daß aus dem Wortlaut der Schrift allein eine klare Entscheidung kaum abzulesen war, hat man in verstärktem Maße begonnen, die anonymen *aḫbār* [Nachrichten] und die theologischen Slogans, die man bis jetzt zur Exegese heranzog oder in umstrittener Weise aus ihr ableitete, den Prophetengenossen und schließlich dem Propheten selber in den Mund zu legen«[30].

---

[28] Vgl. *W. Montgomery Watt/Michael Marmura,* Der Islam II. Politische Entwicklungen und theologische Konzepte, Stuttgart 1985 (orig.: Edinburgh 1973), 451 f.

[29] Vereinzelt wird in westlicher Islamwissenschaft sogar die Auffassung vertreten, daß die historische Priorität der Verbindlichkeit bei der Sunna des Propheten liege und die Schrift eine sekundäre Größe sei; vgl. *John Wansbrough,* The sectarian milieu. Content and composition for Islamic salvation history, Oxford 1978, z. B. 70 f.

[30] *Josef van Ess,* Zwischen Ḥadīt und Theologie. Studien zum Entstehen prädestinatianischer Überlieferung, Berlin/New York 1975, 185. Vgl. *Fazlur Rahman,* Islam, London ²1979, 49: »Daß widerstreitende politische Parteien über den Hadith die öffentliche Meinung zu beeinflussen suchten und die Namen großer Autoritäten der Tradition benutzten, ist eine Tatsache, die niemand, der mit der frühen Geschichte des Islam vertraut ist, leugnen kann.«

Im übrigen spielt es in dem hier gegebenen Zusammenhang keine Rolle, wieweit die in den Hadithen tradierte Sunna des Propheten wirklich auf Mohammed zurückgeht oder eine spätere schöpferische Anpassungen darstellt, die um der stabileren Geltungskraft willen nachträglich auf ihn zurückbezogen wurde[31]. In systematischer Sicht reicht schon der Tatbestand, daß die Normativität der Verkündigung des Korans auf die ihn begleitenden Traditionen übergreift und daß damit umgekehrt diese sekundären Überlieferungen an der Normativität des Korans teilhaben. Die Endgültigkeit, die der Islam im Koran von Gott realisiert sieht, ist also keine, die sich schlechthin selbst genügt, sondern sie bleibt (faktisch wie theoretisch) auf die Unterstützung durch eine zusätzliche Tradition angewiesen, die schon in ihrer formalen literarischen Gestalt, aber auch in der Weise ihrer sozialen Anerkennung nicht gleichermaßen abgeschlossen und endgültig erscheinen kann[32]. Von daher erweist sich die Aussage als gerechtfertigt: »Der Islam – das ist nicht allein der Koran, sondern das ist der Koran so, wie er gelesen, interpretiert und gelebt wird durch die Muslime.«[33]

2. Die Autorität nachgeordneter Instanzen

Es ist etwas anderes, ob Überlieferungen das Leben einer Gemeinschaft über die Folge von Generationen hinweg einfach nur faktisch prägen oder ob sie immer wieder auch ausdrücklich als gültig behauptet und bewußt weitervermittelt werden sollen. Im ersten Fall können sie aufgrund einer einigermaßen stabilen *gesellschaftlichen Gewohnheit* bestehen und wirksam bleiben; im zweiten dagegen sind sie auf

---

[31] Die große Skepsis westlicher Forscher an der historischen Echtheit dieser Überlieferungen ist am eindrucks- und wirkungsvollsten von *Ignaz Goldziher* formuliert: Über die Entwicklung des Ḥadīth, in: Muhammedanische Studien, Bd. 2, Halle 1890: 1–274. Größeres Vertrauen in die Tradition setzt nach jener Revision von Goldzihers Position *Fuat Sezgin,* Geschichte des arabischen Schrifttums, Bd. 1: Qurʾānwissenschaften, Ḥadīt, Geschichte, Fiqh, Dogmatik, Mystik bis 430, Leiden 1967, 50–233: Ḥadīt, hier 53–84: Einleitung. Aus neuerer (nichtmuslimischer) Forschung ist zu nennen *Gauthier H. A. Juynboll,* Muslim Tradition. Studies in chronology, provenance and authorship of early *ḥadith,* Cambridge 1983.

[32] Zur Bedeutung der Tradition für das Selbstverständnis des Islam vgl. *Heribert Busse,* Tradition und Akkulturation im islamischen Modernismus (19./20. Jahrhundert), in: Saeculum 19, 1975, 157–165; *Johann Fück,* Die Rolle des Traditionalismus im Islam (s. Anm. 21); *Tilman Nagel,* Tradition und Moderne im Islam, in: Udo Tworuschka (Hg.), Religionen heute, Frankfurt/München 1977, 96–101; *Anton Vorbichler,* Die Bedeutung der Tradition im Islam, in: Kairos 20, 1978, 293–302; *Hans Zirker,* Tradition im Islam. Eine Würdigung aus christlich theologischem Interesse, in: Kairos 28, 1986, 75–95.

[33] *G.-C. Anawati,* Vers un dialogue islamo-chrétien. Chronique d'islamologie et d'arabisme, in: RThom 64, 1964, 280–326; 585–630, hier 325.

eigene *institutionelle Träger* angewiesen, die sich für das kulturelle Erbe verantwortlich sehen. Dies letzte ist in besonderem Maß dort gegeben, wo bestimmte Sachverhalte, Werte und Normen wie im Christentum und im Islam als endgültig gelehrt werden und wo gleichzeitig immer wieder erfahren wird, daß sich diese Endgültigkeit nicht wie eine Naturkonstante von selbst durchsetzt, sondern daß ihre Anerkennung ständig angefochten und ihre Geltung ständig beeinträchtigt werden kann.

Zu *dem, was* als verbindlich überliefert wird, kommen also *diejenigen, die* sich des Überlieferten annehmen. Durch sie ergeben sich in einer Gemeinschaft besondere gruppendynamische Prozesse; Entscheidungen stehen an; Unsicherheiten werden sichtbar. Aber diese Instanzen nehmen ihrerseits auch in irgendeiner Weise wie die tradierten Inhalte selbst, um deren Geltung sie sich sorgen, an dem fundamentalen Offenbarungsanspruch Anteil; denn auf dem Weg über sie soll die Überlieferung gerade in ihrer Gewißheit und Tragfähigkeit bestärkt werden.

Freilich kann die Verantwortung für den Bestand der Tradition prinzipiell in recht unterschiedlichen Strukturen verfaßt sein – je nach der sozialen Stellung derer, denen die Verantwortung zukommt, nach den Erwartungen, unter denen sie ihre Aufgaben erfüllen, nach der Art der Funktionen, die ihnen zugesprochen werden, und nach dem Repertoire der Maßnahmen, die ihnen zur Verfügung stehen. Es wird im folgenden zu sehen sein, welches Spektrum das Christentum und der Islam jeweils in dieser Hinsicht realisieren und wie darin ihr Selbstverständnis und ihr Endgültigkeitsanspruch zum Ausdruck kommt.

a. Christlich: Die dogmatische Entscheidungsgewalt der Konzilien und des päpstlichen Lehramts nach römisch-katholischer Lehre

Für die Kontinuität des christlichen Glaubens durch die Geschichte hindurch ist zunächst die Kirche als ganze verantwortlich, und sie sieht sich dabei nach ihrem eigenen Selbstverständnis vom Heiligen Geist geleitet und letztlich trotz allen menschlichen Irrtums in der Wahrheit gehalten. Dieses grundsätzliche Vertrauen ist den Kirchen in ihrer konfessionellen Vielfalt und über ihre dogmatischen Differenzen hinweg gemeinsam. Uneinigkeit besteht jedoch zwischen ihnen darüber, wieweit die Beständigkeit, Zuverlässigkeit und Verbindlichkeit des Wortes Gottes institutionell greifbar sein soll. Wir finden einerseits die Zuversicht, daß allein schon das ständige Hören auf die biblische Verkündigung im alltäglichen Bemühungen, dieses Wort in die Predigt, die Liturgie und das gemeinschaftliche Leben zu übersetzen, genüge; andererseits aber auch die Überzeugung, daß darüber hinaus der christliche Glaube noch auf besondere amtliche Weise letztverbindlich gelehrt werden müsse – vor allem dann, wenn er in wesentlichen Stücken öffentlich strittig wird. Für diese letzte Position hat sich in ihren dogmatischen Lehren und rechtlichen Strukturen die römisch-katholische Kirche entschieden. Da sie dies in einer weit zurückreichenden Geschichte tat, repräsentiert sie dabei trotz ihrer Partikularität eine erhebliche Entwicklungslinie des gesamten Christentums. Von ihr können sich auch die übrigen Kirchen nicht schlechthin unbetroffen zeigen; denn sie haben in ihrer Herkunft auf weite Strecken an derselben Geschichte Anteil, selbst wenn sie sich schließlich von ihr distanzierten.

Im Zusammenhang der theologischen Streitigkeiten der ersten Jahrhunderte erfuhr das Christentum massiv die Schwierigkeit, eine für endgültig erachtete Artikulation des Glaubens geschichtlich durchzuhalten. Die Notwendigkeit, das einmal Gehörte und Gesagte in neuen kulturellen Räumen, unter veränderten Verständnis- und Handlungsbedingungen glaubwürdig weiterzugeben, ließ die Glaubensgemeinschaft immer wieder Irritationen und Momente der Instabilität erfahren. In welchem Maß und in welchen Formen man darauf bedacht war, diese Verunsicherungen aufzufangen, zeigen vor allem die Erwartungen, die sich auf die Konzilien richteten. Sie sollten »die (gesuchte) Gewißheit (asphaleia) in den von Zeit zu Zeit jeweils anstehenden Fragen« bringen[34], lesen wir bei *Epiphanius von Salamis,* einem besonders traditionalistisch orientierten Theologen des 4. Jahrhunderts, der aber mit dieser Äußerung eine Zuversicht bekundete, die über die theologischen Fronten hinwegreichte.

Diese Erwartung an das Konzil ruht auf der *sakralisierten Autorität der Bischöfe* auf. Die »*Didaskalie«,* eine Predigtsammlung des 3. Jahrhunderts, die sich mit Fragen der Kirchenordnung befaßt, belehrt die Laien, daß der Bischof »euer machtvoller König« ist, der »bindend und lösend mit himmlischer Gewalt auf Erden herrscht« – »an Gottes Stelle« und »als Gottes Abbild«: »Liebt deshalb den Bischof wie den Vater, fürchtet ihn wie den König, ehrt ihn wie Gott«[35]. Damit wird

---

[34] Pan. 74, 14 (GCS 37, 332, 18f); Übers. nach *Hermann Josef Sieben,* Die Konzilsidee der Alten Kirche, Paderborn 1979, 199.

[35] XXV, 26; XXVII, 29f; XXV, 28–30; XXVII, 32–34; Didascaliae apostolorum. Canonum ecclesiasticorum traditionis apostolicae versiones latinae, rec. Erik Tidner, Berlin 1963, 41; 45; 42; 45. Vgl. *H. von Campenhausen,* Kirchliches Amt und geistliche Vollmacht (s. Anm. 7), 262–272, bes. 266f; *P. Stockmeier,* Die alte Kirche – Leitbild der Erneuerung (s. Anm. 20), 399.

auch seiner Lehre und seinen Weisungen prinzipiell ein Rang zugesprochen, der nicht mehr überboten werden kann. Die irdische Instanz nimmt teil am Absolutheitsanspruch der göttlichen Offenbarung. Hinzu kommt als ein sozialer Sachverhalt des kirchlichen Lebens »die weitgehende Identität von Theologen und Bischöfen in der Zeit des frühen Christentums«[36]. Aufgrund dieser beiden Voraussetzungen mußte also ein Konzil als der erhabenste und wirksamste Ort der Vergewisserung über die Wahrheit erscheinen.

Freilich steht einer solchen Zuversicht von Anfang an die Erfahrung entgegen, die *Gregor von Nazianz* (selbst Bischof) in einem Brief bitter vermerkt: »Ich verhalte mich so [...], daß ich jede Versammlung von Bischöfen meide, weil ich bei noch keiner Synode einen günstigen Ausgang erlebt habe; sie bringen keine Beseitigung der Übel, sondern schaffen vielmehr neue [...] Es gibt auf ihnen nur Rivalität und Machtkämpfe [...]«[37]. Diesen Abstand zwischen der hochgesteckten Erwartung einerseits und der realistischen Erfahrung andererseits galt es zu verarbeiten, wenn die Konzilsidee nicht schon in ihren Ansätzen von Resignation überwältigt werden sollte.

Dabei mußten sich die konziliaren dogmatischen Entscheidungen grundsätzlich mit einem doppelten *Dilemma* konfrontiert sehen, wie es schon mit dem ersten ökumenischen Konzil von Nizäa (325) offenbar wurde:

– Zum einen sollte neben das biblische Fundament nichts Neues gestellt, nach ihm keine neue Tradition eröffnet werden, und doch wollte man einen neuen Text als höchst verbindlich lehren.

– Zum anderen sollte über ein menschliches Bemühen um die Wahrheit, mit all seinen Unzulänglichkeiten und Spannungen, aber auch Aggressionen die Offenbarung Gottes differenzierter gelehrt und deutlicher in ihrem verbindlichen Gehalt formuliert werden können.

Dies brachte schon theoretisch große Schwierigkeiten mit sich. Im Blick auf das erste ökumenische Konzil versuchte man ihnen zunächst damit zu entgehen, daß man es zu einem einmaligen, mit keiner anderen Synode vergleichbaren und nicht wiederholbaren Ereignis erklärte, bei dem letztlich Gott selbst in der Kraft seines Geistes der kirchlichen Lehre ihre endgültige Gestalt sichert. Ein Zeuge dafür ist etwa

---

[36] *Peter Stockmeier,* Theologie und kirchliche Normen im frühen Christentum, in: Ders., Glaube und Kultur. Studien zur Begegnung von Christentum und Antike, Düsseldorf 1983, 205–226, hier 207.

[37] Ep. 130, ad Procop.; GCS 53, 95, 20–22; Übers. nach II. J. Sieben (s. Anm. 34), 201. In dieses Urteil schloß Gregor von Nazianz nicht das Konzil von Nizäa ein.

Athanasius, Bischof von Alexandrien; er »hatte die Parole ausgegeben: die fides Nicaena ist die Glaubensformel, die zur Überwindung aller Häresien ausreicht, sie ist ›das Wort Gottes, das in Ewigkeit bleibt‹«[38]. Mit diesem Bezug auf Jes 40,8 wurde das Konzil selbst zu einem Stück der Offenbarungsgeschichte erklärt, die jetzt aber von Gott zu ihrem Ende gebracht sein sollte. Manchmal freilich wurde diese nicht mehr überbietbare Qualifikation des Konzils in einer Weise vorgetragen, die »in bedenklicher Nähe zu vulgärem Wunderglauben steht«[39]. Von besonderer theologischer Brisanz ist dabei, daß als irdische Garantie-Instanz für diese abschließende Sicherung des Glaubens nicht in jedem Fall die versammelten Bischöfe genannt wurden; neben sie und an ihre Stelle konnte auch der irdische Herrscher treten: »Niemand nimmt einen Zusatz an, niemand macht einen Abstrich. Was in Nicaea beschlossen wurde, soll gelten, der katholische Kaiser hat es befohlen!«[40]

Daß man es schon zur Zeit des Nizänums für fragwürdig empfand, derart die Autorität und den Endgültigkeitsanspruch der biblischen Zeugnisse auf spätere kirchliche Lehre auszudehnen – und sei es nur für ein letztes Mal –, ist den Äußerungen derjenigen Theologen zu entnehmen, die ausdrücklich »nichts von einer fortdauernden Autorität der fides Nicaena wissen wollen[41]«, wie etwa *Ephräm der Syrer,* der argwöhnte, daß die Glaubensdefinitionen des Konzils in die Nähe des biblischen Wortes gestellt werden könnten, und sich deshalb in einem poetischen Text von solchen Tendenzen distanzierte: »Ich verließ, was nicht geschrieben steht, und hielt mich an das Geschriebene / um nicht wegen dessen, was nicht geschrieben steht / das Geschriebene zu verlieren«[42].

Bei allen Unterschieden dieser theologischen Positionen gibt es hier deutlich eine Überzeugung, in der sie über ihre Fronten hinweg miteinander verbunden sind: daß man die kirchliche Lehre als endgültig abgeschlossen denken müsse – zu welchem Zeitpunkt der Kirchenge-schichte man diese Normierung auch immer für beendet ansah, ob mit

---

[38] *H. J. Sieben* (s. Anm. 34), 232, mit Verweis auf *Athanasius,* Ep. ep. 2; PG 26, 1032.

[39] Ebd. 219.

[40] So auf dem Konzil von Chalkedon: Gesta, ACO II, 3,1; 68, 6–8; Übers. nach H. J. Sieben (s. Anm. 34), 252 f. Zur Bewertung des Nizänums als »Paradigma eines machtmäßig ver-fügten Kommunikationsabbruchs« vgl. *Eugen Biser,* Das Wort von oben. Zum Problem der einseitigen Kanalisierung der innerkirchlichen Kommunikation, in: Adolf Exeler/Norbert Mette (Hg.), Theologie des Volkes, Mainz 1978, 120–139, hier 129 f. – Zur Beanspruchung unfehlbarer Lehre auch für den Kaiser vgl. *P. Stockmeier,* Theologie und kirchliche Nor-men im frühen Christentum (s. Anm. 36), hier 223 f.

[41] *H. J. Sieben* (s. Anm. 34), 206.

[42] Hym. 64, 11; CSCO 155, 175, Übers. nach H. J. Sieben (s. Anm. 34), 206.

der Veröffentlichung der biblischen Texte oder mit den dogmatischen Definitionen des Konzils von Nizäa.

In der Konsequenz dieser Überzeugung erließ auch das Konzil zu Ephesus 431 ein Verbot neuer Glaubensformeln und hielt sich selbst folgerichtig an diese Bestimmung[43]. Und noch später, als auf dem Konzil zu Chalkedon (451) der Kaiser eine neue Bekenntnisformulierung verlangte, »protestierten die Bischöfe mit Vehemenz: ›Niemand wird eine neue Glaubensformel aufstellen! Wir versuchen so etwas nicht. Wir wagen es nicht. Wir haben als Lehrer die Väter, und in ihren Schriften sind die Darlegungen enthalten. So ist uns nicht erlaubt, darüber hinauszugehen!‹«[44] Freilich hielt das Konzil schließlich angesichts der kaiserlichen Forderungen diese Einstellung nicht durch.

Doch all diese Endgültigkeitsbehauptungen trugen den Keim ihrer künftigen Komplikationen in sich, da nämlich eine belastende Erfahrung nicht zu verdrängen war: »Jeder beruft sich auf die Formel, aber es gibt eben verschiedene Interpretationen derselben. Die Frage lautet, welcher Interpretation der fides Nicaena man folgt [. . .].«[45] So ist es verständlich, daß schließlich eine »neue Konzilsidee« aufkam, bei der die nachfolgenden Konzilien nicht mehr nur als interpretierende Bestätigungen des unvergleichlich einmaligen Nizänums gewertet, sondern mit ihm auf eine gleiche Ebene gestellt wurden[46]. Dies hatte umgekehrt zur Konsequenz, daß man das erste Konzil nicht mehr als ein Offenbarungsereignis ansah.

Es geht hier nicht darum, die Kirchengeschichte unter dem gegeben Gesichtspunkt weiterzuverfolgen. Es soll vielmehr genügen, den prinzipiellen Tatbestand zu sehen: welche inneren Spannungen die kirchliche Institutionalisierung einer letztverbindlichen Lehrautorität von Anfang an betreffen. Man brauchte einerseits »ein elastischeres und sichereres Element als die Bibel« und fand dieses in der Tradition der Väter; denn deren Probleme »standen zu der Gegenwart in näherer Beziehung als die Bibelworte«[47]; man sah sich dann aber auch wieder genötigt, diesen Vätertraditionen in den Definitionen der Konzilien eine fixierte Gestalt zu geben, um sie auf diese Weise für Gegenwart und Zukunft in einer offiziellen Normierung festzuhalten. Damit nahm man jeoch die nötige Flexibilität – das heißt vor allem: die Fähig-

---

[43] Vgl. *H. J. Sieben* (s. Anm. 34), 238 f, mit Verweis auf Gesta, Eph., ACO I, 3; 133, 11–16.

[44] *H. J. Sieben* (s. Anm. 34), 251 mit Zitat: Gesta, ACO II, 3, 2; 4, 25 – 5, 14.

[45] *H. J. Sieben* (s. Anm. 34), 253.

[46] Vgl. ebd. 266.

[47] *Reinhold Seeberg*, Lehrbuch der Dogmengeschichte, Bd. 2: Die Dogmenbildung in der Alten Kirche, Darmstadt 1965, 594.

keit, die Traditionen des Glaubens immer wieder mit Erfahrung und Vernunft zu vermitteln – wenigstens teilweise wieder zurück. Die dogmatischen Fixierungen des Glaubens durch die Alte Kirche mußten zu Formen der Auseinandersetzung führen, die der antiken Welt zuvor fremd waren und das geistige Klima grundlegend änderten: »Eine ganze Gesellschaft war davon betroffen, daß in einer vorchristlich nie dagewesenen und denkbaren Weise über ihre religiösen Grundlagen aggressiv und auch machtpolitisch gestritten wurde.«[48] Dementsprechend gelang es dem frühen Christentum nicht, »die grundsätzliche Zuordnung von Amt und Theologie harmonisch zu verwirklichen. Am wenigsten erreichten dies die Bischöfe selbst, die ja bekanntlich über weite Strecken der frühen Kirchengeschichte zugleich die Repräsentanten der Theologie waren.«[49]

Wie in der Konsequenz dieser geschichtlichen Vorgabe das biblische Fundament, die kirchliche Tradition und schließlich die kirchlichen Lehrinstanzen zu einer kompakten Autorität zusammengeschlossen werden können, zeigt das Zweite Vatikanische Konzil in seiner Offenbarungskonstitution, wenn es »mit einer *quasitrinitarischen Formel*«[50] erklärt, »daß die Heilige Überlieferung, die Heilige Schrift und das Lehramt der Kirche gemäß dem weisen Ratschluß Gottes so miteinander verknüpft und einander zugesellt sind, daß keines ohne die anderen besteht und daß alle zusammen, jedes auf seine Art, durch das Tun des einen Heiligen Geistes wirksam dem Heil der Seelen dienen«[51].

Eine besonders konzentrierte institutionelle Gestalt erhielt der christliche Endgültigkeitsanspruch mit dem *Lehrprimat des Papstes,* wie er dogmatisch und kirchenrechtlich 1870 durch das *Erste Vatikanische Konzil* definiert wurde. Auch wenn dabei nach wie vor die prinzipielle Bindung an die bereits in Schrift und Tradition vorgegebene Glaubensnorm nicht eingeschränkt, sondern gerade festgehalten wurde, so ist hier die »Unfehlbarkeit« päpstlicher Lehre formal doch allein dadurch gegeben, daß der Bischof von Rom seine letztverbindliche Autorität beansprucht und »in höchster Lehrgewalt *(ex cathedra)* spricht«: »Diese endgültigen Entscheidungen des römischen Bischofs sind daher aus sich und nicht aufgrund der Zustimmung der Kirche

[48] *Norbert Brox,* Häresie, in: RAC XIII, 248–297, hier 295.
[49] *P. Stockmeier,* Theologie und kirchliche Normen (s. Anm. 36), 215.
[50] *Hans Küng,* Die Bibel und die Tradition der Kirche, in: Ders., Theologie im Aufbruch. Eine ökumenische Grundlegung, München/Zürich 1987, 67–85, hier 70.
[51] Dei Verbum, Artikel 10.

unabänderlich.«[52] Dem Papst wird hier in seiner Lehre die äußerste Zuverlässigkeit zugesprochen »aufgrund des göttlichen Beistandes, der ihm im heiligen Petrus verheißen ist«[53]. Deutlich ist mit dieser Berufung auf die »*assistentia divina*« ein terminologischer Unterschied gesetzt zur »*Inspiration*« der Propheten und der Autoren biblischer Schriften; doch wird dadurch der päpstlichen Lehre kein minderer Grad der Gewißheit und Verbindlichkeit zuerkannt.

Die *dogmatische Endgültigkeit* des christlichen Glaubens findet hier also ihren *sozialen Ausdruck* in der *hierarchischen Überlegenheit* eines einzelnen Amtsträgers[54]. Zwar ist mit seiner Befugnis die ebenfalls letztgültige Lehrkompetenz des gesamten Bischofskollegiums nicht aufgehoben; der Papst ist in dieses eingebunden – aber als ihr »Haupt«[55]. Damit besteht zwischen diesen obersten lehramtlichen Instanzen ein asymmetrisches Verhältnis: Das Bischofskollegium kann nicht ohne den Papst in gesamtkirchlicher Verantwortung tätig werden; dieser seinerseits jedoch ist im Einzelfall nicht auf die Mitwirkung des Bischofskollegiums angewiesen.

Die Vergewisserung über das, was für allezeit unverbrüchlich als christliches Bekenntnis gelten soll, hat demnach in diesem kirchlichen System rechtlich einen eindeutigen Instanzenweg. Doch wird dieser letztlich auch wieder relativiert durch die unaufhebbare Priorität des gesamtkirchlichen Glaubensbewußseins, das sich nie endgültig institutionell fixieren läßt, zumal es der regionalen und sozialen Vielfalt wie dem geschichtlichen Wandel seiner kulturellen Voraussetzungen ausgesetzt bleibt[56].

Im religionsgeschichtlichen Vergleich zeigt sich insgesamt, daß keine der Religionen ihren Glauben derart *intellektuell differenziert* und zugleich *kirchenamtlich auf dogmatische Verbindlichkeit hin fixiert* hat, wie das Christentum in seiner römisch-katholischen Gestalt. Dementsprechend sieht *Karl Rahner* der Theologie die Reflexion darüber aufgetragen, »daß es vor der Kirche Christi [...] eine solche absolute Autorität eines Lehramts nicht gegeben hat«[57] – und man

[52] NR 454; DS 3073.
[53] Ebd.
[54] Vgl. *H. Zirker,* Ekklesiologie (s. Anm. 1), 145–152: Die Verbindlichkeit einer zentralen Instanz; zusammen mit 152–161: Die synodale Verständigung.
[55] *Zweites Vatikanisches Konzil,* Dogmatische Konstitution über die Kirche »Lumen gentium«, Artikel 22 und 25; samt den diesem Konzilsdokument beigefügten »Nota explicativa«.
[56] Vgl. *H. Zirker,* Ekklesiologie (s. Anm. 1), 161–167: Erwartungen und Vorbehalte in einer dissonanten Gesellschaft.
[57] *Karl Rahner,* Grundkurs des Glaubens. Einführung in den Begriff des Christentums, Freiburg/Basel/Wien 1976, 366.

muß, vor allem im Blick auf den Islam, sagen: danach auch nicht mehr. Für Rahner ist dies ein theologisch begründbarer Tatbestand: »In Jesus Christus ist die grundsätzliche, die ganze Heilsgeschichte der Menschheit tragende Selbstmitteilung Gottes zu einer solchen geschichtlichen Greifbarkeit gekommen, daß damit nun in eben dieser eschatologischen Phase der Sieg der Selbstmitteilung Gottes als Wahrheit und als Gnade, als Heiligkeit irreversibel ist, und zwar auch in der Dimension der geschichtlichen Erscheinung.«[58] Daß ein solcher Gedanke jedoch nicht mehr sein kann als eine nachträgliche theoretische Legitimierung der gegebenen Verhältnisse zeigt ein Blick auf die Ankündigung des »neuen Bundes« durch den Propheten Jeremia, der die Selbstmitteilung Gottes an die Menschen in ganz anderer Weise zu ihrer höchsten Erfüllung gebracht sieht: »Keiner wird mehr den andern belehren; man wird nicht zueinander sagen: ›Erkennt den Herrn!‹, sondern sie alle, klein und groß, werden mich erkennen – Spruch des Herrn.« (Jer 31,34).

b. Islamisch: Die Rechtsfindung durch Rechtsgelehrte

Mit dem Koran und den Überlieferungen vom Propheten, wie sie in den Hadithen enthalten sind, besitzt der Islam einen Textbestand, der prinzipiell alle Normen des von Gott geforderten Lebens umfassen soll: »Wer behauptet, es gäbe im Islam irgendeine Frage, in der uns die Genossen Muḥammads nicht genügten, hat sie damit für Lügner erklärt und zur Genüge verleumdet und angegriffen; er ist ein Neuerer, einer, der irregeht und in Irrtum führt, einer, der in den Islam hineinbringt, was nicht zu ihm gehört.«[59] Dabei stellt sich unausweichlich auch hier das Problem, das *al-Ghazālī* prägnant mit der Feststellung bezeichnete, daß »die endlichen Texte die endlosen Fälle nicht einschließen können«[60]. Deshalb bleibt selbst angesichts eines noch so reichen Überlieferungsbestandes beharrlich die Frage, wie das einmal Geschriebene und ständig Nachzulesende im Laufe der Zeit auf die jeweils konkret anstehenden Situationen mit den ihnen eigenen Entscheidungsnotwendigkeiten bezogen werden soll und wer die dazu kompetenten Interpreten sind. In dieser Hinsicht gingen jedoch die

---

[58] Ebd. 366f.

[59] Aus einer Schrift des Ḥanbaliten *Aḥmad Ġulām Ḫalīl* (gest. 275 = 888) über die Sunna, in: Religionsgeschichtliches Lesebuch, hg. von Alfred Bertholet, Heft 16: Der Islām mit Ausschluß des Qor'āns, hg. von Joseph Schacht, Tübingen 1931, 40.

[60] *Abū-Ḥāmid Muḥammad al-Ghazālī,* Der Erretter aus dem Irrtum – al-Munqiḏ min aḍ-ḍalāl, Hamburg 1988, 33.

beiden großen Gruppierungen des Islam, die Sunna und die Schia, ungleiche Wege und müssen deshalb getrennt besprochen werden. Da aber in der Geschichte die sunnitische Richtung in einem solchen Maß dominiert, daß sie bis zur Gegenwart den Hauptcharakter des Islam bestimmt, wird im folgenden auch immer solange von ihr die Rede sein, als sich die Ausführungen nicht ausdrücklich auf die Schia beziehen.

Da der Koran die Gemeinschaft der Gläubigen grundsätzlich egalitär versteht und dementsprechend für den Islam keinerlei Hierarchie vorsieht, gibt es in ihm auch keinen Erkenntnis- und Entscheidungsweg über ein Lehramt. Keine einzelne menschliche Instanz kann über die ein für allemal schriftlich vorgegebene Glaubensgrundlage hinaus und zu deren nachträglicher Interpretation einen analogen Verbindlichkeitsanspruch, gar auf endgültige Anerkennung hin, erheben. Wohl werden die Kalifen als Herrscher mit einer Legitimation Gottes erachtet – so daß man sie gelegentlich sogar als »Kalife (d. h. Statthalter) Gottes« und nicht nur als »Kalife (d. h. Nachfolger) Mohammeds« bezeichnet[61]; aber ihre Rolle beschränkt sich grundsätzlich darauf, dem Gesetz Gottes entsprechend die innere und äußere Ordnung der muslimischen Gemeinschaft zu schützen. Irgendeine prophetische oder lehramtliche Funktion kommt ihnen nicht zu. Allein der muslimischen Gemeinschaft als ganzer wird insofern ein unfehlbares Glaubensverständnis zugesprochen, als sie dort, wo sie sich von gemeinsamer Überzeugung zusammengehalten weiß, nicht irren kann[62]; doch sieht man diese Unfehlbarkeit darüber hinaus prinzipiell nicht in irgendeiner amtlichen Institution repräsentiert.

Bei der Frage, was aufgrund von Koran und Sunna der rechte Glaube und die rechte Weisung seien, bleiben dem Islam letztlich keine anderen Möglichkeiten als

– die *Erkundung,* was die fundamentalen Texte lehren,

– die *Erörterung,* welche Schlußfolgerungen sich daraus gewinnen lassen und

– die *Beratung,* um zu ermitteln, was konsensfähig ist.

Wem bei solchem Bemühen vor allem Gehör und Anerkennung zukommen sollte, ist nicht einheitlich geregelt und unterliegt selbst wieder einer wechselnden Meinungsbildung. Es gibt also in dieser Hinsicht insgesamt keine eindeutigen Autoritäten und Verfahren.

[61] Vgl. *A. K. S. Lambton,* Khalīfa. (II) In Political Theory, in: EI² IV, 947–950. hier 948; *W. M. Watt/M. Marmura,* Der Islam II (s. Anm. 28), 72–75.

[62] Vgl. *W. Madelung/E. Tyan,* ᶜIṣma, in: EI² IV, 182–184, hier 184; *J. Schacht/D. B. Macdonald,* Idjtihād, in: EI² III, 1026 f, hier 1026.

Theoretisch ist das tragende Fundament wie das leitende Ziel aller Verständigung über das, was der Glaube fordert, die Übereinstimmung der muslimischen Gemeinschaft: der *Iǧmāᶜ*[63]. Nur soweit in einer zur Entscheidung stehenden Frage von Einverständnis ausgegangen und dieses wieder erreicht wird, ist mehr zu gewinnen als bloße *Vermutung* (ẓann). Doch die hinreichenden Voraussetzungen dazu lassen sich weder rechtlich fixieren noch verfahrenstechnisch regeln. Hier kann man letztlich nur auf die vielfältige Dynamik eines gemeinsamen Wahrheitswillens verweisen, die zwar in der Verantwortung des Menschen, aber nicht in seiner Verfügung steht.

Eine wichtige Rolle spielen dabei faktisch jedoch diejenigen Muslime, die sich durch ihre Studien die Anerkennung als theologische Fachleute (ᶜulamā', Plural von ᶜālim) erworben haben. Sie partizipieren an der Geltung des göttlichen Buchs und bilden dadurch jene besonderen »Klassen«, »die mittels Schriftkultur über einen privilegierten Zugang zu ihm verfügen, die ein Interesse daran haben, seine Gültigkeit gegen Gruppen, die ihm bedrohlich werden könnten, zu verteidigen, und die in der Lage sind, ein Lehrgebäude von Auslegungen und Anwendungen des ursprünglichen Systems geoffenbarter Grundsätze zu entfalten und aufrechtzuerhalten.«[64] Da ihre Legitimationsurkunde endgültig abgeschlossen ist, können ihnen »keine neuen Offenbarungen den Wind aus den Segeln nehmen«[65].

Auf ihr »angestrengtes Bemühen« bezieht sich der bis zur Gegenwart für den Islam höchst bedeutsame, ja brisante Terminus »iǧtihād«[66]. Er bezeichnet die *eigene sachkundige Urteilsfindung* angesichts einer Problemsituation, für die in der Tradition noch keine fertige Antwort vorgegeben ist. Hier geht es also um eine schöpferische Applikation vorgegebener Normen auf neue Verhältnisse, bei denen die schon üblichen Bewertungsroutinen versagen. Ein grundlegende Möglichkeit dieses Bemühens besteht darin, nach *Analogien* Ausschau zu halten, die einen Transfer von einem schon genormten Fall auf den anderen, noch zu normierenden, erlauben (qiyās). Entscheidend ist dabei, daß man von solchen rationalen Versuchen der Wahrheits- und Rechtsfindung trotz ihrer großen Bedeutung für die Orientierung des gläubigen Lebens zunächst nicht mehr erwartet als begründete *Meinungen*. Erst

---

[63] Vgl. *M. Bernand,* Idjmāᶜ, in: EI² III, 1023–1026.
[64] *Ernest Gellner,* Gezeitenwechsel im menschlichen Glauben, in: Ders., Leben im Islam. Religion als Gesellschaftsordnung, Stuttgart 1985 (orig.: Cambridge 1981), 13–135, hier 44.
[65] Ebd.
[66] Vgl. *J. Schacht/D. B. Macdonald,* Idjtihād (s. Anm. 62).

über die Rezeption in der Gemeinschaft und nach dem Maß solcher Anerkennung gewinnen die Urteile der Gelehrten normativen Charakter – bis hin zur Unfehlbarkeit.

In diesem Zusammenhang war es besonders folgenreich, daß sich etwa vom 4. muslimischen Jahrhundert an (d. h. vom 10. der christlichen Zählung) innerhalb der Sunna ein Rechtsbewußtsein durchsetzte, nach dem die entscheidenden Fragen gestellt und die nötigen Antworten gegeben seien. In einer bildkräftigen Formulierung (die aber vielleicht erst aus dem 19. Jahrhundert stammt[67]) erklärte man das *»Tor der iǧtihād«* für *»geschlossen«*. Mit dieser Überzeugung suchte man demnach im Islam eine erneute Stufe endgültiger Orientierung zu erreichen: nach der Grundlegung durch den *Koran,* dann der sekundären Vergewisserung durch die *Sunna* nun drittens im Blick auf die bisher durchgeführte eigenständige *Applikation* von Koran und Sunna auf neu anstehende Probleme. Von jetzt an sollte nach dieser Auffassung jeglicher Rechtsentscheid durch die bloße Rückfrage, was die kompetenten Lehrer der ersten Jahrhunderte zu der strittigen Sache sagten, zu erledigen sein. Es gab nun also einen neuen Bestand normativer Tradition: die der frühen Rechtsgelehrten.

Bezeichnenderweise war man dabei freilich sofort wieder zur Anerkennung vier verschiedener *»Rechtsschulen«* (maḏhab, Plural maḏāhib = »Wege«) genötigt, die im einzelnen die muslimischen Lebenssituationen unterschiedlich regeln. Die für endgültig erachtete Systematisierung der Rechtsverhältnisse verlangte also von vornherein eine gewisse Pluralität. Dabei wäre es unangebracht, in dieser Auffächerung der islamischen Gemeinschaft eine Analogie zu den christlichen Konfessionen zu sehen, da sich die »Rechtsschulen« uneingeschränkt wechselseitig anerkennen. Doch damit stellt sich für sie gerade das theologische Problem, wie alle vier (gelegentlich wird noch die Schia als fünfte »Rechtsschule« hinzugezählt) in ihrer Pluralität gleicherweise beanspruchen können, die eine Scharia Gottes zu lehren, ohne daß sie ihre Gesetzesinterpretation von vornherein relativieren. Die konsequenteste Antwort ist die, »daß eigentlich alle Meinungsunterschiede aus den verschiedenen Praktiken des Heiligen Propheten selbst herstammen und daß niemand das Recht hat, auch nur eine von ihnen zu verachten«[68]. Doch ist diese Auffassung reichlich mit historischen Schwierigkeiten belastet und hält einer wissenschaftlichen Prüfung nicht stand.

[67] Vgl. *W. M. Watt/A. R. Welch,* Der Islam I (s. Anm. 26), 256.
[68] *M. Hamidullah,* Der Islam (s. Anm. 23), 300.

Bemerkenswert ist dabei auch, daß man einen solchen Abschluß der freieren Wahrheitsfindung nur im Bereich der Jurisprudenz (fiqh), nicht gleicherweise im Bereich der Theologie (kalām) annahm. Darin zeigt sich erneut die kräftige Handlungsorientierung des Islam. Unsicherheiten sollten primär dort beseitigt werden, wo man sich fragte, was in der Glaubensgemeinschaft nach göttlichem Recht, der Scharia, zu tun und zu lassen sei. Um Probleme dieser Art zu lösen, sollte man sich verbindlich auf eine *Kontinuität unangefochtener Überlieferung* (taqlīd[69]) berufen können; bei den Disputen der Theologie dagegen verzichtete man auf eine derart abschließende Normierung der Tradition.

Mit dieser juridischen Orientierung an der Vergangenheit erhielt der Begriff der »*Neuerung*« (bidᶜa) für das islamische Rechtsbewußtsein ein besonderes Gewicht: Mit ihm konnten all die Erscheinungen im Leben der Gemeinschaft disqualifiziert werden, die sich nicht aufgrund geltender Traditionen als legitim auswiesen, d. h. als konform mit der Sunna des Propheten und letztlich mit dem Koran[70].

Doch auch die Rechtsauffassung, nach der »das Tor des iǧtihād geschlossen« sei, konnte nicht verhindern, daß sich in der Beurteilung anstehender Fragen immer wieder neue Ermessensspielräume auftaten. Nach wie vor sind die Meinungen der Rechtsgelehrten einzuholen, die nicht für ein einheitliches Urteil einstehen können. Wohl kommt etwa der al-Azhar-Universität von Kairo als einem geistigen Zentrum der muslimischen Welt eine weithin beachtete Autorität zu; aber diese beruht auf einer prinzipiell freien, von vielen – auch politischen – Faktoren abhängigen und oft beeinträchtigten Hochschätzung. So ist es nicht verwunderlich, daß das islamische Recht, die von Gott gegebene und deshalb unverbrüchlich gültige Scharia, »zu keiner Zeit absolute Anwendung gefunden hat. Die Spannung zwischen idealtypischer *sharīᶜa* und materieller Rechtswirklichkeit ist eines der Hauptprobleme islamischer Geschichte.«[71] Nicht nur bieten die Textinterpretationen der Jurisprudenz, von denen her die Normen gewonnen werden sollen, immer wieder ein breites Entscheidungsspektrum;

---

[69] Vgl. *Joseph Schacht,* Taḳlīd, in: HIsl, 717f. Daß dieser Begriff in der muslimischen Theologie aber schon traditionell auch in negativ besetzter Bedeutung gebraucht wird, verdeutlicht z. B. *al-Ghazālī* in der Einleitung seiner Schrift »Der Erretter aus dem Irrtum« (s. Anm. 60), wenn er »der Niederung der blinden Nachahmung (taqlīd)« die »Höhen des selbständigen Erforschens« (istifsār oder istibṣār) gegenüberstellt (3, mit Anm. 8).

[70] Dabei muß man freilich sehen, daß »bidᶜa« nicht grundsätzlich als verwerflich gilt, da es auch »Neuerungen« geben kann, die sich mit »taqlīd« vertragen. Vgl *J. Robson,* Bidᶜa, in: EI² I, 1199.

[71] *Bernd Radtke,* Der sunnitische Islam, in: Werner Ende/Udo Steinbach (Hg.), Der Islam in der Gegenwart, München 1984, 54–69, hier 66.

sondern es bleiben auch die gelehrten Rechtsgutachter (muftī) bei ihren Stellungnahmen nicht vor Einflüssen politischer Willkür noch vor den Dissonanzen und dem Meinungsdruck der Öffentlichkeit gefeit. Vor allem im Blick darauf, daß nach der Theorie die schriftkundigen Gelehrten als die »Normgeber für die Gemeinschaft der Gläubigen« die politische Realität unmittelbar mitgestalten sollten, ist die Einschränkung unabweisbar: »In einem sattsam bekannten Punkt weicht die Praxis von der Theorie ab: Wie der Flug jenes weit überschätzten Vogels, der Eule der Minerva, findet auch der über die Legitimität entscheidende Urteilsspruch der ʿulamāʾ erst nach dem Ereignis statt und ratifiziert damit de facto die tatsächlichen Machtverhältnisse, statt über sie Gericht zu halten.«[72]

Eine extreme Konsequenz aus der ambivalenten Funktion der Rechtsgelehrten zog in unserem Jahrhundert der libysche Staatspräsident *Gaddafi,* indem er der Überlieferung wie ihren Interpreten schlechthin die Autorität bestritt, da diese ausschließlich dem Koran zukommen dürfe[73]. Diese Ausschaltung aller irdischen Instanzen um des reinen Wortes Gottes willen brächte freilich für Gaddafi selbst den Vorteil einer weniger beeinträchtigten Herrschaft.

Der starren Bindung an die Tradition und den in ihr bereits vorgegebenen Rechtsentscheiden steht schließlich mit größerer theologischer Bedachtsamkeit die Diskussion entgegen, die unter dem Einfluß verschiedener Erneuerungsbewegungen bei den Sunniten verstärkt darüber geführt wird, ob bei uneinheitlichen Stellungnahmen nicht nach wie vor die eigenständige Argumentation (iǧtihād) möglich sein müsse, ja der Glaubensgemeinschaft und ihren Verantwortlichen sogar ausdrücklich aufgetragen sei[74].

Bei den *Schiiten* war dieser Weg der freieren Urteilsbildung durch die Jahrhunderte hindurch (trotz einiger Auseinandersetzungen darüber[75]) immer anerkannt geblieben. Ihr Weg der Vergewisserung über

---

[72] *E. Gellner,* Gelehrter und Heiliger, in: Ders., Leben im Islam (s. Anm. 64), 177–199, hier 178. Doch Gellner fügt hier auch noch hinzu: »Eine Gruppe von Menschen kann ohne Einwirkung in bezug auf die Besetzung gesellschaftlicher Rollen sein und doch aber einen extrem hohen Einfluß auf den systematischen Charakter der Rollen haben, die besetzt werden müssen.«

[73] Vgl. *Ders.,* Gezeitenwechsel im menschlichen Glauben, ebd. 13–135, hier 101f.

[74] Vgl. *Rudolph Peters,* Erneuerungsbewegungen im Islam vom 18. bis zum 20. Jahrhundert und die Rolle des Islams in der neueren Geschichte: Antikolonialismus und Nationalismus, in: W. Ende/U. Steinbach (Hg.), Der Islam in der Gegenwart (s. Anm. 71), 91–131, hier 98, 100, 102, 115, 120, 126.

[75] Vgl. *Werner Ende,* Der schiitische Islam, in: Ders./U. Steinbach (Hg.), Der Islam in der Gegenwart (s. Anm. 71), 70–90, hier 80f.

117

die von Gott geoffenbarte Wahrheit und die gültige Tradition war ohnehin von dem der Sunniten weit verschieden:

Zunächst kommt den schiitischen *Imamen* im Gegensatz zu den sunnitischen Kalifen eine ausdrücklich spirituelle Leitung der Gemeinde zu. Dabei wird ihnen freilich in den verschiedenen Gruppierungen der Schia kein einheitlicher Rang zugesprochen – die Hochschätzung kann bis zur Verehrung als Inkarnation Gottes reichen. In der größten Gruppe, der Zwölfer-Schia wird ihnen eine Unfehlbarkeit zuerkannt, die sich sowohl auf die Irrtumsfreiheit in der Lehre wie auf die sittliche Lebensführung bezieht (es ist also weitgehend unangebracht, hier eine Analogie zur päpstlichen Unfehlbarkeit nach römisch-katholischer Lehre zu sehen). Was die so gewürdigten Imame vom Propheten unterscheidet, »ist im wesentlichen nur der Umstand, daß sie keine Offenbarung bringen. Sie haben aber volle Kenntnis der Offenbarungs-Bücher der Juden und Christen und verfügen nach dem Propheten Muḥammad allein über das uneingeschränkte Verständnis des Korans sowohl in der äußeren als auch der esoterischen Bedeutung des Textes. Ihr Wissen von den sichtbaren und verborgenen Dingen (auch der Vergangenheit und Zukunft) entspricht dem des Propheten.«[76] In dieser Sicht gibt es demnach innerhalb der muslimischen Gemeinde eine einzelne Instanz, die an der Autorität des Korans in vollem Maß Anteil hat und zugleich durch ihre Existenz bekundet, daß das Buch allein zur sicheren Rechtleitung der Gläubigen nicht genügt: »Das Imamat kann sich eher dem Wechsel der Zeit, neuen Umständen und Erfordernissen anpassen als das ein für allemal festgelegte Gotteswort.«[77] Diese höchste Lehrinstanz müßte also in der sozialen Realität eine nähere und deutlicher verbindliche Norm darstellen als der Koran – wenn nicht die Reihe der Imame schon vor Jahrhunderten zu Ende gekommen wäre: Nach der Lehre der Zwölfer-Schia ist der letzte Imam nicht gestorben, sondern lebt seit dem 9. Jahrhundert in der »*Verborgenheit*«[78], aus der er eines Tages wiederkehren wird. Damit stehen die Schiiten in einer besonderen Spannung von Erinnerung und Erwartung: Die Glaubensgemeinschaft durfte sich in der Vergangenheit für einen begrenzten Zeitraum vom unfehlbaren Wort Gottes ganz sicher geleitet wissen; und in einer nicht absehbaren Zukunft

---

[76] Ebd. 76f. Im theologischen Extrem wurde Imamen sogar die Kompetenz zugesprochen, Aussagen des Korans in ihrer Gültigkeit zu widerrufen (vgl. S. 81f, Anm. 60: Abrogation); Belege bei. *W. M. Watt/M. Marmura,* Der Islam II (s. Anm. 28), 170.

[77] *Peter Antes,* Ethik und Politik im Islam, Stuttgart 1982, 88.

[78] Vgl. *D. B. MacDonald (M. G. S. Hodgson),* Ghayba, in: EI² II, 1026f.

wird dies wieder so sein. Um so dringlicher aber stellt sich damit den Schiiten die Frage nach der gültigen Orientierung der Gemeinde in der Zwischenzeit.

Entsprechend der Hochschätzung der Imame sind auch die von ihnen übermittelten Hadithe neben denen des Propheten für die Schia eine entscheidende Quelle der religiösen Erkenntnis. Doch selbst dieser verschriftlichte Traditionsbestand hat wiederum einen Interpretationsbedarf zur Folge; denn zu Recht hält *al-Ghazālī* den Schiiten, wenn sie über Mohammed hinaus einen unfehlbaren Lehrer mit dem Argument verlangen, daß der Prophet tot sei, entgegen, daß ihre Berufung auf einen Imam die Lage nicht ändere: »Euer Lehrer ist verborgen«[79].

Um den gegebenen Bedürfnissen nach Glaubenssicherheit wenigstens einigermaßen zu genügen, bildete die Schia – im kräftigen Unterschied zur Sunna – eine eigene hierarchisch geordnete Schicht von geistlichen Lehrern aus, die aus gutem Grund häufig mit dem christlichen Begriff »Klerus« bezeichnet wird, auch wenn die Zugehörigkeitsbedingungen nicht gleichermaßen rechtlich geregelt sind wie etwa in der römisch-katholischen Kirche. Nur denen, die diesem Lehrstand in einer gehobenen Position angehören, wird die Kompetenz zur selbständigen Wahrheitsfindung in Situationen der theologischen und rechtlichen Unsicherheit zuerkannt. Die letzten Instanzen der Verbindlichkeit tragen den Titel »*Ayatollah*« (āyat allāh), d. h. »Zeichen Gottes«.

Für die charismatische Struktur des schiitischen Klerus bezeichnend ist es, daß es kein geregeltes Verfahren und keine Institution zur Verleihung dieses Titels und der entsprechenden Autorität gibt. Diesen Rang erhält derjenige, der bei den Gläubigen und insbesondere bei den übrigen geistlichen Lehrern die entsprechende Hochschätzung gewinnt. Für das Amt kann dies im Einzelfall gleichermaßen soziale Instabilität wie auch Flexibilität bedeuten.

Eine besondere Autoritätssteigerung erfuhr die Gruppe der schiitischen Rechtsgelehrten in unserer Zeit durch eine Lehre des *Ayatollah Khomeini,* die innerhalb der Schia eine theologische Neuheit darstellt (und in die Verfassung der Islamischen Republik des Iran von 1979 eingegangen ist): Bis zur Rückkehr des letzten Imams aus seiner Verborgenheit fällt besonders anerkannten Rechtsgelehrten dessen Stellvertretung (wilāyat-i faqīh) zu, und damit nicht nur das Recht, sondern

[79] Al-Ghazālī, *Der Erretter aus dem Irrtum (s. Anm. 60), 33.*

auch die Pflicht der politischen Machtausübung im Sinne des Willens Gottes[80]. Demnach verbinden sich hier *die Geltungskraft der göttlichen Offenbarung, die Autorität der theologischen Lehrer* aus der Vermittlung der Tradition und *die Herrschaft staatlicher Gewalt* zu einem selbst für die islamische Welt bislang einzigartigen Phänomen. Doch ist dabei nicht zu übersehen, daß auch dieses religiös-politische Gebilde eine mögliche, in sich stimmige Verarbeitung des mit dem Islam gegebenen Endgültigkeitsanspruchs darstellt.

3. Die Ausprägung kultureller Vielfalt – geschichtlich und regional

In den vorausgehenden Kapiteln kamen vor allem institutionelle Entwicklungen und Variationen zur Sprache, die in den jeweiligen Religionen selbst theoretisch systematisiert und dabei ausdrücklich anerkannt wurden. Daneben gibt es jedoch ein breites und reiches Spektrum von Formen der Glaubensgemeinschaft, das nie gleichermaßen in die theologische Reflexion aufgenommen und zu offizieller Geltung gebracht worden ist – darauf auch nicht angewiesen sein muß. Selbstverständlich entwickeln Religionen von der geschichtlichen und räumlichen Ausdehnung des Christentums und des Islam Strukturen, entfalten Inhalte und bilden Phänomene, die es in ihrer Vielfalt, ihrer regional weiten Streuung und ihrer Gegensätzlichkeit nicht zulassen, daß man sie zu einem einheitlichen Bild zusammenfügt oder auch nur einigermaßen in ihrer Fülle registriert. Deshalb kann es hier nicht die Absicht sein, das jeweilige Spektrum nachzuzeichnen. Wichtig ist aber, den Sachverhalt in seiner grundsätzlichen theologischen Bedeutung und Konsequenz für das Selbstverständnis der beiden Religionen zu sehen.

So zeigt sich etwa im Blick auf das *Christentum:* Die Kirche der apostolischen Zeit ist offensichtlich nicht einfach dieselbe wie die der nachkonstantinischen Ära; diejenige, die sich in hellenistischer Umwelt einrichtet und verständlich machen will, ist verschieden von derjenigen, die in der Kultur der germanischen Völker verwurzelt ist; die des Mittelalters ist anders als die der Neuzeit. Aber auch in ein und derselben Epoche ist die Kirche etwa mit fürstbischöflichen Struktu-

---

[80] Vgl. *Sabine Schmidtke,* Modern modifications in the Shiʿi doctrine of the expectation of the Mahdi (intiẓār al-Mahdī): The case of Khumaini, in: Orient 28, 1987, 389–406; *Bassam Tibi,* Der Islam und das Problem der kulturellen Bewältigung sozialen Wandels, Frankfurt 1985, 187–192: Die iranischen Ulema als ein schiitischer Klerus.

ren nicht gleich derjenigen, die sich in den Orden der Armutsbewegung repräsentiert, die lateinamerikanische entspricht nicht in allem der europäischen; selbst innerhalb der urchristlichen Zeit kann man schon eine »Pluralität von Christentümern« feststellen[81].

Wir finden die Unterschiede der religiösen Weltbilder und Sprachformen, der liturgischen Ausdrucksweisen und theologischen Denkmuster, der pastoralen Dienste und des politischen Handelns, der moralischen Normen und sozialen Sensibilitäten, der Amststrukturen und des Rechtswesens, der Bildungshorizonte und Lernbereitschaften, der Erziehungsstile und der spirituellen Orientierungen, des Brauchtums und der Kunst usw. Aus all dem ergeben sich unzählig viele Spielarten christlichen Lebens und kirchlicher Gemeinschaft, die nebeneinander existieren, doch auch untereinander durchlässig sind, ineinander übergehen und zu Verschiebungen und Wandlungen führen. Wer den theologischen Blick vor allem auf das »Wesen« der Kirche gerichtet wissen will, für den können diese Erscheinungen äußerliche Modifikationen sein, die vielleicht die Vitalität der Glaubensgemeinschaft bezeugen, aber nicht ihren eigentlichen Charakter berühren. Doch die Frage nach der Einheit in der Vielfalt und nach der Identität im Wandel ist prekärer, besonders für eine soziale Gruppe, die sich wie die Kirche als ein für allemal »gestiftet« versteht und sich dieser Grundlegung verpflichtet sieht. Dies zeigt sich schon an der gelegentlichen Schärfe der Auseinandersetzungen darüber, was sich noch mit den Grundstrukturen und dem Auftrag der Kirche vertrage und wo diese sich selbst preisgebe. Ein etwas entlegenes, aber höchst symptomatisches und folgenreiches Beispiel der Geschichte haben wir im sogenannten »Ritenstreit« des 17. und 18. Jahrhunderts, bei dem es um die Zulässigkeit chinesischer und indischer Ausdrucksformen im römisch-katholischen Gottesdienst der entsprechenden Länder ging. Das Verbot der kultischen Akkommodation wurde für die christliche Mission in Ostasien verhängnisvoll und bekräftigte in Europa die Kritik an der Unfähigkeit der Kirche, fremden Kulturen verständnisvoll zu begegnen[82].

[81] *Josef Blank,* Probleme einer Geschichte des Urchristentums, in: Ders., Vom Urchristentum zur Kirche, München 1982, 15–85, hier 19f. Vgl. auch *Ernst Käsemann,* Begründet der neutestamentliche Kanon die Einheit der Kirche?, in: Ders., Exegetische Versuche und Besinnungen, Bd. 1, Göttingen 1960, 214–223; Käsemann spricht gar im Blick auf das Urchristentum von einer »Vielzahl der Konfessionen«, einer »Fülle verschiedener Konfessionen nebeneinander« (221). Vgl. dazu *Ernst Käsemann* (Hg.), Das Neue Testament als Kanon. Dokumentation und kritische Analyse zur gegenwärtigen Diskussion, Göttingen 1970.

[82] Vgl. *Robert P. Kramers,* China, in: TRE VII, 747–760, hier 751; *René Laurentin,* Chine et Christianisme. Après les occasions manquées, Paris 1977, 115–154: Ricci et les rites chinois (XVIe siècles), bes. 130–151: Le drame des rites chinois.

Andererseits ist aber auch zu sehen, daß der gar zu sicheren und schnellen Behauptung, die kulturelle Pluralität der Kirche berühre nicht ihre theologische Identität, aus kirchenhistorischer Sicht ein irritierendes Urteil entgegengesetzt werden kann: »Das eine Objekt ›Kirche‹ löst sich im geschichtlichen Ablauf in recht unterschiedliche Objekte auf: Kirchentypen, konkrete Erscheinungsformen der Kirche. Die dogmatische Auskunft, das ›Wesen der Kirche‹ bleibe von solcher Wandlung, Veränderung und Ablösung unberührt, hilft dem Kirchenhistoriker wenig – konfrontiert ihn nur schonungslos mit der Problematik seiner Disziplin.«[83] Selbstverständlich kann die Vielfalt der geschichtlichen Konkretionen dennoch von dem Bekenntnis zu der durchgängig einen Kirche umgriffen sein; aber diese ist dann nicht einfach ein äußerer Sachverhalt, den man empirisch nachweisen könnte, sondern setzt ihrerseits schon ein Bewußtsein der Identität und einen entsprechenden sozialen Willen voraus.

Ein besonderes Gewicht innerhalb der geschichtlichen und regionalen Pluralität der Kirche kommt dem Tatbestand *unterschiedlicher Theologien* zu. Da diese sich auf je ihre Weise um die reflexe und systematische Darstellung des Glaubensverständnisses bemühen, sind sie einerseits zunächst schon vom vorgängigen Wandel ihres Gegenstandes geprägt, andererseits aber darüber hinaus auch noch von ihrer eigenen kulturell variablen Art, den Glauben zu erfassen. Notwendigerweise wird eine Theologie, die unter den wissenschaftlichen Bedingungen der Neuzeit arbeitet, gar in unmittelbarer Nähe zu den übrigen Wissenschaften an derselben Institution Universität, einen anderen Charakter tragen als eine Theologie, die in Altertum und Mittelalter von grundlegend verschiedenen geistesgeschichtlichen und organisatorischen Bedingungen abhängig ist: Die *Themen,* die jeweils gewählt werden, die *Lebensverhältnisse,* von denen her sie dringlich erscheinen können (oder dies vielleicht gerade nicht sind), die *Kategorien,* mit denen sie entfaltet werden, die *Methoden,* mit denen man die Ergebnisse gewinnt und sich ihrer vergewissert, die *Überzeugungsvoraussetzungen,* von denen her man argumentiert, die *Adressaten,* an die man bevorzugt denkt, aber auch die sozialen *Gruppen, aus denen sich die Theologen selbst rekrutieren,* die (einander vielfältig überschneidenden) *Positionen und Funktionen,* in denen sie ihre Theologie betreiben – als Mönche, Kleriker, Bischöfe, Juristen, Laien, Wissenschaftler

---

[83] *Karl Suso Frank,* Kirchengeschichte, in: Günter Biemer/Albert Biesinger (Hg.), Theologie im Religionsunterricht, München 1976, 54–69, hier 54.

usw. – variieren auf so mannigfache Weise, daß das Urteil verständlich ist: »Die Theologie, die im Verlauf der Zeit ausgebildet wurde, ist zu einem beträchtlichen Wesensteil ›filia temporis‹.«[84]

Dieser Einsicht stehen freilich auch Versuche gegenüber, eine bestimmte Theologie als derart sachgemäß auszugeben, daß sie ebenso unverbrüchlich gelten müßte wie der Glaube selbst. Ein solcher Anspruch wurde besonders deutlich in der römisch-katholischen Kirche zugunsten der Neuscholastik erhoben. Mehrfach wehrten lehramtliche Äußerungen des 19. und 20. Jahrhunderts die Vorstellung ab, daß es innerhalb der Theologie eine Konkurrenz verschiedener Denkansätze geben dürfe[85]. So verwirft etwa *Pius XII.* in seiner Enzyklika »Humani generis« (1950) die Auffassung, daß man »das Dogma auch in den Begriffen der modernen Philosophie ausdrücken könne, des Immanentismus, des Idealismus, der Existenzphilosophie oder irgendeines anderen Systems«[86]. Allen derartigen Versuchen setzt er entgegen, »daß sich die Kirche nicht an ein beliebiges kurzlebiges philosophisches System binden« könne, sondern auf solchen »Prinzipien und Begriffen, die der wahren und richtigen Erkenntnis der geschaffenen Dinge entstammen«, bestehen müsse[87] – und dies seien diejenigen, »deren sich die scholastischen Theologen zu bedienen pflegen«[88]. Außer der Sachgemäßheit dieses einen theologischen Systems (das geschichtlich nie so einheitlich war, wie dies hier unterstellt wird) wird schließlich noch als besondere Qualifikation hervorgehoben, daß es zu seiner Vollkommenheit »unter der wachsamen Aufsicht des kirchlichen Lehramtes und nicht ohne Erleuchtung und Führung des Heiligen Geistes« gelangte. Mit dieser mehrfachen Auszeichnung sollen hier die Theologie wie die Dogmen des Glaubens selbst der geschichtlichen Relativität entzogen werden. Ein Wandel des Denkens wird dabei nur insoweit zugestanden, als er innerhalb des einmal gegebenen Systems zu einer besseren Entfaltung und spirituellen Vertiefung der Erkenntnisse führt.

[84] *Walter Kern,* Theologie. A. Systematisch, in: NHthG IV, 183–194, hier 184 (mit einem Entwurf geschichtlicher Etappen). Vgl. auch *Johann Baptist Metz,* Theologie, in: LThK X, 62–71, hier 64–67: Theologiegeschichtliches.

[85] Zu erwähnen sind hier vor allem entsprechende Aussagen von *Pius IX.* in seinem Brief an den Erzbischof von München »Tuas libenter« vom 21. 12. 1863 (DS 2876); von *Leo XIII.* in der Enzyklika »Aeterni Patris« von 1879 (DS 3139f) und von *Pius XII.* in »Humani generis« von 1950 (s. die Zitate zu den folgenden Anm. 86–88).

[86] NR 74; DS 3882.

[87] NR 75; DS 3883.

[88] NR 76; DS 3883.

Demgegenüber hat in der Theologie zunehmend die ganz andere Einschätzung Anerkennung gefunden, daß die geschichtliche Bedingtheit bestimmter Denkformen zugleich deren Leistungsfähigkeit relativiert und begrenzt. Entsprechend sieht etwa *Karl Rahner* die Theologie in eine grundlegend veränderte Lage versetzt und vor neue Aufgaben gestellt: »Wenn die Kirche eine Weltkirche ist oder sein wird, und zwar nicht nur im Sinne einer geographischen Universalität, sondern auch [. . .] im Sinne einer echten und unbefangenen Bezogenheit auf die Pluralität der Lebensstile der Menschen im selben geographischen Bereich, [. . .] dann sind für die Theologie der Kirche die verschiedensten Ausgangspunkte, Denkhorizonte, Vorstellungsmodelle, die verschiedensten Einschätzungen der Unterscheidung von Selbstverständlichem und Nichtselbstverständlichem gegeben, lauter Voraussetzungen theologischen Denkens, die konkret nicht in ein ›System‹ gebracht werden können und ebenso viele nicht adäquat auf eine Theologie hin überholbare Theologien hervorrufen. Diese werden sich in ihren Ansätzen, in dem, was nie philosophisch, wissenschaftlich und soziologisch adäquat reflektiert werden kann, in ihren Denkstilen, der Dosierung ihrer Interessen, in ihrer Terminologie sehr wesentlich unterscheiden. Es ist selbstverständlich, daß dadurch die Frage des Verhältnisses der Theologie zum kirchlichen Lehramt, zu den gemeinsamen Bekenntnisformeln und zum gemeinsamen kultischen Leben in vieler Hinsicht ganz neu gestellt werden muß und selbst noch einmal ein Problem von ausdrücklicher Art in diesen Theologien werden wird.«[89] Daraus ergibt sich die fast schon banale und dennoch schwerwiegende Konsequenz, »daß die künftige Theologie nicht nur faktisch, sondern auch grundsätzlich im letzten unbekannt ist«[90]. Da aber Theologie vom Glaubensbewußtsein der Kirche ausgeht, dieses als Gegenstand ihrer wissenschaftlichen Erhebung hat und sich ihrerseits wiederum auf dieses auswirkt, ist damit auch vom künftigen Glauben

---

[89] *Karl Rahner,* Über künftige Wege der Theologie, in: Ders., Schriften zur Theologie, Bd. 10, 41–69, hier 47f. Darüber hinaus sind zu diesem Thema vor allem noch folgende Aufsätze Rahners beachtenswert: Zur Geschichtlichkeit der Theologie, ebd., Bd. 8, 88–110; Der Pluralismus in der Theologie und die Einheit des Bekenntnisses in der Kirche, ebd., Bd. 9, 11–33; Die Zukunft der Theologie, ebd. 148–157; Zum heutigen Verhältnis von Philosophie und Theologie, ebd., Bd. 10, 70–88; Dogmen- und Theologiegeschichte von gestern für morgen, ebd., Bd. 13, 11–47; Zur momentanen Situation der katholischen Theologie, ebd., Bd. 15, 76–83; Aspekte europäischer Theologie, ebd. 84–103; Zum Verhältnis von Theologie und Volksreligion, ebd. Bd. 16, 185–195. Vgl. auch: Die Einheit des Glaubens und der theologische Pluralismus, hg. von der *Internationalen Theologenkommission,* Einsiedeln 1973, bes. den zweiten Teil: Einzelstudien.

[90] *Ders.,* Über künftige Wege der Theologie (s. Anm. 89), 41.

gesagt, daß nicht im voraus festgelegt werden kann, welche Gestalt er in der Zukunft haben wird.

Wenn wir vom Christentum weg auf den *Islam* schauen, finden wir zunächst – wie nicht anders zu erwarten – eine vergleichbare kulturelle Vielfalt seines Charakters. Allerdings ist von vornherein ein wichtiger Unterschied dadurch gegeben, daß Differenzen innerhalb der Theologie, eine Pluralität von theologischen Schulen und Lehrmeinungen, im Islam nicht dasselbe Gewicht wie im Christentum haben. Als Kriterien des rechten Glaubens wurden nicht wie in der christlichen Dogmengeschichte intellektualisierte, höchst differenziert ausgearbeitete Glaubensformeln gewählt. Wenn es um theologische Richtungen, wie etwa die der *Mu^ctaziliten* (im 8.–12. Jahrhundert), heftige Auseinandersetzungen – auch im politischen Bereich – gab, dann lag der Grund vor allem darin, daß ihre Lehren Konsequenzen für das Verhalten der Gläubigen gegenüber ihren Herrschern einschlossen, z. B. den gewaltsamen Widerstand gegen ungerechte Machtausübung verlangten[91]. Oder wenn unter den vielen kontroversen theologischen Themen die Frage danach, ob der Koran geschaffen oder ungeschaffen sei, zu besonders brisanten Auseinandersetzungen führte, so ist auch dies durch politische Implikationen mitverursacht: Die Behauptung der Ungeschaffenheit des Korans, mehrte die Macht der Gelehrten als der autorisierten Interpreten dieser göttlichen Urkunde gegen die sonstigen politischen Kräfte, vor allem die Kalifen, die sich in ihrer Regierung nach dieser der Schöpfung und allen konkreten geschichtlichen Situationen vorausliegenden Grundordnung zu richten hatten[92]. Wo die theologischen Differenzen nicht deutlich derartige Folgen für das gesellschaftliche Kräftespiel zeigten, hatten sie – im Vergleich mit den dogmatischen Auseinandersetzungen im Christentum – eine relativ geringe Bedeutung. »Es scheint, als gäbe es im Arabischen oder in irgendeiner anderen islamischen Sprache) kein Wort, das die Bedeutung ›orthodox‹ besitzt. Das gewöhnlich mit ›orthodox‹ übersetzte *sunni* bedeutet eigentlich eher ›orthoprax‹ (richtig *handelnd*), wenn wir diesen Terminus einmal gebrauchen wollen.«[93]

[91] Vgl. *W. M. Watt/M. Marmura,* Der Islam II (s. Anm. 28), 211-156: Die großen Mu^ctaziliten, bes. 228-235: Politische Einstellungen; dazu weiterreichend und prinzipieller *F. Rahman,* Islam (s. Anm. 30), 237-240: The political Dogma.

[92] Vgl. *W. M. Watt/M. Marmura,* ebd. 182f, 430f.

[93] *Wilfred Cantwell Smith,* Der Islam in der Gegenwart, Frankfurt/Hamburg 1963 (orig.: Princeton 1957), 27.

Doch treffen wir auch im Islam darüber hinaus noch auf stark kontrastierende Erscheinungsbilder, die es manchmal selbst Angehörigen dieser Religion, erst recht Außenstehenden, erschweren können, bei den unterschiedlichen Gegebenheiten jeweils dieselbe Glaubensgemeinschaft zu identifizieren:

Wo uns der Islam in einer Gestalt entgegentritt, die auf eine legalistische Reglementierung des Lebens nach dem göttlichen Gesetz, der Scharia, drängt, kann er uns als ein ganz anderer erscheinen als etwa in der Mystik, die von ihren Anfängen an nach einer freieren Spiritualität strebte[94]; wo er sich in Reformbewegungen um theologische und politische Vermittlungen mit westlichem neuzeitlichem Denken bemüht[95], stellt er sich recht verschieden dar von den Strömungen, die solche Annäherungen an die westliche Welt als prinzipiell unislamisch verwerfen und auch bekämpfen; wo wir ihn als »Volksislam« in seinen vielfältigen kulturellen Einbettungen wahrnehmen – bis hin zu synkretistischen Verbindungen mit anderen Kulten[96] –, da entspricht er in vielem nicht dem Bild, das uns in den Schriften der Theologen vom »richtigen« Islam gezeichnet wird; wo er sich uns mit stark nationalistischem Charakter zeigt[97], begreift er sich anders als in der energischen Absicht, die eine universale Gemeinde der Gläubigen zu repräsentieren und besser zu realisieren[98]; wo er in aggressiven Auseinandersetzungen steht oder diese gar um der Selbstbehauptung willen sucht[99], sind sein Selbstverständnis und seine Erscheinungsformen nicht dieselben wie in einer politisch entspannten Umgebung. Bei all dem können die Differenzen so weit gehen, daß die Frage nach der Legitimität

---

[94] Vgl. *Annemarie Schimmel,* Mystische Dimensionen des Islam. Die Geschichte des Sufismus, Köln 1985 (orig.: Chapel Hill, USA, 1975), 46–70: Die Frühzeit.

[95] Vgl. *Smail Balić,* Ruf vom Minarett. Weltislam heute – Renaissance oder Rückfall? Eine Selbstdarstellung, Hamburg ³1984; *B. Tibi,* Der Islam und das Problem der kulturellen Bewältigung sozialen Wandels (s. Anm. 80); *Rotraud Wielandt,* Offenbarung und Geschichte im Denken moderner Muslime, Wiesbaden 1971.

[96] Vgl. *Lode Frank Brakel/Alfred Willms/Olaf Schumann,* Der Islam und lokale Traditionen – synkretistische Ideen und Praktiken, in: W. Ende/U. Steinbach (Hg.), Der Islam in der Gegenwart (s. Anm. 71), 560–581; *F. De Jong,* Die mystischen Bruderschaften und der Volksislam, ebd. 487–504; *Rudolf Kriss/Hubert Kriss-Heinrich,* Volksglaube im Bereich des Islam, Wiesbaden 1960/62.

[97] Vgl. *Rudolph Peters,* Erneuerungsbewegungen im Islam (s. Anm. 74); *Bassam Tibi,* Vom Gottesreich zum Nationalstaat. Islam und panarabischer Nationalismus, Frankfurt 1987.

[98] Vgl. *Johannes Reissner,* Internationale islamische Organisationen, in: W. Ende/U. Steinbach (Hg.), Der Islam in der Gegenwart (s. Anm. 71), 539–547.

[99] *Arnold Hottinger,* Islamische Revolution? Die Muslims im Konflikt mit der westlichen Moderne, in: Merkur 23, 1979, 203–216; *Johannes Reissner,* Die militant-islamischen Gruppen, in: W. Ende/U. Steinbach (Hg.), Der Islam in der Gegenwart (s. Anm. 71), 470–486.

der einen oder anderen Form, nach ihrer wechselseitigen Verträglichkeit oder ihrer Gefährdung der Identität des Islam sogar innerhalb der Glaubensgemeinschaft zu brisanten Auseinandersetzungen führt. Als beispielsweise die in Saudi-Arabien regierenden Wahhabiten in ihrer Absicht, den Islam auf diejenige Gestalt zurückzuführen, die sie für seine ursprüngliche hielten, 1926 die Kuppeln über den Gräbern der Imame zerstören ließen, um die Verwerflichkeit der volkstümlichen Heiligenverehrung zu bekunden, löste dies in anderen Teilen der islamischen Welt, besonders innerhalb der Schia, Bestürzung über den Frevel aus. Im Vergleich zu einem solchen Kontrast erscheint vieles andere weniger spektakulär, kann aber dennoch tief im alltäglichen Lebensgefühl verwurzelt sein und kräftige Unterschiede im Verhalten zur Folge haben. Soweit es sich um volkstümliche Besonderheiten handelt, die regional oder lokal begrenzt sind, ergeben sich aus ihrer Divergenz wenig Reibungen. Ein großes Konfliktpotential enthalten demgegenüber vor allem die unterschiedlichen Wege der Verarbeitung westlicher Einflüsse, sei es im Bereich der Wirtschafts- und Sozialordnung[100], des Rechts[101] oder, viel weiter reichend und vielfältiger, der kulturellen Selbstbehauptung[102] – besonders auch in der Diaspora[103].

Wenn wir aus all der Vielfalt, in der uns der Islam und das Christentum entgegentreten – selbst innerhalb der von ihnen gesetzten Grenzen der Rechtgläubigkeit –, jeweils nur das durchgängig Gemeinsame herausfiltern wollten, käme für die Realität dieser Religionen Entscheidendes nicht in den Blick: daß sie sich nämlich in ihrer konkreten Lebenswelt nicht jeweils auf einen Nenner bringen lassen; daß die Frage nach ihrem konstanten »Wesen«, selbst wenn sie prinzipiell sinnvoll und manchmal notwendig ist, auf eine Abstraktion zielt; daß sogar vielfach die religiöse Intensität gerade dort zu finden ist, wo verschiedene Realisierungen islamischen und christlichen Lebens spannungsvoll nebeneinanderstehen.

---

[100] Vgl. *Johannes Reissner,* Die innerislamische Diskussion zur modernen Wirtschafts- und Sozialordnung, in: W. Ende/U. Steinbach (Hg.), Der Islam in der Gegenwart (s. Anm. 71), 155–169; *B. Tibi,* Der Islam und das Problem der kulturellen Bewältigung sozialen Wandels (s. Anm. 80).

[101] Vgl. *Konrad Dilger,* Tendenzen der Rechtsentwicklung, in: W. Ende/U. Steinbach (Hg.), Der Islam in der Gegenwart (s. Anm. 71), 170–197; auch ebd. 198–439 von verschiedenen Autoren: Die Stellung des Islam und des islamischen Rechts in ausgewählten Staaten.

[102] Vgl. *Rotraud Wieland,* Islam und kulturelle Selbstbehauptung, ebd. 551–559; *dies.,* Offenbarung und Geschichte im Denken moderner Muslime (s. Anm. 95).

[103] Vgl. *Durán Khálid,* Der Islam in der Diaspora: Europa und Amerika, in: W. Ende/U. Steinbach (Hg.), Der Islam in der Gegenwart (s. Anm. 71), 440–469.

4. Konfessionen, Sekten, Parteien

Für das Christentum wie für den Islam bedeutet es ein beträchtliches Übel, wenn die Einheit der Glaubensgemeinschaft zerfällt. In den *biblischen Schriften* warnt etwa Paulus die Gemeinden vor den »Spaltungen« (1 Kor 1,10) und der »Zerschneidung« (Phil 3,2), der Autor des 2. Petrusbriefs vor den »falschen Propheten« und den »falschen Lehrern« in den eigenen Reihen (2,1), der Autor des 1. Johannesbriefs vor denen, die »nicht bei uns geblieben« sind (2,19). Die Uneinigkeit wird unter den Christen offensichtlich von Anfang an als eine bedrohliche Realität erfahren. Im *Koran* ist dies gerade ein gewichtiges Argument gegen Juden und Christen als den »Leuten des Buchs«: daß sie ihre Gemeinschaft nicht in der Einigkeit, die Gott wollte, zusammenhalten konnten. »Die Religion bei Gott ist der Islam. Diejenigen, denen das Buch zugekommen ist, sind erst uneins geworden, nachdem das Wissen zu ihnen gekommen war, in gegenseitiger Auflehnung.« (3,19). Dabei bestreiten sie sich wechselseitig die Glaubwürdigkeit; denn »die Juden sagen: ›Die Christen haben keine Grundlage‹, und die Christen sagen: ›Die Juden haben keine Grundlage‹, obwohl sie das Buch vorlesen. So wie sie reden diejenigen, die unwissend sind. Am Tag der Auferstehung wird Gott zwischen ihnen über das richten, worin sie uneins waren.« (2,113). Was hier im Blick auf den jüdisch-christlichen Widerstreit gesagt wird, wird den Christen noch einmal eigens vorgehalten angesichts ihrer internen dogmatischen Zerklüftungen: »Von denen, die sagen: ›Wir sind Christen‹, nahmen wir ihre Verpflichtung entgegen. Sie vergaßen einen Teil von dem, womit sie ermahnt worden waren. Da erregten wir unter ihnen die Feindschaft und den Haß bis zum Tag der Auferstehung. Gott wird ihnen kundtun, was sie taten.« (5,14). So stand der Islam von vornherein unter der gesteigerten Verpflichtung, eine ähnliche Zerrüttung der Glaubensgemeinschaft zu verhindern: »Haltet alle am Seil Gottes fest und spaltet euch nicht! [. . .] Seid nicht wie diejenigen, die sich spalteten und uneins wurden, nachdem die deutlichen Zeichen zu ihnen gekommen waren! Bestimmt ist für sie eine gewaltige Strafe.« (3,103.105). Es sollte eine Gemeinschaft entstehen, von der man uneingeschränkt sagen kann: »Die gläubigen Männer und Frauen sind untereinander Freunde.«(9,71).

Um so schwerer wog für den Islam die Tatsache, daß es auch ihm nicht gelang, die Eintracht zu wahren[104]. Nach der Lebensgeschichte

---

[104] Vgl. *Louis Gardet,* Les hommes de l'Islam. Approche des mentalités, Paris 1977, 197–276: Un Islam ou des Islam(s)?

Mohammeds, wie sie Ibn Isḥāq aufzeichnete, sah der Prophet schon zum Ende seines Lebens für die Gemeinschaft der Gläubigen eine düstere Zukunft. Beim Gang über den Friedhof habe er den Toten zugerufen: »Friede sei über euch, o ihr Volk der Gräber! Freut euch, daß ihr nicht mehr seid, wo die Lebenden sind! Wie Fetzen der finsteren Nacht nahen die Versuchungen, eine nach der anderen, die letzte schlimmer als die erste.«[105] Was hier mit »Versuchung« übersetzt ist, das arabische Wort »fitna«, umfaßt auch Bedeutungen wie »kriegerische Zwietracht«, »Zerstörung der Gemeinschaft«; es liegt nahe, daran bei dieser biographischen Überlieferung zu denken.

Zwar beruhten die ersten innerislamischen Differenzen primär auf politischen Auseinandersetzungen, darüber nämlich, wer der Gemeinschaft der Muslime als Kalif vorstehen dürfe; doch dies gerade wurde auch als ein theologisches Problem verstanden. Es ging nicht nur für einige um die historische Tatsachenfrage, wen der Prophet als seinen Nachfolger bezeichnet habe – seinen Schwiegervater Abū Bakr oder seinen Neffen und Schwiegersohn Ali –, sondern für andere auch um die moralischen Kriterien, nach denen die Legitimität eines Kalifen zu bemessen seien. So bildeten bereits im ersten muslimischen Jahrhundert neben den Sunniten und Schiiten die *Charidschiten* eine eigene Gruppe von beträchtlicher Größe unter dem dogmatischen Grundsatz, daß es den Gläubigen zukomme, jederzeit denjenigen als Kalifen zu bestimmen, den sie unter sich für den Würdigsten hielten[106]. Sie vertraten diese Doktrin mit dem Motto: »Die Entscheidung steht allein Gott zu!« Damit bekundeten sie, wie sehr ihnen daran lag, daß die muslimische Gemeinde auch innerhalb der anstehenden Gruppenkämpfe sich der absolut sicheren Führung Gottes gewiß sein durfte. Sie wollten das im Koran verbürgte Gesetz nicht dem realpolitischen Kräftespiel ausgeliefert sehen, sondern es über die charismatische Willensbildung der Glaubensgemeinschaft durchsetzen. Nicht die geschichtlichen Zufälligkeiten, wie sie den politischen Kompromissen und den bloßen Machtentscheiden eigen sind, sollten den Ausschlag geben, sondern allein die ein für allemal bekundete Weisung Gottes. Mit diesem Grundsatz konnten die Charidschiten zwar nicht wirklich den Verlauf der Geschichte bestimmen, doch deckten sie ein für den gesamten Islam erhebliches theologisches Problem auf. Die *Schiiten*

[105] *Ibn Isḥāq*, Das Leben des Propheten. Aus dem Arabischen übertragen und bearbeitet von Gernot Rotter, Tübingen/Basel 1976, 247.
[106] Vgl. *W. M. Watt/M. Marmura*, Der Islam II (s. Anm. 28), 1–31: Die Ḫāriǧiten.

versuchten es ihrerseits dadurch zu lösen, daß sie gerade nicht auf die charismatische Fähigkeit der gesamten Glaubensgemeinschaft, sondern auf die ihres geistigen und politischen Führers, des Imams, setzten. Die verschiedenen Wege, das Dilemma anzugehen, bedeuteten jedoch insgesamt keine Lösung, sondern bekräftigten die Spaltungen.

Ein weit gefächertes Spektrum bieten die frühen muslimischen Auflistungen und Beschreibungen der häretischen Sekten[107]. In ihrer Zählung sind sie wohl von einer Überlieferung abhängig, nach der Mohammed bereits angekündigt haben soll: »Die Juden sind in einundsiebzig Sekten geteilt und die Christen in zweiundsiebzig, aber meine Gemeinde wird in dreiundsiebzig Sekten geteilt sein.«[108] Mit einer solchen Rückbindung der gegebenen Situation an die Voraussicht des Propheten wird dem unheilvollen Zustand seine irritierende Sinnwidrigkeit und Unverständlichkeit gemildert; die Spaltungen haben – trotz all ihrer Übel – wenigstens unter diesem Aspekt der prophetischen Kenntnis auch ihre Ordnung.

Gemessen an der Auflistung von über 70 Sekten für die ersten Jahrhunderte erscheint die gegenwärtige Lage leicht überschaubar. Im Vordergrund des öffentlichen Bewußtseins stehen fast nur die beiden großen Gruppen der Sunniten und der Zwölfer-Schia. Die Zahl läßt sich bei genauerer Hinsicht auf eine Handvoll vermehren (zu besonders kräftigen Konfrontationen kam es gerade durch die in der Neuzeit entstandene Gemeinschaft der Aḥmadiyya)[109]. Doch ändert die Minderung der Spaltungen noch nichts an der prinzipiellen theologischen Irritation, daß die von Gott geschenkte Gemeinschaft nicht ihre Einheit wahren konnte. Außerdem wird dem Islam das Trauma der inneren Zerklüftung über die theologisch-juridischen Differenzen

---

[107] Die bedeutendsten häresiographischen Werke sind: aš-Šahrastānī (gest. 1153), Das Buch der Sekten und Parteien; al-Baġdādī (gest. 1037), Die Spaltung zwischen den Gruppen; al-Ašʿarī (gest. 935?), Die Lehrmeinungen der Islamisten; vgl. W. M. Watt/M. Marmura, Der Islam II (s. Anm. 28), XV.

[108] Die Belege der verschiedenen Fassungen verzeichnet Arent Jan Wensinck u. a., Concordance et indices de la tradition musulmane, Bd. 5, Leiden 1965, 136. – Daß dieses Prophetenwort ursprünglich allerdings einen positiven Zustand gemeint haben könnte, legt Ignaz Goldziher dar: Katholische Tendenz und Partikularismus im Islam, in: Gesammelte Schriften, hg. von Joseph Desomogyi, Bd. 5, Hildesheim 1970, 285 [115]-312 [142], hier 295 [125]-298 [128]; vgl. aber auch: W. Montgomery Watt, The Great Community and the Sects, in: Gustave E. von Grunebaum (Hg.), Theology and Law in Islam, Wiesbaden 1971, 25-36.

[109] Vgl. Werner Schmucker, Sekten und Sondergruppen, in: W. Ende/U. Steinbach (Hg.), Der Islam in der Gegenwart (s. Anm. 71), 505-526. Vgl. dazu auch S. 133-142: VI.1. zur »Serie der Überbietungen«.

hinaus tagtäglich auf der Ebene der politischen Rivalitäten, Kämpfe und Kriege schmerzlich ins Bewußtsein gerufen. So drängt die Lage beunruhigende Fragen und Einwände auf:»Wenn der Islam wirklich kam, um verschiedene Völker in eine gemeinsame Einheit zu rufen, und wenn der Koran sagt: ›Du hast nichts mit denen zu schaffen, die ihre Religion aufteilen und Parteien bilden‹ (6,159), wie kommt es dann, daß die islamische Gemeinschaft in sektiererische Bewegungen zerteilt und in Gruppen und Schulen zerbrochen wurde? Wenn der Islam ein Glaube ist, der eint, warum diese zahlreiche Vielfalt unter den Muslimen?«[110]

Andererseits steht die theologisch hohe Bewertung der Einheit – unter gleichzeitig kräftiger Verwerfung von Spaltungen – aber auch in der Gefahr, daß sie eine differenziertere Beurteilung solcher religiöser Konkurrenzen verhindert; denn sie versperrt sich von vornherein dem Gedanken, daß die Bildung divergierender Gruppen nicht nur ein Übel sein kann, sondern auch eine verantwortbare Folge notwendiger Auseinandersetzungen, vielleicht sogar fruchtbarer Verschiedenheit, jedenfalls das Ergebnis einer experimentellen Geschichte mit unumgänglichen gruppendynamischen Prozessen und Gegensätzen.

Eine derart positive Sicht der Pluralität wird gerade im Islam durch ein Hadith nahegelegt, nach dem der Prophet gesagt hat:»Die Verschiedenheit in meiner Gemeinde ist Barmherzigkeit.«[111] Doch kann diese überlegene Bewertung der Pluralität durch ein überstarkes Einheitsbedürfnis ebenso wie durch die Erfahrung ruinöser Folgen von Uneinigkeit leicht verdrängt werden.

In der christlichen Theologie wird die konfessionelle Vielfalt mit Gelassenheit vor allem dort angenommen, wo die Einheit der Kirche als ein von Anfang an nicht realisierter, ja innerhalb menschlicher Geschichte nie endgültig realisierbarer Zustand angesehen wird, der den Christen immer als ein eschatologisches Ziel vor Augen steht, von dem aber auch bei aller Vorläufigkeit der Verhältnisse für das gegenwärtige Handeln die Verpflichtung ausgehen sollte, auf eine inten-

---

[110] *Muḥammad ʿAbduh,* The Theology of Unity, engl. Übers. von Isḥāq Musaʿad und Kenneth Cragg, London 1966 [orig.: Risālat at-tawḥīd, Kairo 1897], 151, innerhalb des Kapitels »A Ready Objection«.

[111] Vgl. dazu *I. Goldziher,* Katholische Tendenz und Partikularismus im Islam (s. Anm. 108), 291f [121f]. Vgl. aber auch *Rudi Paret,* Innerislamischer Pluralismus, in: Ulrich Haarmann/Peter Bachmann (Hg.), Die islamische Welt zwischen Mittelalter und Neuzeit, Beirut 1979, 523–529, über die mögliche ursprüngliche Bedeutung dieses Hadith: Gott begegnet in seiner Gemeinde selbst dem Übel der Meinungsdifferenzen noch mit Barmherzigkeit.

sivere Gemeinschaft hinzuwirken[112]. Diese Sicht ist freilich im Spektrum der christlichen Theologie nur eine neben anderen. Ihr extrem entgegengesetzt ist der Versuch, das Problem theoretisch und praktisch schlicht dadurch zu lösen, daß man nur die eigene partikulare Gemeinschaft als die voll legitime ansieht, die nach wie vor die von Gott gewollte Einheit und Ganzheit repräsentiert. Dann wird den anderen Gruppen dementsprechend die Rechtmäßigkeit ihrer gesonderten Existenz mehr oder minder abgesprochen. Auf diese Weise bleibt die Vorstellung der ein für allemal auf Gottes Fundament in unverbrüchlicher Geschlossenheit gebauten Gemeinschaft oberflächlich erhalten; dies ändert freilich nichts an der faktisch dissonanten Situation.

Über die spezifisch theologischen Bewertungen und Argumentationen hinaus gibt es aber auch guten Grund zu der pragmatischen Überlegung, ob es für das Christentum wie den Islam – für ihre Spiritualität, ihre Theologie, ihr politisches Handeln usw. – wirklich von Vorteil gewesen wäre, wenn sie sich durchweg als in sich völlig einige Religionen behauptet hätten und es bei ihnen nicht zu Trennungen und konkurrierenden Gemeinschaften gekommen wäre. *Hegel* schätzte die Spaltung in Konfessionen als »das Glücklichste, was der Kirche für ihre eigene und was dem Gedanken für seine Freiheit und Vernünftigkeit hat widerfahren können«[113]. Man braucht dieses Pathos (und die diesem Urteil vorausliegende Staatsphilosophie Hegels) nicht zu teilen und kann dennoch den Zusammenhang von konfessioneller Vielheit und religiöser Freiheit in ähnlicher Weise würdigen.

[112] Vgl. *Ernst Käsemann,* Einheit und Vielfalt in der neutestamentlichen Lehre von der Kirche, in: Ders., Exegetische Versuche und Besinnungen, Bd. 2, Göttingen 1964, 262–267.

[113] *Georg Wilhelm Friedrich Hegel,* Grundlinien der Philosophie des Rechts oder Naturrecht und Staatswissenschaft im Grundrisse, Sämtliche Werke, hg. von Hermann Glockner, Bd. 7, Stuttgart-Bad Cannstatt ⁴1964, 362.

VI. Anfechtungen der Endgültigkeitsansprüche

Es zeigte sich bislang immer wieder, wie die Überzeugung, Gottes Wort zu den Menschen habe seine endgültige Gestalt und äußerste Verbindlichkeit erlangt, ständig dazu nötigt, nach zusätzlichen Vergewisserungen und Orientierungen Ausschau zu halten – nicht selten trotz innerer Widerstände; immer im Bemühen, die neuen Momente mit dem vorgängigen »alten« Glauben in irgendeiner Weise zu identifizieren; darauf bedacht, die sekundären Vermittlungen und Transformationen so weit wie möglich an der Endgültigkeit und Verpflichtungskraft des Ursprungs teilhaben zu lassen. Daß solche Verarbeitungen von vornherein dringlich und unumgänglich werden, läßt eine naive Vorstellung von der innergeschichtlichen Abgeschlossenheit der Offenbarung offensichtlich nicht zu.

Weiterreichende und radikalere Herausforderungen ergeben sich schließlich dort, wo die religiösen Endgültigkeitsansprüche nicht nur ihre eigenen internen Spannungen erfahren, sondern – mehr oder minder ausdrücklich – prinzipiell in ihrer Legitimität bestritten werden.

1. Die Serie der Überbietungen

Zwar gehört es zu den herausragenden Ereignissen der Geschichte des Christentums, daß sich seinem Glauben an die endgültige Offenbarung Gottes in Jesus Christus der Islam entgegenstellte und auf Mohammed als das Siegel der Propheten« (33,40) verwies, doch ist dieses Geschick kein einmaliges Ereignis; es hat vielmehr aufschlußreich analoge Vorgänge neben sich, auch wenn diese nicht eine gleichermaßen gewaltige Wirkungsgeschichte aufweisen. Die dogmatische Behauptung, daß Gottes Wort an die Menschen von einer bestimmten Stelle an nicht mehr überboten werden könne, wurde mehrfach mit der schlichten Wiederholung desselben Anspruchs bestritten. Der religiöse Topos einer ein für allemal zu ihrem innergeschichtlichen Ziel gekommenen Offenbarung erweist sich also – der eigenen Intention entgegen – als prinzipiell immer wieder neu verwendbar und damit als produktiv in der Erzeugung religiöser Konkurrenzen.

Einen besonderen Ansatzpunkt dazu bot die christliche Verkündigung dadurch, daß in ihr Jesus selbst auf den »*anderen Beistand*« (paráklētos) verweist, der »*für immer* bei euch bleiben soll« (Joh 14,16). Der Grund dafür liegt nahe: In Anbetracht der durch den Tod begrenzten Gegenwart Jesu kann er selbst als *historische* Person gerade nicht die endgültige Zuverlässigkeit und Wirksamkeit des Wortes Gottes für die Gemeinde repräsentieren und sichern. Deshalb aber wird der verheißene »Beistand« im Johannesevangelium auch nicht mehr als eine weitere historische Gestalt identifiziert, die nur wieder derselben geschichtlichen Begrenztheit unterläge; vielmehr ist er hier »der Geist der Wahrheit«, den die Welt »nicht sieht und nicht kennt« (14,17), »der heilige Geist« (14,26) als die von Gott der Gemeinde geschenkte Kraft, die das zu begreifen hilft, was durch Jesus ein für allemal in die Welt gekommen ist. Dementsprechend bindet das Johannesevangelium auch die Funktion dieses »Parakleten« ganz an das bereits geschehene Heilsereignis zurück, indem es Jesus sagen läßt: Der künftige Beistand wird »euch an alles erinnern, was ich euch gesagt habe« (14,26), er wird »Zeugnis für mich ablegen« (15,26) und »mich verherrlichen, denn er wird von dem, was mein ist, nehmen und es euch verkünden« (16,14). Deshalb kann man im Blick auf diese Theologie einerseits feststellen: »die Offenbarung ist mit dem Abschied Jesu nicht zum Abschluß gekommen, sondern wird in jeder Zukunft neu geschenkt werden«[1], und andererseits zugleich hinzufügen: »die künftige Offenbarung wird die Wiederaufnahme des Werkes Jesu sein; sie ist ›Erinnerung‹ an dieses, – natürlich nicht in dem Sinne historischer Rekonstruktion, sondern als Vergegenwärtigung des in ihm hereingebrochenen eschatologischen Geschehens«[2].

Diese spannungsvolle Polarität des Rückblicks auf Jesus einerseits und des Ausblicks auf den »Beistand« andererseits, also die gleichzeitige Betonung der historischen Einmaligkeit wie der dauernden Gegenwart des Wortes Gottes, ist von vornherein dafür anfällig, daß man sie in eine religionsgeschichtliche Abfolge verschiedener Stadien auflöst. So verweist schon die Produktion gnostischer Evangelien im 2. Jahrhundert auf das Bedürfnis, die vorgegebene kirchliche Verkündigung

[1] *Rudolf Bultmann,* Das Evangelium des Johannes, Göttingen ¹⁹1968, 484.
[2] Ebd. 485.

134

zu ergänzen und zu überhöhen[3]. Markanter geschieht dies schließlich noch in den Fällen der *prophetischen Überbietung:*

Im zweiten Jahrhundert bereits behauptete *Montanus,* ein kleinasiatischer Christ, daß mit ihm die Fülle der Offenbarung Gottes, des Vaters, des Sohnes und des Heiligen Geistes, gekommen sei[4]. In seiner Bußpredigt sagte er die Endzeit an: Durch seine Verkündigung sei das Wort Gottes zu seiner abschließenden Gestalt und Dringlichkeit gebracht. Nach diesem Verständnis der Geschichte gelangt die vorgängige Offenbarung Jesu erst in der nachfolgenden Prophetie zu ihrem eigentlichen Ziel.

Demgegenüber sahen sich die antimontanistischen Theologen der Kirche genötigt, die unzulässige Neuheit dieser Verkündigung anzuprangern. Als innerkirchliche Konsequenz ergaben sich daraus vermehrte Vorbehalte gegen das Prophetentum, eine deutlichere Profilierung und größere Gewichtung des Amtes gegenüber dem Charisma, also der institutionell legitimierten Lehre gegenüber der spontan aktualisierenden Verkündigung, damit insgesamt eine kräftigere Sicherung des überlieferten Glaubens gegenüber spirituellen Innovationen. Aber auch Montanus und seine Anhänger betonten auf ihre Weise, daß aufgrund ihrer endgültigen Botschaft die Zukunft nichts Neues mehr bringen könne. So lehrte eine der prophetischen Schülerinnen des Montanus, *Maximilla,* ausdrücklich: »Nach mir wird es keine weitere Prophetin mehr geben, sondern die Vollendung (syntéleia)«[5].

Dieses Endgültigkeitsbewußtsein bekräftigte der nach Augustinus bedeutendste lateinische Kirchenschriftsteller *Tertullian* – nach seiner Hinwendung zum Montanismus (etwa 205) – mit einem nach Altersstufen gegliederten Geschichtsbild: »Zuerst«, »in den Anfängen« besitzt die Menschheit »die gottesfürchtige Natur«; durch »das Gesetz und die Propheten« gelangt sie in ihre »Kindheit«; durch das Evangelium Jesu kommt sie ins »Jugendalter«; »jetzt wird sie durch den Parakleten zur Reife gebracht«[6]. Zwar geht auch für Tertullian alle Erfüllung der Geschichte von Christus aus; von ihm her erhält der Paraklet erst

---

[3] Vgl. *Adolf Martin Ritter,* Die Entstehung des neutestamentlichen Kanons: Selbstdurchsetzung oder autoritative Entscheidung?, in: Aleida und Jan Assmann (Hg.), Kanon und Zensur. Archäologie der literarischen Kommunikation II, München 1987, 93–99, hier 97.

[4] Nach *Didymos,* einem christlichen Theologen des 4. Jahrhunderts, beanspruchte *Montanus* für sich »die Vollkommenheit des Parakleten«, indem er lehrte: »Ich bin der Vater, der Sohn und der Paraklet.« (De trinitate 3, 41; PG 39, 984).

[5] Zitiert bei *Epiphanius von Salamis,* Haereses 48, 2, 4; PG 41, 857.

[6] *Tertullian,* De virginibus velatis, c. 1; CChr.SL 2, 1210. Daneben gebraucht Tertullian hier auch die organische Abfolge in vier Stufen von Samenkorn – Schößling – Bäumchen – Baum.

sein abgeleitetes Mandat; aber dennoch erscheint hier in der Abfolge der Geschichte Jesus einer vorläufigen Entwicklungsphase zugeordnet, die ihr Ziel noch vor sich hat. Dieses Ziel steht in montanistischer Sicht freilich nicht als ein entferntes Ereignis aus, so daß der Weg der Menschheit in irgendeiner Weise offen bliebe; es wird vielmehr gerade jetzt angesagt und eingeleitet. Montanus vermittelt den Menschen abschließende Gewißheit und verpflichtet sie dementsprechend rigoros, seiner Prophetie zu folgen.

Wie Montanus bezeichnete sich im darauffolgenden dritten Jahrhundert *Mani,* der Begründer des Manichäismus, als der von Jesus verheißene »Paraklet« und stellte sich dabei an das Ende einer langen Reihe von Gesandten Gottes, zu denen er außer Jesus etwa auch Zarathustra und Buddha rechnete[7]. Nach einer Überlieferung des muslimischen Gelehrten *al-Bīrūnī* (gest. etwa 1050) hat Mani dabei bereits den im Koran auf Mohammed bezogenen Begriff *»Siegel der Propheten«* geprägt und für sich beansprucht[8]. Zwar ist nicht zu belegen, daß diese Behauptung historisch zutrifft; doch unterstreicht sie auf ihre Weise die Abfolge der Überbietungs- und Endgültigkeitsansprüche.

Allein aus dem Kontext des Korans und aus dessen Umgebung jüdisch-christlicher Überlieferungen kann man dem prophetischen Titel »Siegel der Propheten« noch nicht sicher die Bedeutung entnehmen, die er nach muslimischem Verständnis hat: daß nämlich der so bezeichnete Gesandte Gottes der letzte sei, nach dem kein weiterer mehr kommen könne. So wird etwa in der Bibel dem Propheten Haggai in ähnlicher Weise von Gott zugesagt: »Ich mache dich zu meinem Siegel(ring); denn ich habe dich erwählt« (Hagg 2,23); und Paulus schreibt der Gemeinde in Korinth: »Ihr seid im Herrn das Siegel meines Apostelamtes« (1 Kor 9,2). In beiden Fällen geht es um die besondere *Bestätigung* dessen, der das Wort Gottes verkündet – so wie mit dem Siegel ein Dokument als authentisch ausgewiesen wird. In diesem Sinn betont auch der Koran immer wieder, daß die Offenbarung durch Mohammed die vorausgehenden Gesandten Gottes und deren Botschaft bestätige, wie diese selbst es schon im Blick auf ihre Vorgänger taten (z. B. 5,46 mit 48).

[7] Vgl. *Henri-Charles Puech,* Le manichéisme. Son fondateur – sa doctrine, Paris 1949, bes. 61–63 über die »religion universelle«, Mani als den »Révélateur suprême« und »Messager ultime«, »le plus parfait des tous des Illuminateurs, l'Esprit Saint ou le Paraclet«, sein Evangelium als »science absolue«; *Geo Widengren,* Mani und der Manichäismus, Stuttgart 1961, 140 f.

[8] *Abū r-Raiḥān al-Bīrūnī,* Āṯār 207, 19; vgl. *Josef Horovitz,* Koranische Untersuchungen, Berlin/Leipzig 1926, 53; *Heinrich Speyer,* Die biblischen Erzählungen im Qoran, Darmstadt 1961 (Nachdruck der 1. Auflage von 1931), 423.

Daß »das Siegel der Propheten« nach muslimischem Verständnis jedoch mehr bedeutet, belegt etwa der Korankommentator *az-Zamaḫšarī* (gest. 1144) mit seiner theoretischen Erwägung zu Sure 33,40, ob dieser Titel für Mohammed überhaupt berechtigt sei, wenn doch am Ende der Zeiten – gewissermaßen als letzter Prophet schlechthin – Jesus kommen werde, um Gericht zu halten. Az-Zamaḫšarī löst das gestellte Problem selbst mit dem Verweis darauf, daß Jesus am Jüngsten Tag »sich des Gesetzes *(šarīʿa)* Mohammeds befleißigt und sein Gebet nach dessen Gebetsrichtung *(qibla)* (auf Mekka hin) verrichtet, als wäre er ein Glied seiner Gemeinde«[8]. Und zu Sure 61,6, wo Jesus auf einen »Gesandten mit Namen Aḥmad« (oder »mit einem hochgepriesenen Namen«) verweist, überliefert derselbe Kommentator, daß die Jünger von Jesus wissen wollten: »Wird es nach uns (noch) eine (andere) (Religions)gemeinschaft *(umma)* geben?«[10] und daß Jesus selbst diese Frage bejahte.

Religionsgeschichtlich stehen demnach Montanus, Mani und schließlich Mohammed strukturell mit demselben Anspruch neben- und gegeneinander: die vorausgehende Verheißung Jesu zu erfüllen und der innergeschichtlichen Offenbarungsfolge ein Ende zu setzen.

Ein herausragendes Beispiel für dieses Überbietungsdenken finden wir auch im christlichen Mittelalter bei *Joachim von Fiore* (gest. 1202). Er war »der erste Abendländer, der ein klar ausgearbeitetes Fortschrittsdenken vorgetragen« und dabei »nachhaltig den Gedanken einer grundlegend besseren irdischen Zukunft zur Sprache gebracht hat«[11]. Er weckte die apokalyptische Hoffnung eines trinitarischen Geschichtsverlaufs, in dem nach der Zeit des Vaters, des Alten Bundes, und der des Sohnes schließlich die Zeit des Heiligen Geistes anbrechen sollte, die Erfüllung aller Zeiten, in der die Kirche völlig umgeformt wird, in ihr niemand mehr über den anderen herrscht und also die kirchliche Hierarchie ihre Berechtigung verliert. Damit sollte auch die Menschheit insgesamt an den Punkt gelangen, den bereits der apokalyptische Seher des Neuen Testaments sagte: »Dann sah ich: Ein anderer Engel flog hoch am Himmel. Er hatte den Bewohnern der Erde ein *ewiges* Evangelium zu verkünden, *allen* Nationen, Stämmen, Sprachen und Völkern.« (Offb 14,6). Die christliche Verkündigung, wie sie bislang der Kirche zukam, wird in solcher Sicht ausdrücklich als

---

[9] Zitiert nach *Helmut Gätje,* Koran und Koranexegese, Zürich/Stuttgart 1971, 16.
[10] Ebd. 98.
[11] *Robert E. Lerner,* Joachim von Fiore, in: TRE XVII, 84–88, hier 88; vgl. zum folgenden auch *Joseph Ratzinger,* Joachim von Fiore, in: LThK V, 579 f.

ein vorläufiges Wort abgelöst von einer neuen, die auf *überzeitliche* und *universale* Geltung hin ergeht. Dies aber war gerade schon der Anspruch des bisherigen Evangeliums.

Trotz seiner gewaltigen Geschichtsmacht konnte auch der Islam den Abschluß der Offenbarung, auf dem er in dogmatischer Überzeugung besteht, nicht gleichermaßen in historischer Realität behaupten. Auch er muß sich bis heute mit dem Tatbestand auseinandersetzen, daß in seinem Umfeld oder gar innerhalb seines Wirkungsbereichs neue prophetische Ansprüche aufkamen, die die Endgültigkeit und Ausschließlichkeit des bisherigen bestritten. Schon unmittelbar nach Mohammeds Tod gab es kriegerische Auseinandersetzungen mit arabischen Stämmen, die von »Propheten« angeführt wurden – vermutlich waren dies »Nachfolgetäter«[12]. Im 10. Jahrhundert berichtet der Theologe *al-Ašʿarī,* daß die Nachricht von einem persischen Propheten im Umlauf sei, der mit seiner Offenbarung die Mohammeds außer Kraft setzen wolle[13]. Eine solche Absicht durfte selbstverständlich unter den Voraussetzungen des Islam keine Anerkennung finden. Folgenreich wurde jedoch eine sektiererische Bewegung, die zu Beginn des 11. Jahrhunderts unter der schiitischen Herrschaft der Fatimiden in Kairo aufkam und aus der die *Drusen* hervorgingen. Sie verbreiteten die Überzeugung, daß für alle Gesetzesreligionen, deren Propheten von Noach bis Mohammed reichten, das Ende gekommen sei; Gott habe sich in dem regierenden Kalifen inkarniert; mit diesem beginne das Zeitalter, in dem alle bisherigen Verkündigungen einer nur »äußeren Wahrheit« von der Offenbarung der »inneren« abgelöst werde und so die Menschheit an ihr Ziel komme. Damit ging aus dem Islam eine neue Religion hervor[14].

Das entsprechende Konfrontationsmuster der geschichtlichen Überbietung war auch aber noch in der Neuzeit massiv wirksam: Kräftige Widerstände, vielfach sogar scharfe Aggressionen erfährt in der muslimischen Welt unserer Tage die Religion der *Bahai,* eine Glaubensgemeinschaft, die von dem Perser *Mīrzā Ḥusain ʿAlī Nūrī* (1817–1892),

---

[12] *Albrecht Noth,* Früher Islam, in: Ulrich Haarmann (Hg.), Geschichte der arabischen Welt, München 1987, 11–100, hier 58.

[13] Vgl. *W. Montgomery Watt/Michael Marmura,* Der Islam II. Politische Entwicklungen und theologische Kämpfe, Stuttgart 1985, 27.

[14] Vgl. *M. G. S. Hodgson/M. C. Şihabeddin Tekindağ/M. Tayyib Gökbilgin,* Durūz, in: EI² II 637. – In religionsgeschichtlichen Beziehungen zu den Drusen stehen die amerikanischen *Black Muslims.* Auch ihr Lehrer Elijah Muhammad beanspruchte in unserem Jahrhundert, Gesandter Gottes und »neuer Mose« zu sein. Vgl. *Jan van Ess,* Drusen und Black Muslims, in: Die Welt des Islams 14, 1973, 203–213.

genannt *Bahā'ullāh,* »die Herrlichkeit Gottes«, gestiftet wurde[15]. In seiner Lehre verbindet sich die Überzeugung eines neuen prophetischen Aufbruchs mit dem Fortschrittsgedanken des 19. Jahrhunderts. Eine entscheidende Voraussetzung ist ihm die Erfahrung, daß die bisherigen Religionen, insbesondere Christentum und Islam, nicht in der Lage waren, die Welt zu einen; daß sie vielmehr deren geistige Zerteilung geradezu noch förderten. Deshalb ergibt sich für Bahā'ullāh aus den Intentionen des christlichen und des muslimischen Glaubens einerseits und der faktischen Situation der Welt andererseits die notwendige Konsequenz, daß die Offenbarungsgeschichte über diese Religionen hinausgehen muß. Wenn sich Christen und Muslime demgegenüber auf die vermeintlich endgültige Verbindlichkeit ihres Glaubens berufen und die Offenheit der Geschichte auf eine größere Zukunft hin nicht erkennen wollen, gilt ihm dies als Ausdruck einer »geistigen Krankheit«, von der »die meisten Menschen befallen« sind[16]. Beim Islam äußere sich diese Verirrung darin, daß er »sich durch die Worte ›Siegel der Propheten‹ die Augen verschleiern ließ«[17]. Wer den Koran richtig verstehen wolle, müsse begreifen, daß diese Bezeichnung Mohammeds grundsätzlich auf jeden Propheten bezogen werden könne, der den Menschen seiner Zeit die Wahrheit erschließe. »Im Qur'ān wurde nichts Erhabeneres und Deutlicheres geoffenbart als das ›Erreichen der göttlichen Gegenwart‹«[18]; diese aber ist nicht an bestimmte vergangene Manifestationen gebunden.

Konkrete Religionen erleiden nach dem Geschichtsbild der Bahai im Laufe der Zeit immer wieder Abnutzungserscheinungen. Deshalb müssen sie auch abgelöst werden können. Die Überzeugung eines religionsgeschichtlichen Fortschritts ist hier also verbunden mit der Annahme eines regelmäßigen Verfalls und einer zyklischen Erneuerung. »Die neue Offenbarung ist das Gericht über die vorangegangene Religion, der Maßstab für ihre Beurteilung und die wahre, göttliche Reformation.«[19] Jede aber ist auf ihre Weise und für ihre Zeit die Erscheinung des Absoluten. Aus diesem Grund kann Bahā'ullāh »nach seinem

[15] Vgl. *A. Bausani,* Bahā'īs, in: EI² I, 915–918; *Fereydun Vahman,* Baha'ismus, in: TRE V, 115–132; als Selbstdarstellung: *J. E. Esslemont,* Baha'u'llah und das neue Zeitalter, Oberkalbach 1972 (London 1923, ⁵1970). Unzulänglich, mit zahlreichen Mängeln behaftet ist die Züricher Dissertation von *Christian J. Jäggi,* Zum interreligiösen Dialog zwischen Christentum, Islam und Baha'itum, Frankfurt 1987.
[16] Das Buch der Gewißheit. Kitáb-i-íqán, geoffenbart von Bahá'u'lláh, Hofheim-Langenhain ³1978, 142.
[17] Ebd.
[18] Ebd. 115.
[19] Ebd. 123.

eigenen Verständnis und demjenigen seiner Anhänger der biblische Herr der Heerscharen, der Vater, der wiedergekommene Christus, die Große Verkündigung (Islam), der zehnte Avatar (Hinduismus), der Buddha Maitreya, der Sháh Bahrám (zarathustrische Religion)« sein[20]. Damit stellt er sich einerseits zwar auch als ein unüberbietbarer Prophet dar, doch andererseits gerade nicht mehr als ein letzter. Der Bahaismus hebt den religionsgeschichtlichen Topos einer exklusiven Endgültigkeit auf, ohne damit die Möglichkeit eines Absolutheitsanspruchs zu bestreiten.

Da diese Religion aus dem muslimischen Kulturkreis hervorging, sich selbst deshalb in erster Linie auf den Islam und das Christentum zurückbezieht, sich zugleich aber als eine neue und eigenständige Glaubensgemeinschaft konstituierte, entspricht ihr religionsgeschichtliches Überbietungsverhältnis in dieser Hinsicht formal dem des Christentums zum Judentum und dem des Islam zu den beiden vorausgehenden biblischen Religionen. Als eine weitere Gemeinsamkeit kommt hinzu, daß auch diese Religion bislang nicht der prinzipiellen Widersprüchlichkeit entging – und daran dürfte sich künftig kaum etwas ändern –, einerseits eine universale Gemeinschaft zu verheißen und andererseits an der bestehenden religiösen Partikularisierung der Welt nichts zu ändern.

Während der Bahaismus auf muslimischem Boden als eine selbständige Religion entstand und sich der Menschheit als Überbietung der großen Religionen insgesamt darbot, ist eine andere Glaubensgemeinschaft, die *Ahmadiyya* mit kräftigem Missionseifer darum bemüht, sich Anerkennung als die wahre Gestalt des Islam zu verschaffen[21]. Ihr Stifter *Mīrzā Ġulām Aḥmad* (gest. 1908) erfuhr 1876 durch eine Offenbarung Gottes, daß er als Prophet mit der Aufgabe betraut sei, den Koran seinem rechten Verständnis gemäß zu verkünden und die muslimische Gemeinschaft dem authentischen Gesetz entsprechend zu reformieren. Aufgrund dieser Berufung bestritt er die traditionelle Koraninterpretation, daß mit Mohammed als dem »Siegel der Propheten« der Prophetie ein Ende gesetzt worden sei, und gab zugleich sich selbst als den erwarteten »Mahdī« aus. Damit schloß er sich an eine vor allem in der Schia intensiv lebendige Hoffnung an: daß Gott eines Tages den von ihm »Geleiteten« (das heißt »Mahdī«) schicken

[20] Ebd. 115.
[21] Vgl. *Wilfred Cantwell Smith,* Aḥmadiyya, in: EI² I, 301–303; als Selbstdarstellungen: *Mirza Bashiruddin Mahmud Ahmad,* Ahmadiyyat or the true Islam, Rabwah 1959; *Sheikh Nasir Ahmad,* Ahmadiyya. Eine islamische Bewegung, Frankfurt 1978.

werde, der die Gläubigen in unzerrüttbarer Gemeinschaft einen und damit zu endgültiger Sicherheit führen könne[22]. Die im schiitischen Glauben angelegte Spannung auf eine eschatologisch erfüllende Zukunft hin wird hier also auf eine konkrete geschichtliche Prophetengestalt und deren Verkündigung bezogen.

Auch für die Ahmadiyya ist wie für den Bahaismus ein entscheidender Impuls das bisherige Unvermögen der Religionen, die Zerklüftungen der Welt zu überwinden. Diese Situation konnte in der indischen Region, von der diese religiöse Bewegung ausging, besonders eindringlich erlebt werden. Zum Ausdruck dafür, daß jetzt die Zeit gekommen sei, die Konkurrenz der verschiedenen Religionen zu beseitigen, erklärt sich Ġulām Aḥmad – als muslimischer Gesandter Gottes – zugleich zu einer Neuerscheinung des von den Hindus verehrten Gottes Krishna, des von den Juden erwarteten Messias, Jesu und schließlich auch Mohammeds[23]. In dieser synkretistischen Identifikation soll der Offenbarungsmittler eine absolute Geltung gewinnen, wie sie jeder einzelnen dieser Gestalten für sich zuvor nicht zukam.

Zwar wird die Ahmadiyya vom übrigen Islam zu einer nicht-muslimischen Minderheit erklärt und in muslimischen Ländern weithin zahlreichen Repressionen unterworfen, doch gehört sie unablösbar zur islamischen Geschichte und zum Geschick des in ihr verwurzelten prophetischen Anspruchs. Wie die christliche Verkündigung hat die muslimische bei ihren Gläubigen ein Erwartungspotential angelegt, dem die reale Geschichte nie voll genügen kann und das verständlicherweise immer wieder einmal auf Überbietungen drängt, solange es den Blick überhaupt noch auf soziale Gegebenheiten lenkt und ihn nicht auf Innerlichkeit und Jenseitiges hin sublimiert.

Wenn der Islam die Erfahrungen, die er mit dem Bahaismus und der Ahmadiyya machte und noch macht, einigermaßen gelassen bedächte, müßte ihm dies das Verständnis dafür erleichtern, warum sich das Christentum nicht in der Lage sieht oder sich wenigstens schwer damit tut, Mohammed als einen Propheten Gottes anzuerkennen[24]; denn die Verhältnisse sind formal dieselben. Freilich steht einem solchen abwägenden Urteil traditionell das dogmatische Pathos entgegen,

[22] Vgl. *W. Madelung,* Al-Mahdī, in: EI² V, 1230–1238.

[23] Ob er sich dabei ausdrücklich als »Prophet« im Sinn des Korans (nabī) oder nur als »Erneuerer«, »Reformator« (muǧaddid) bezeichnete, ist unter den beiden rivalisierenden Gruppen der Ahmadiyya umstritten. Vgl. *W. C. Smith,* Aḥmadiyya (s. Anm. 21).

[24] Vgl. dagegen die Vermittlungsversuche von *Wilfred Cantwell Smith,* Is the Qur'ān the Word of God?, in: Ders., On Understanding Islam. Selected Studies, Den Haag/Paris/New York 1981, 282–300.

wie es bezeichnend in einer muslimischen Streitschrift gegen die Bahai und die Ahmadiyya zur Sprache kommt: »Die Prophetie hat ihren Höhepunkt erreicht, die Wahrheit wurde voll enthüllt, der Islam wurde als die ewig gültige Religion Gottes geschaffen, gegründet auf unveränderlichen kosmischen Gesetzen, und er wird überleben und gültig sein bis zum Tage des Gerichts.«[25] Doch die emphatischen Worte (und die sie begleitenden aggressiven Taten) verändern nichts am Verlauf der Geschichte und den Verlegenheiten, die sie bereitet.

Angesichts solcher Unzulänglichkeiten der Geltungsansprüche von Christentum und Islam kann es nicht verwundern, daß die europäische Aufklärung allen historischen Religionen ihre Partikularität entgegenhielt und sie in eigener Weise überboten sehen wollte durch die von ihr verkündete Religion einer fundamentalen und umfassenden Zustimmung. So schreibt etwa *Diderot* – als ob er auf das Selbstverständnis des Islam als der Religion von »natürlichen Art« (30,30)[26] zurückgriffe –: »es gibt nicht eine einzige Religion auf der Erde, deren Geburtsdatum nicht bekannt wäre, außer der natürlichen Religion. Sie allein also wird niemals enden, während alle andern vergehen werden.«[27] Nur sie hat für Diderot, was den übrigen abgeht, auch wenn sie wie Christentum und Islam das Gegenteil behaupten: »die Unveränderlichkeit und die Universalität«[28]. In rhetorischer Frage gibt er zu bedenken: »Könnte man nicht sagen, daß alle Religionen der Welt nur Sekten der natürlichen Religon sind und daß die Juden und die Christen, die Muslime und sogar die Heiden nur häretische und schismatische Naturalisten sind?«[29].

Freilich ist nicht zu übersehen, daß die hier postulierte und angesagte »natürliche Religion« sich bislang noch nicht einmal in Ansätzen sozial realisiert hat. Bereits innerhalb der Aufklärung selbst hielt man ihr vor, daß sie letztlich nicht mehr ist als die Fiktion eines spekulativen Dogmatismus[30]. So reiht auch sie sich ein in die Folge der einander überbietenden Ansprüche auf universale Geltung, ohne ihr Ziel zu erreichen.

[25] *Ayatollah Allameh Yahya Noori,* Finality of Prophethood and a Critical Analysis of Babism, Bahaism, Qadiyanism, Teheran 1981, 15.

[26] Vgl. S. 68 f.

[27] *Denis Diderot,* De la suffisance de la religion naturelle, in: Oeuvres complètes, Bd. II, Paris 1975, 181–195, hier 190: § 18.

[28] Ebd. 187, in § 11.

[29] Ebd. 193, in § 25. Vgl. zu dieser Schrift Diderots *Ernst Cassirer,* Philosophie der Aufklärung, Tübingen (1932) 1973, 226–228.

[30] Vgl. ebd., 239–243.

2. Die unüberwindbare Begrenztheit der jeweiligen Überzeugungsgemeinschaften

Das Christentum wie der Islam sahen sich von Anfang an der gesamten Menschheit verpflichtet, um sie kraft der geoffenbarten Wahrheit über ihre eigene Situation aufzuklären, sie aus aller Uneinigkeit herauszurufen und in der einen gottgewollten Gemeinschaft zu ihrem Ziel zu führen[31]. »Geht und macht alle Völker zu Jüngern [. . .]!« (Mt 28,19) lautet im einen Fall der Auftrag Jesu, und im anderen heißt es von Gott: »Er ist es, der seinen Gesandten mit der Rechtleitung und der wahren Religion gesandt hat, um ihr die Oberhand zu verleihen über jegliche Religion.« (48,28). Gewiß ist dies hier wie dort nicht primär gesagt im Blick auf die Vielfalt und den Reichtum der religiösen Kulturen der Welt schlechthin, sondern angesichts der jeweils unmittelbar gegebenen Situation und der in ihr anstehenden Entscheidungen; doch hat der einmal erhobene Anspruch seine weiterreichende Dynamik über die ersten Konfrontationen und abgewehrten Alternativen hinaus. Die verkündete Wahrheit des Glaubens soll allen Menschen zugesagt werden; dementsprechend soll sie auch prinzipiell allen in ihrer Verpflichtungskraft einsichtig sein.

Beide Religionen mußten aber von Anfang an erfahren, daß die Zustimmung nicht in dem geforderten und erwarteten Maß erfolgte. Dies nötigte sie zu besonderen theologischen Verarbeitungen. So sieht etwa Paulus in der zwiespältigen Aufnahme seiner Predigt einen Heilsplan Gottes: Gegen »die Weisheit der Weisen« setzt er »die Torheit der Verkündigung«, die nur von denen, die nicht selbstgefällig auf ihre eigene Überlegenheit bauen, als die einzig tragfähige »Weisheit« erkannt werden kann (1 Kor 1,18–31). Diese heilsgeschichtliche Deutung mangelnder Zustimmung wird bis zu der Aussage geführt, daß diejenigen, die sich der Verkündigung verweigern, letztlich von Gott selbst »verstockt« worden seien (vgl. etwa Röm 11,7.25 über die Juden)[32]. Ähnlich sieht auch der Koran diejenigen, die sich gegen die Verkündigung Mohammeds sperren, in ihre eigene Unvernunft eingeschlossen: »Sie finden daran Gefallen, mit denen zu sein, die zurückbleiben; versiegelt wurden ihre Herzen, so daß sie nicht begreifen.« (9,87).

---

[31] Daß der sogenannte »Absolutheitsanspruch« des Christentums in erster Linie als ein Anspruch auf Universalität verstanden werden muß, betont *Joseph Ratzinger,* Das Problem der Absolutheit des christlichen Heilsweges, in: Ders., Das neue Volk Gottes. Entwürfe einer Ekklesiologie, Düsseldorf 1969, 362–375.

[32] Vgl. *Jürgen Moltmann,* Verstockung, in: RGG VI, 1383–1385.

Wenn man dieser theologischen Interpretation gerecht werden will, muß man sehen, von welchen primären Erfahrungen sie in der muslimischen wie der christlichen Geschichte getragen ist: daß nämlich die Verkündigung weithin Gehör und Zustimmung findet; daß durch sie Gemeinschaft aufgebaut wird; daß die Zuversicht des Glaubens ständig an Boden gewinnt. Dementsprechend scheinen diejenigen, die sich solchem Aufbruch entziehen, einer schlechten Vergangenheit verhaftet zu sein und sich deshalb gegen die von Gott eröffnete Zukunft verschließen zu wollen. So sieht Paulus den »Erweis von Geist und Kraft«, den eigentlich jeder Einsichtige anerkennen müßte, in der Gründung und dem Wachstum seiner Gemeinden (1 Kor 2,4); und ähnlich erinnert der Koran die Gläubigen an die ihnen geschenkte Erfahrung neuer Gemeinschaft: »Haltet alle am Seil Gottes fest und spaltet euch nicht! Gedenket der Gnade Gottes euch gegenüber, als ihr Feinde wart und er Vertrautheit zwischen euren Herzen stiftete, so daß ihr durch seine Gnade Brüder wurdet!« (3,103). Die soziale Wirksamkeit des Glaubens soll und kann hier ein entscheidendes Motiv seiner Glaubwürdigkeit und Verpflichtungskraft sein.

Ganz anders wird jedoch die Situation, wenn die Verkündigung gegenüber den »Ungläubigen« an die Grenzen ihrer Wirksamkeit gerät und die Ausbreitung der Religion weitgehend stagniert. Hier drängt sich die Erfahrung, daß Menschen für diese Botschaft keinen Bedarf haben, in einer neuen und irritierenderen Weise auf. Die Behauptung, daß die einen – die dem Glaubensbekenntnis zustimmen – für die Wahrheit aufgeschlossen seien, die anderen dagegen – die sich der Zustimmung enthalten – als uneinsichtig, abgestumpft, verstockt o. ä. beurteilt werden müßten, erhält nun einen weitaus gewaltsameren Charakter als zuvor; denn sie ist jetzt nicht mehr von einer sozialen Dynamik der Verkündigung begleitet, die das schroffe Urteil in einem bestimmten Maß als begründet erscheinen lassen kann. Die universale Verpflichtung, diesen einen Glauben anzuerkennen, verliert in solcher Lage an Plausibilität.

Je stärker deshalb über die mehr oder minder stabilen Grenzen hinweg ein geistiger Austausch erfolgt, desto weniger läßt sich auf Dauer die Einsicht verdrängen, daß die eigene religiöse Position nur unzulänglich mitteilbar und begründbar ist – unzulänglich nämlich unter der Voraussetzung, daß es prinzipiell möglich sein müßte, alle gutgesinnten und vernünftigen Menschen von der Sinnhaftigkeit und Berechtigung, gar Verpflichtung des eigenen Standorts zu überzeugen. Dies aber gelingt offensichtlich bislang keiner der Religionen, und nirgends ist ein Grund absehbar, daß man annehmen dürfte, dies könnte sich künftig ändern.

Die religionsgeographische Karte der Erde bezeichnet also nicht nur eine kulturelle Pluralität der Menschheit, sondern auch die mangelnde Einlösung religiöser Geltungsansprüche - besonders des Christentums und des Islam, die sich als endgültig und universal zugleich ausgeben[33]. Die Zugehörigkeit zu einer Religion erscheint in dieser Lage zunehmend davon abzuhängen, in welcher Umgebung jemand aufwächst; die religiösen Überzeugungen stellen sich weithin - wie für *Rousseau* - als eine »affaire de géographie«[34] dar. Davon ist das Christentum im Verhältnis zum Islam noch einmal in gesteigertem Maß betroffen, da es sich offensichtlich nicht in der Lage sieht, unter Muslimen Fuß zu fassen, während umgekehrt der Islam unter Christen Gewinne verbuchen kann - und keineswegs einfach »mit Feuer und Schwert«, wie das verbreitete Klischee meint.

So ist es verständlich, daß Christen gelegentlich aus apologetischen Gründen die Muslime als prinzipiell unverbesserlich ausgaben, damit der Mißerfolg der vielfältigen missionarischen Anstrengungen nicht die behauptete Vernünftigkeit ihrer eigenen Überzeugungen beeinträchtige: »Der Fels des Islams ist unzerstörbar«, »die Mohammedaner sind unbekehrbar«[35]. Damit unterstellte man einem faktischen Tatbestand eine theologische Notwendigkeit; auf solche Weise erschien er leichter erträglich. Dieser verbreiteten Urteil widersprach aber *Pius XI.,* indem er 1925 in Rom einen Lehrstuhl für das Studium des Islams einrichtete - unter der doppelten Voraussetzung, daß Muslime prinzipiell wie andere Nichtchristen als ansprechbare Adressaten der Mission erachtet werden müßten und daß sie deshalb in ihrer Denkweise besser erforscht werden sollten als bisher[36]. Die argumentative Ausflucht in das heilsgeschichtliche Verdikt, daß ein großer Teil der Menschheit absolut verstockt sei, wurde also kirchenamtlich verwehrt; das änderte jedoch nichts an dem irritierenden Tatbestand der mangelnden Überzeugungskraft des christlichen Glaubens gegenüber

[33] Zur religionsgeschichtlichen Sicht und Bewertung dieser Besonderheit vgl. *Gustav Mensching,* Der Absolutheitsanspruch des Christentums im Vergleich mit den außerchristlichen Weltreligionen, in: US 30, 1975, 35-44 mit 48, und *Ludwig Rütti,* Zur Problematik des Absolutheitsanspruches. Stellungnahme zu: G. Mensching [...], ebd. 45-48.

[34] *Jean-Jaques Rousseau,* Émile ou de l'éducation, in: Oeuvres complètes, Bd. 4, Paris 1969, 555.

[35] Kritisch zitiert bei *Thomas Ohm,* Mohammedaner und Katholiken, Münster 1961, 29; vgl. auch *ders.,* Machet zu Jüngern alle Völker. Theorie der Mission, Freiburg 1962, 199.

[36] Zu dieser zweifachen Intention von Pius XI. vgl. *Th. Ohm,* Mohammedaner und Katholiken (s. Anm. 35), 32.

Muslimen und an der daraus resultierenden theologischen Verlegenheit.

Daß die christliche Theologie in der Neuzeit den Menschen anderer Religionen auch ohne die Bekehrung zum Christentum eine Heilsmöglichkeit einräumt, nimmt dem Problem seine Härte und Dringlichkeit. Dies ist erst recht dort der Fall, wo ihnen – in einer weiterreichenden theologischen Spekulation und Sprechweise – zugestanden wird, daß sie »anonyme Christen« sein könnten[37]. Doch berührt eine solche theoretische Einschätzung der Angehörigen anderer Religionen – so beachtlich sie als Beitrag zu einem versöhnlichen Denken sein mag – nicht die fundamentaltheologische Frage, wie den christlichen Glaubensüberzeugungen bei ihrer vermutlich auf Dauer begrenzten Fähigkeit, Zustimmung zu gewinnen, ein universaler Geltungsanspruch behauptet werden soll. In diesem Zusammenhang trägt die spekulative Begründung dafür, daß auch den Nichtchristen unter christlichen Prämissen ein Heilsweg zugesprochen werden kann, nichts ein; denn es geht hier um die Glaubwürdigkeit – und dies heißt auch: Vernünftigkeit – des christlichen Bekenntnisses in seiner besonderen Abhebung von allen übrigen. Man mag die sprachliche Objektivierung des Glaubens in seinem Gewicht noch so sehr gegenüber dem »eigentlichen«, »personalen« Glaubensvollzug relativieren, der als fundamentales Vertrauen auf Gott allen einzelnen Äußerungen und inhaltlichen Explikationen vorausliegt (demnach »transzendental« ist); trotzdem bleiben beharrlich und ungemindert die Barrieren der religiösen Verständigung über das, was innerhalb der jeweiligen Glaubensgemeinschaft als dogmatisch endgültig und prinzipiell universal verbindlich ausgegeben wird.

Während die kirchliche Lehre und die Theologie die diskriminierenden Beurteilungen der nichtchristlichen Religionen in großem Maß zurückgenommen und damit Wesentliches zur Verbesserung des interreligiösen Klimas beigetragen haben, beachten sie bislang kaum die sich daraus ergebenden Konsequenzen für den eigenen Wahrheitsanspruch. Daß die Zustimmung zum christlichen Glaubensbekenntnis

---

[37] Zu dieser vor allem auf *Karl Rahner* zurückgehenden theologischen Interpretation vgl. *Elmar Klinger* (Hg.), Christentum innerhalb und außerhalb der Kirche, Freiburg/Basel/Wien 1976. Aus kritischer Position äußert sich dazu z. B. *Hans Küng,* Gibt es die wahre Religion? in: Ders., Theologie im Aufbruch. Eine ökumenische Grundlegung, MÜnchen/Zürich 1987, 274–306. Zum Für und Wider vgl. *Karl Rahner,* Bemerkungen zum Problem des »anonymen Christen« in: Ders., Schriften zur Theologie, Bd. 10, Zürich/Einsiedeln/Köln 1972, 531–546. – In diesem Zusammenhang erwähnenswert ist auch das Plädoyer für die »religiöse Inklusivität des Christentums« bei *Ulrich Mann,* Das Christentum als absolute Religion, Darmstadt 1970.

(die letztlich die ausdrückliche Zugehörigkeit zur Kirche verlangt) nicht mehr unbedingt für heilsentscheidend erachtet wird, erscheint als ein beruhigendes und auch hinreichendes Maß ideologiekritischer und toleranzstiftender Selbstkorrektur. Doch wo die ursprüngliche Erwartung, daß alle gutwilligen, zur Einsicht bereiten Menschen der Artikulation des Glaubens zustimmen müßten, aufgegeben wird, wird zugleich der Wahrheitsanspruch selbst auf die Gruppe derer, die ihn anerkennen können, begrenzt und seines universalen Geltungsgrundes beraubt. Die Verkündigung der Offenbarung hat in ihrer geschichtlichen Dimension und ihrer sprachlichen Objektivierung faktisch nicht mehr die gesamte Menschheit als Adressaten, auch wenn sie immer auf eine Erweiterung der Zustimmungsgemeinschaft hin offen bleibt. Dies ist aber nicht nur ein Moment des äußeren Geschicks der religiösen Überzeugungen, sondern betrifft sie prinzipiell in ihrer Begründbarkeit.

Für den Islam ist diese Lage zwar nicht wesentlich anders als für das Christentum; doch hat er zum einen nicht in gleicher Weise die äußeren und inneren Grenzen seiner Ausbreitung zu spüren bekommen – im Gegenteil wird er in jüngster Zeit, nach den depressiven Erfahrungen der Kolonialgeschichte, aus verschiedenen Gründen zunehmend wieder im Bewußtsein seiner Dynamik bestärkt; zum anderen aber sah er sich bislang auch kaum genötigt, den Anspruch universaler Wahrheits- und Heilsvermittlung angesichts theoretischer Beunruhigungen, wie sie das Christentum durch die Aufklärung erfuhr, zu rechtfertigen und dabei vielleicht auch zu relativieren. Dementsprechend erscheint das im Islam geäußerte Selbstbewußtsein angesichts der Religionsstatistik unserer Welt weitgehend ungebrochen.

Vereinzelt freilich meint man heute auf muslimischer Seite, daß man die Pluralität von Religionen auch positiv bewerten dürfe und sich dabei sogar auf den Koran berufen könne, nämlich auf Sure 5,48, wo es heißt[38]: »Für jeden von euch (die ihr verschiedenen Bekenntnissen angehört) haben wir ein (eigenes) Brauchtum (?) und einen (eigenen) Weg bestimmt. Und wenn Gott gewollt hätte, hätte er euch zu einer einzigen Gemeinschaft gemacht. Aber er (teilte euch in verschiedene Gemeinschaften auf und) wollte euch (so) in dem, was er euch (d. h. jeder Gruppe von euch) (von der Offenbarung) gegeben hat, auf die Probe stellen. Wetteifert nun nach den guten Dingen! Zu Gott werdet ihr (dereinst) allesamt zurückkehren. Und dann wird er euch

---

[38] Hier nach der Übersetzung und mit den erläuternden Einfügungen in Klammern von *Rudi Paret,* Der Koran, Stuttgart 1979 (überarbeitete Taschenbuchausgabe).

Kunde geben über das, worüber ihr (im Diesseits) uneins wart.« In diesen Sätzen will man schon die Tendenz der *Lessing*schen Ringparabel ausgesprochen finden: »Es strebe von euch jeder um die Wette, / Die Kraft des Steins in seinem Ring‹ an Tag / Zu legen!«[39] Doch ist eine solche Lesart der Koransstelle angesichts ihres Kontextes gar zu fragwürdig; denn nirgends ist hier zu entnehmen, daß die Vielzahl religiöser Gemeinschaften wie bei Lessing als ein vorläufig anerkennenswerter Zustand der Menschheit gewürdigt werden dürfte; vielmehr ist sie in der Sicht des Korans eine Folge und ein Ausdruck der Schuld: Mögen alle miteinander wetteifern; es wird sich herausstellen, wer den »geraden Weg«, der zum rechten Ziel führt, gegangen ist und wen Gott in die Irre gehen ließ (vgl. 6,39)[40]. Doch selbst die fragwürdige Interpretation verweist noch auf das Bedürfnis und die Möglichkeit, die religiöse Pluralität gelegentlich auch anders zu beurteilen, als dies traditionell überwiegend geschieht: nämlich auf eine offene, für uns noch nicht endgültig entschiedene Zukunft hin.

3. Geschichtliche Relativierungen

Die Erfahrungen des geschichtlichen Wandels und der sozialen Pluralität, damit zugleich auch der Schwierigkeit, sich an konstanten

[39] Vgl. die Parallelisierung von Sure 5,48 mit *Lessings* Toleranzverständnis bei *Mohammed S. Abdullah,* Islamische Stimmen zum Dialog, CIBEDO-Dokumentation Nr. 12, Christlich-Islamische Begegnung – Dokumentationsstelle –, Frankfurt 1981, 5; *ders.,* Fremde? Gäste? Mitbürger? Der Islam und die nichtislamischen Minderheiten (1. Teil), in: Aktuelle Fragen. Aus der Welt des Islam 5, 1985, Nr. 3, 91–96, hier 93 f (in Anlehnung an *Schalom Ben Chorin); ähnlich Duran Khalid,* Dialog 3. Islamisch, in: LrG, 159–164, hier 160. Vgl. auf christlicher Seite *Paul Schwarzenau,* Korankunde für Christen, Stuttgart 1982, 117f; ähnlich auch schon *Johann Adam Möhler,* Ueber das Verhältniß des Islams zum Evangelium (1830), in: Ders., Gesammelte Schriften und Aufsätze, hg. von Joh. Jos. Ignaz Döllinger, Bd. 1, Regensburg 1839, 348–402, hier 362f; s. auch Anm. 40.

[40] Anders *Heribert Busse,* Die theologischen Beziehungen des Islams zu Judentum und Christentum. Grundlagen des Dialogs im Koran und die gegenwärtige Situation, Darmstadt 1988, 34f, aufgrund des Schlusses: Entweder ist die religiöse Spaltung der Menschheit gottgewollt, dann ist sie notwendigerweise gut; oder sie ist schlecht, dann ist sie notwendigerweise ein Ausdruck der Schuld der Menschen; in 5,48 ist sie gottgewollt: also gut. Aber die hier vorausgesetzten Prämissen beruhen auf einem unangemessenen Verständnis der Prädestinationslehre. Vorsichtiger schreibt *Fazlur Rahman,* Major Themes of the Qur'ān, Chicago 1980, 167, zu diesem Koranvers: »Der positive Wert verschiedener Religionen und Gemeinschaften ist dann, daß sie miteinander um das Gute streiten können«; dazu *Adel Theodor Khoury,* Toleranz im Islam, München/Mainz 1980, 26: »Wettstreit bedeutet jedoch nicht, daß man die Andersgläubigen – und noch weniger die Ungläubigen – als gleichberechtigt neben der islamischen Religionsgemeinschaft gelten läßt.« Dem entspricht auch die muslimische Tradition zur Stelle im Kommentar von *aṭ-Ṭabarī* (gest. 923), Ǧamiᶜ al-bayān ᶜan ta'wīl āy al-qur'ān, Teil 6, Kairo ²1954, 269–273.

»Wesens«strukturen sozialer Gegebenheiten zu orientieren, drängten sich gerade neuzeitlich besonders intensiv auf. Daß davon die religiöse Lebenswelt schwerwiegend mitbetroffen ist, gab auf christlicher Seite deutlich das *Zweite Vatikanische Konzil* zu bedenken, etwa wenn es auf die »so rasche Beschleunigung« im »Gang der Geschichte« verweist, »daß der Einzelne ihm schon kaum mehr zu folgen vermag«, und wenn es dabei feststellt, daß »die Menschheit einen Übergang von einem mehr statischen Verständnis der Ordnung der Gesamtwirklichkeit zu einem mehr dynamischen und evolutiven Verständnis« vollziehe und daß die Folge davon »eine neue, denkbar große Komplexheit der Probleme« sei[41].

Freilich ergibt sich das hier benutzte Vorstellungsmuster einer geschichtlichen Evolution, das sich an biologische Vorgänge anlehnt, nicht aus der bloßen Beschreibung gesellschaftlicher Sachverhalte, sondern ist selbst schon ein Versuch, in den kulturellen Umbrüchen Einheit und Kontinuität zu wahren. Aber erheblicher als die im einzelnen gewählten Deutungen und Beurteilungen der gegebenen Situation ist zunächst die prinzipielle Aussage, daß sich die Kirche als eine begreifen will, die »den Weg mit der ganzen Menschheit gemeinsam« geht und »das gleiche irdische Geschick mit der Welt« erfährt«[42]. Zu diesem Geschick gehören letztlich nicht nur die äußeren sozialen Tatbestände, sondern auch die verschiedenen theoretischen Bemühungen, sie geistig zu verarbeiten. Davon soll im folgenden die Rede sein. Daß sich dabei der Blick wieder vorrangig auf die kulturelle Situation des Christentums und seiner Theologie richtet, ist wie im vorausgehenden Kapitel durch die tiefgreifenden Auswirkungen von Aufklärung, Säkularisierung und Pluralismuserfahrungen auf das abendländische Geschichtsverständnis bedingt. Doch sind auch die vereinzelten Berührungen muslimischer Theologie mit diesem Denken und die Reaktionen darauf aufschlußreich.

a. Geschichtliches Denken in christlicher Theologie als Folge der Aufklärung

Es ist gewiß kein Zufall, daß der Begriff der »*Absolutheit des Christentums*« gerade in einer Zeit und unter Umständen geprägt wird, in der die institutionelle Religion zunehmend ihre soziale Relativierung und Privatisierung erfährt und sich des Verlusts ihrer öffentlichen Geltung

---

[41] Pastoralkonstitution über die Kirche in der Welt von heute »Gaudium et spes«, Artikel 5.
[42] Ebd. 44, Artikel 40.

bewußt werden muß. In einem gewaltigen und gewaltsamen spekulativen Zugriff führt *Hegel* die Wahrheit aller Religionen auf die des Christentum zurück[43]. In diesem – als der endgültigen Versöhnung aller vorausgehenden Äußerungen des absoluten Geistes – sieht er alle Verschiedenheiten der einzelnen Religionen aufgehoben. Das Christentum steht demnach in dieser idealistischen Philosophie nicht als eine Religion neben anderen, sondern ist deren Ziel und Erfüllung in dem umfassenden Prozeß der Geschichte. Dabei sind alle Formen der Beziehung des Endlichen zum Unendlichen, also alle Phänomene religiöser Kultur, letztlich Äußerungen des Unendlichen selbst, in denen dieses sich – in der Vermittlung über das Endliche – auf sich selbst bezieht, so daß »nicht die sogenannte menschliche Vernunft und ihre Schranke es ist, welche Gott erkennt, sondern der Geist Gottes im Menschen: es ist [. . .] Gottes Selbstbewußtsein, welches sich in dem Wissen des Menschen weiß«.[44] Die Geschichte der Religionen ist demnach als der notwendige Weg der Entäußerung und Rückkehr des absoluten Geistes zu sich selbst jeglicher Zufälligkeit enthoben: In ihr vereinigen sich *Vernünftigkeit* (die verhindert, daß die Welt zur irrationalen Versammlung bloßer Tatsachen wird) mit *Faktizität* (in der die Vernunft gegenständlich und konkret erscheinen kann).

Indem Hegel das Christentum an das Ende dieser Geistesgeschichte setzt, kommt er freilich »bei seiner Betrachtung des Islam in Schwierigkeiten«: »denn dieser konstituierte sich – für Hegel, zeitlich gesehen, reichlich unpassend – nach der Entstehung der absoluten Religion. Deshalb entscheidet sich Hegel bei seinen diesbezüglichen Darstellungen dahingehend, den Islam als ein in Beziehung zum Judaismus stehendes Phänomen zu betrachten.«[45] Damit bewertet er den

---

[43] Von besonderer Bedeutung sind dabei *Hegels* Vorlesungen über die Philosophie der Religion (1821–1831); vgl. *Karl Lehmann,* Absolutheit des Christentums als philosophisches und theologisches Problem, in: Walter Kasper (Hg.), Absolutheit des Christentums, Freiburg/Basel/Wien 1977, 13–38; *Joseph Möller,* Der Geist und das Absolute. Zur Grundlegung einer Religionsphilosophie in Begegnung mit Hegels Denkwelt, Paderborn 1951; *Willy Oelmüller,* Die unbefriedigte Aufklärung. Beiträge zu einer Theorie der Moderne von Lessing, Kant und Hegel, Frankfurt 1979, 264–289: Geschichte und System in der ›Religionsphilosophie‹; *Bernhard Welte,* Hegels Begriff der Religion, in: Ders., Auf der Spur des Ewigen, Freiburg 1965, 211–227.

[44] *Georg Wilhelm Friedrich Hegel,* Vorlesungen über die Beweise vom Dasein Gottes, hg. von Georg Lasson, Hamburg 1966, 49.

[45] *Charles Taylor,* Hegel, Frankfurt 1978 (orig.: Cambridge 1975), 653. – Vgl. *Georg Wilhelm Friedrich Hegel,* Vorlesungen über die Philosophie der Religion, 2. Bd., hg. von Georg Lasson, Hamburg 1974, II. Teil, 100; III. Teil 222 f. Insgesamt sind es freilich nur wenige Stellen, an denen sich Hegel überhaupt mit dem Islam befaßt – so vor allem noch in seinen »Vorlesungen über die Philosophie der Geschichte«, in: Ders., Sämtliche Werke, hg. von Her-

Islam – entgegen der chronologischen Folge – als eine *vor*christliche Religion, die durch das Christentum in der geistesgeschichtlichen Entwicklung überholt ist, auch faktisch »schon längst von dem Boden der Weltgeschichte verschwunden und in orientalische Gemächlichkeit und Ruhe zurückgetreten«[46].

In dieser spekulativen Konstruktion eines notwendigen Geschichtsprozesses läßt Hegel von vornherein nicht die Diskrepanz aufkommen, die etwa *Lessing* fast ein halbes Jahrhundert früher hervorhob mit seiner berühmten Unterscheidung der »notwendigen Vernunftwahrheiten« von den »zufälligen Geschichtswahrheiten«[47] und seiner Feststellung, daß zwischen beiden »der garstige breite Graben« sei, »über den ich nicht kommen kann, so oft und ernstlich ich auch den Sprung versucht habe«[48]. Die Anfänge *historisch-kritischen Denkens* hatten die Ereignisse, in denen der christliche Glaube die Offenbarung Gottes gegeben sieht, in ein neues Licht gerückt: Sie wurden zunehmend erkennbar als Elemente der sie umgebenden Kultur, geprägt von den Bedürfnissen und Verarbeitungen der Menschen, unter den Absichten der Verkündigung in zeitbedingte Vermittlungsformen gefaßt, abhängig also auch von Glaubwürdigkeitsvoraussetzungen, Realitätsmaßstäben und Überzeugungsneigungen, die nicht allgemeingültig sein mußten.

Eine radikale Konsequenz daraus zogen all die kritischen Stimmen, die dem christlichen Glauben und darüber hinaus gar dem religiösen Denken insgesamt eine hinreichende Vernunft bestritten[49]. Dies mußte nicht heißen, daß man der Religion schlechthin die Legitimität absprach; aber man begrenzte diese auf geistesgeschichtliche Phasen, in denen die Menschheit angeblich noch nicht zu reifer Einsicht gelangen konnte. Mit dem Beginn der Aufklärung jedoch sollte der Anspruch des Glaubens durch den der Vernunft abgelöst werden; denn allein in ihr sei die zuverlässige Grundlage einer universalen Verständigungs- und Überzeugungsgemeinschaft gegeben.

mann Glockner, Bd. 11, Stuttgart-Bad Cannstatt ⁴1961, 453–459: Der Muhammedanismus. Dies rechtfertigt jedoch nicht, daß der Islam in der Untersuchung von *Reinhard Leuze,* Die außerchristlichen Religionen bei Hegel, Göttingen 1975, kaum erwähnt wird.

[46] Vorlesungen über die Philosophie der Geschichte (s. Anm. 45), 459.– Zur Bewertung des Islam als einer »vorchristlichen«, d. h. auf das Christentum hinführenden Religion s. auch S. 20f.

[47] *Gotthold Ephraim Lessing,* Über den Beweis des Geistes und der Kraft [1777], in: Gesammelte Werke, hg. von Paul Rilla, Bd. 8: Philosophische und theologische Schriften, Berlin/Weimar 1968, 9–16, hier 12.

[48] Ebd. 14.

[49] Vgl. *Hans Zirker,* Religionskritik, Düsseldorf ²1988.

Wohl läßt sich Hegel nicht in die Phalanx der Kritiker einordnen, deren Ziel ausdrücklich die Destruktion der christlichen Religion ist, geht es ihm doch gerade darum, das Christentum als die authentische Vermittlungsgestalt des absoluten Geistes zu begreifen; doch ist das Gemeinsame nicht zu übersehen: die Ablösung des *Glaubens,* der sich auf eine singuläre Geschichte und ihre Tradition verwiesen sieht, durch das *Denken,* das sich des in der Geschichte wirksamen Geistes vergewissert und damit alle Besonderheit der Religion hinter sich läßt. »So kann nach dieser Auslegung zwar das Christentum nicht ohne Philosophie, wohl aber die Philosophie zuletzt ohne das Christentum zum angemessenen Selbstverständnis gelangen; ein idealistisches Verständnis der Religion enthält so den Keim zur Aufhebung der Religion schon in sich.«[50]

Durch solche weitreichenden Problematisierungen des christlichen Glaubens sah sich die Theologie dazu herausgefordert, das Verhältnis von *Geschichtlichkeit und Absolutheitsanspruch,* von *sozial begrenzter Tradition und universal möglicher Vernunft* neu zu bedenken. Damit berührte sie freilich das christliche Selbstverständnis in seinem innersten Wesen; die Auseinandersetzungen waren dementsprechend heftig und sind verständlicherweise bis heute nicht zu einem einvernehmlichen Ende gebracht. Eine besondere Rolle kommt in diesem Zusammenhang dem Werk des evangelischen Theologen *Ernst Troeltsch* (1865–1923) zu, vor allem seiner Abhandlung über *»Die Absolutheit des Christentums und die Religionsgeschichte«* (1902[51]), das schon mit seinem Titel das Problem deutlich markiert.

Zunächst schließt sich Troeltsch ausdrücklich denen an, für die »das Christentum in seiner reinen« Gestalt nicht eine Religion neben anderen ist, sondern die Religion«[52]. Einen »ziellosen Relativismus« kann er nicht als die Lösung der gegebenen Probleme anerkennen[53]. Andererseits aber ist ihm »der relative, historische und begrenzte Charakter der Entstehungsgeschichte des Christentums«[54] eine ebenso unbestreitbare wie theologisch folgenreiche Tatsache. Deshalb sieht

[50] *Richard Schaeffler,* Religionsphilosophie, Freiburg/München 1983, 42.
[51] Weitere Auflagen folgten ²1912, ³1929; leicht zugänglich ist die Ausgabe im Taschenbuch, nach der im folgenden zitiert wird: *Ernst Troeltsch,* Die Absolutheit des Christentums und die Religionsgeschichte – und zwei Schriften zur Theologie, Gütersloh ²1985.
[52] Diese Aussage von *Adolf von Harnack* (Die Aufgabe der theologischen Fakultäten und die allgemeine Religionsgeschichte, in: Reden und Aufsätze, Gießen 1904, 2. Bd., 159–187, hier 172) zitiert *Troeltsch* »vollkommen« zustimmend im Vorwort zur ersten Auflage seiner Schrift zur »Absolutheit des Christentums« (s. Anm. 51), 11.
[53] Ebd. 12.
[54] Ebd. 19.

er die fundamentale Voraussetzung seiner Abhandlung in einem »der wichtigsten Grundzüge« der modernen Welt: der »Ausbildung einer restlos historischen Anschauung der menschlichen Dinge«: »Die moderne Historie ist ein Prinzip der Gesamtanschauung alles Menschlichen, ursprünglich erwachsen aus der Aufklärungskritik an politischen und sozialen Einrichtungen, aus dem reformatorischen Kampfe gegen die katholische Legende und aus der erneuerten kirchlichen und klassischen Philologie, dann vertieft durch die großen entwicklungsgeschichtlichen Weltbilder des deutschen Idealismus, schließlich in der Einzelarbeit verselbständigt und im Verkehr mit dem Objekt zu einer eigentümlichen Denk- und Forschungsweise geworden, die durch die glänzendsten Resultate sich bewährt hat.«[55] Damit erscheint ihm die dem Christentum von Anfang an eigene »naive Zuversicht zu seiner normativen Wahrheit« ebenso gestört[56] wie das zeitgenössische philosophische Denken, das meint, man könne die gesamte Religionsgeschichte in den Begriff der Selbstauslegung des absoluten Geistes fassen und dabei das Christentum als »das überall latente und durch Vermittlungen gebundene Wesen« der Religion schlechthin verstehen[57]. Mit einem solchen systematisierenden Entwurf wird nur »die alte apologetische Spekulation, die wider die Historie war, ersetzt durch eine neue, die mit der Historie ist«[58]; der Geschichtlichkeit menschlicher Kultur und damit auch des Christentums, wie Troeltsch sie gegeben sieht, wird jedoch weder die eine noch die andere Sicht gerecht. Beide versuchen das Christentum auf eine nicht verantwortbare Weise aller geschichtlichen Bedingtheit zu entheben: die *supranaturalistische Theologie* »über die *Form* der Entstehung religiöser Wahrheiten«[59], indem sie den christlichen Glauben durch einen einzigartig wunderbaren Anfang begründet sein läßt – »in der Absolutheit der christlichen Sonntagskausalität im Gegensatz zu der Relativität und Mittelbarkeit der außerchristlichen Werktagskausalität«[60] –; die *evolutionistische Religionsphilosophie* durch »*Inhalt und Wesen*« der christlichen Idee – durch »ein Wunderland leuchtender Notwendigkeiten«, die »die verworrene Wirklichkeit durchsichtig wie ein Kristall« werden lassen[61].

[55] Ebd. 29.
[56] Ebd. 31.
[57] Ebd. 33.
[58] Ebd.
[59] Ebd. 36.
[60] Ebd. 37.
[61] Ebd. 38 f.

Demgegenüber besteht Troeltsch darauf, daß zwei Momente geschichtlicher Realität auch bei der Beurteilung der Religionen nicht vernachlässigt werden dürfen: zum einen der Charakter *unableitbarer Einmaligkeit und Individualität,* die sich nicht auf allgemeine Gesetzmäßigkeit zurückführen läßt, und zum anderen der *Zusammenhang allen Geschehens,* so daß in ihm jegliches Element zu anderen Elementen relational gesehen werden muß und damit relativ bleibt. Die Konsequenz daraus heißt für ihn schließlich: »Die Historie ist kein Ort für absolute Religionen und absolute Persönlichkeiten.«[62]

Deshalb ist es nach Troeltsch auch verwehrt, mit den »Formeln« von »Kern und Schale, Form und Inhalt, bleibende[r] Wahrheit und zeitgeschichtliche[r] Bedingtheit« das Christentum in der Fülle seiner kulturellen Phänomene und der Wandelbarkeit seiner Gestalten auf ein zeitenthobenes Wesen hin zu reduzieren[63]. »Nirgends ist das Christentum die absolute, von geschichtlicher, momentaner Bedingtheit und ganz individueller Artung freie Religion, nirgends die wandellose, erschöpfende und unbedingte Verwirklichung eines allgemeinen Begriffes der Religion.«[64]

Freilich bleibt dabei dem geschichtlich geschulten theologischen Blick immer die Möglichkeit, »die beherrschende Idee des Christentums aufzusuchen und aus ihrem Inhalt die Entwicklung und Fortbildung des Christentums, soweit möglich, zu verstehen«[65]. Doch eine solche abwägende Erkundung ist erstens nie unabhängig von *persönlichen Überzeugungen* und behält zweitens stets einen *hypothetischen Charakter.* Nur unter dieser doppelten Voraussetzung erscheint es Troeltsch theologisch verantwortbar, dem Christentum schließlich doch eine absolute Geltung zuzusprechen und es aus der Vielzahl der Religionen herauszuheben. Es ist dies – nur scheinbar widersprüchlich – eine Anerkennung des Christentums als *absoluter* Religion auf dem Boden geschichtlicher *Relativität.* Demgegenüber muß nach Troeltsch jedes Denken, das sich darauf richtet, das »Absolute in der Geschichte auf absolute Weise an einem einzelnen Punkt haben zu wollen«, letztlich als »ein Wahn« beurteilt werden[66].

---

[62] Ebd. 59.

[63] Ebd. 53. Vgl. hierzu auch *Troeltschs* differenzierte Ausführungen zur Frage »Was heißt ›Wesen des Christentums‹?«, in: Ders., Gesammelte Schriften, Bd. 2: Zur religiösen Lage, Religionsphilosophie und Ethik, Tübingen 1913, 386–451, bes. 432–448: Subjektivität und Objektivität in der Wesensbestimmung.

[64] *Ders.,* Die Absolutheit des Christentums (s. Anm. 51), 52.

[65] Ebd. 52 f.

[66] Ebd. 96.

Die Kritik an Troeltsch war von Anfang an heftig; bald wurde er aber auch – vor allem infolge der »dialektischen Theologie« *Karl Barths* – schlicht vernachlässigt und verachtet[67]. Für Barths Opposition zu Troeltsch bezeichnend ist das scharfe Urteil, »daß die ›Glaubenslehre‹ sich bei ihm in ein uferloses und unverbindliches *Gerede* aufzulösen im Begriff – daß die neuprotestantische Theologie überhaupt bei ihm bei allem hohen Selbstbewußtsein ihres Gehabens in die Klippen bzw. in den Sumpf geraten war. Weil wir da nicht mehr mittun konnten, sind wir gegen Ende des zweiten Jahrzehnts unseres Jahrhunderts aus diesem Schiff ausgestiegen! Es war zum Katholischwerden«[68].

Bei sachlicherer Würdigung wird Troeltsch besonders entgegengehalten, er überwinde nicht eine innere Widersprüchlichkeit: einmal sei ihm das Christentum der »Höhepunkt aller bisherigen Religion« – »ohne jede Wahrscheinlichkeit einer Überholung«[69] –, dann aber erkenne er ihm nur zu, »in der Richtung und Lebensbewegung auf das Absolute« zu stehen[70] – als eine »Annäherung an die wahren letzten allgemeingültigen Werte«[71] –, so daß immer noch »die abstrakte Möglichkeit weiterer Offenbarungen« im Blick bleibe[72]; einerseits gelte ihm das Christentum »nicht bloß als der Höhepunkt, sondern auch als der Konvergenzpunkt aller erkennbaren Entwicklungsrichtungen der Religion« und dementsprechend »als die zentrale Zusammenfassung und als die Eröffnung eines prinzipiell neuen Lebens«[73], aber andererseits wolle er doch keine religionsgeschichtliche Periode lediglich als

---

[67] Vgl. *Karl-Ernst Apfelbacher,* Ernst Troeltsch, in: Heinrich Fries/Georg Kretschmar (Hg.), Klassiker der Theologie, Bd. 2, München 1983, 241–261, hier 256–258. 260.

[68] *Karl Barth,* Kirchliche Dogmatik, Bd. IV/1, Zollikon – Zürich 1953, 427. Vgl. dagegen aber *U. Mann,* Das Christentum als absolute Religion (s. Anm. 37), 28: »Barth setzt einfach die Offenbarung als gegeben voraus; das aber, so karikiert Bonhoeffer [Widerstand und Ergebung, München [10]1961, 184 f], ist ganz im Sinn des Sprichwortes ›Friß Vogel oder stirb!‹. Barth kann in der Tat den Menschen unserer Zeit bei der religiösen Grundfrage nicht weiterhelfen.«

[69] *E. Troeltsch,* Die Absolutheit des Christentums (s. Anm. 51), 102.

[70] Ebd. 101.

[71] Ebd. 69.

[72] Ebd. 99.

[73] Ebd. 90. In dieser Hinsicht äußert *Troeltsch* später selbst kräftige Bedenken; vgl. seine Ausführungen über »Die Stellung des Christentums unter den Weltreligionen«, in: Ders., Der Historismus und seine Überwindung. Fünf Vorträge, eingeleitet von Friedrich von Hügel, Berlin 1924, 62–83, hier bes. 75 f; 82: »Nur möchte ich jetzt noch schärfer als damals darauf hinweisen, daß [. . . alle Religionen] in eine gemeinsame Richtung deuten und alle aus innerem Antrieb in eine unbekannte letzte Höhe streben, wo allein erst die letzte Einheit und das Objektiv-Absolute liegen kann.«

»Durchgangsstufe« auf ein höheres Ziel hin bewertet sehen[74]; insgesamt habe er also die Differenz, die zwischen der Anerkennung *absoluter Gültigkeit* und der von *bloß faktischer Höchstgeltung* bestehe, theoretisch nicht hinreichend verarbeitet[75]. Dabei bleibt jedoch unbestritten, daß nicht nur durch Troeltsch erst dem Problem*begriff* ›Absolutheit des Christentums‹ «in der Diskussion ein fester Platz gegeben«[76], sondern von ihm auch »das Problem selbst mit einer seltenen Prägnanz, Redlichkeit und Hellsichtigkeit erörtert«[77] wurde. Alles, was ihm widersprechend, korrigierend und modifizierend entgegengehalten wird, kann letztlich nicht bewirken, daß die Herausforderungen, vor die das christliche Glaubensverständnis in der Folge der Aufklärung gestellt ist, verschwinden, sondern allenfalls, daß sie noch deutlicher bewußt gemacht und vielleicht auch differenzierter verarbeitet werden. Spruch und Widerspruch bleiben in dieser Sache für die gegebene Situation symptomatisch[78].

b. Beunruhigungen durch geschichtliches Denken in islamischer Theologie

Vor allem zwei fundamentale Momente des Islam stehen einer geschichtlichen Betrachtungsweise der Religion entgegen:

– erstens die Überzeugung von der *prinzipiellen Unveränderlichkeit des Verhältnisses von Gott und Mensch* durch alle Zeiten hindurch, von Schöpfung an – mit der immer selben menschlichen Alternative von gläubigem Vertrauen und Gehorsam einerseits und verirrter Auflehnung andererseits[79];

---

[74] *Ders.,* Die Absolutheit des Christentums (s. Anm. 51), 56.

[75] Vgl. z. B. *K. Lehmann,* Absolutheit des Christentums als philosophisches und theologisches Problem (s. Anm. 43) mit den Feststellungen, daß *Troeltschs* »Antwort heute nicht mehr befriedigt« (26); daß vor einer Neubesinnung auf dieses Problem »die entstandenen Aporien entwirrt werden« müßten (33); daß sich bei der ständigen Rede vom »Christentum« der Blick zu wenig auf das Biblisch-Christliche, insbesondere das Alte Testament, richte (34f); daß dabei die »Fülle Jesu Christi« (35) und die Bedeutung der Kirche als »universales Zeichen des Heils« (37) vernachlässigt werden u. a. m. Vgl. auch *Gunnar von Schlippe,* Die Absolutheit des Christentums bei Ernst Troeltsch auf dem Hintergrund der Denkfelder des 19. Jahrhunderts, Neustadt a. d. Aisch 1966 (Diss. Marburg), bes. 99–111: Kritische Stellungnahme. Vermerkt sei außerdem die nicht theologisch argumentierende Erörterung von *Johannes Hessen,* Der Absolutheitsanspruch des Christentums. Eine religionsphilosophische Untersuchung, München/Basel 1963.

[76] *R. Schäfer,* Absolutheit des Christentums, in: HWP I, 31f, hier 31.

[77] *K. Lehmann,* Absolutheit des Christentums (s. Anm. 43), 26.

[78] Vgl. *Reinhard Leuze,* Das Christentum – die absolute Religion? Der Begriff der Absolutheit – Ursprung und Wirkung, in: ZMR 68, 1984, 280–295.

[79] Vgl. S. 64–71: IV. 1. b. über »Die Restauration der verderbten Ordnung«.

– zweitens die *Bewertung des Korans als des unmittelbaren Wortes Gottes,* an dessen Formulierung menschliches Schaffen und kulturelle Einflüsse keinen Anteil haben kann[80].

Diese grundlegende Einstellung zeigt sich beispielsweise an der in manchen muslimischen Kreisen bestehenden Aversion gegen das arabische Äquivalent des Begriffs *»Religionsgeschichte«* (ta'rīḫ al-adyān – history of religions); man spricht lieber von der »Geschichte der (religiösen) Wege« (ta'rīḫ al-maḏāhib)[81]. Das Wort »Religion« (dīn) soll dem einen wahren und geschichtsüberlegenen Glauben vorbehalten sein, zu dem es eigentlich keinen Plural (adyān) geben dürfte und der einfach zeitlos als »Islam« angesprochen werden kann.

Doch gibt es auch Belege dafür, daß sich die Erfahrungen des weitreichenden geschichtlichen Wandels, die sich zum einen durch die moderne Geschichtswissenschaft für die Vergangenheit, zum anderen durch die unmittelbar gegebenen gesellschaftlichen Veränderungen für die Gegenwart nahelegen, nicht abdrängen lassen. Selbst wenn die theologischen Stimmen, die daraus Konsequenzen für das Verständnis der Religion ziehen, auf islamischer Seite nicht zahlreich sind, so sind sie doch auch nicht überhörbar, wie beispielsweise der gelegentliche Hinweis auf »die Perspektive des modernen Bewußtseins, das die Menschheit heute erreicht hat« und in dem sie »über all jene vergangenen Bemühungen [um religiöse Wahrheitsfindung: iǧtihādāt] hinausgeht, insofern diese Folge zeitbedingter Anschauungen und Besonderheiten sind, die keine Beziehung zu denen haben, in denen wir heute leben«[82].

Wenn sich die muslimische Theologie schwertut, solchen Impulsen zu folgen, so muß man dabei berücksichtigen, daß auch die christliche Theologie, obwohl sie letztlich »dieses Problem unter erheblich günstigeren Startbedingungen in Angriff genommen hat als die muslimischen Denker«[83], dadurch in große Schwierigkeiten und innere Spannungen geraten ist und die sich für das Glaubensverständnis ergebenden Aporien bis heute nicht schlechthin gelöst hat. Hinzu kommt, daß

[80] Vgl. S. 78–85: IV. 2. b. über »Die universale Verkündigung von Gottes Willen im Koran« und S. 90–93: IV. 3. b. über »Die bleibende Gegenwart des Buchs«.

[81] Vgl. *Annemarie Schimmel,* The Muslim Tradition, in: Frank Whaling (Hg.), The world's religious traditions. Current perspectives in religious studies, Edinburgh 1984, 130–144, hier 135.

[82] *Ḥmīda Al-Nayfar,* Min ar-ridda ilā l-īmān ilā waʿy at-tanāquḍ [Von der Apostasie zum Glauben zum Bewußtsein des Widerspruchs], in: Islamochristiana 13, 1987, 1–11 arab. Paginierung, hier 3. Der Autor ist Dozent an der theologischen Fakultät der Universität in Tunis. – Vgl. auch *Rotraud Wielandt,* Offenbarung und Geschichte im Denken moderner Muslime, Wiesbaden 1971, 156–160 über vereinzelte Bemühungen um ein historisch-kritisches Verständnis des Korans angesichts der traditionellen Lehre von der Verbalinspiration.

[83] *R. Wielandt,* ebd. 17.

bei der prinzipiellen Einheit von Religion und Gesellschaft im Islam die öffentlichen, gar politischen Konsequenzen des religiösen Wandels viel näher liegen und als bedrohlicher empfunden werden können als im christlichen Bereich, in dem aufgrund der Säkularisierung die Religion nur ein begrenztes Segment des sozialen Lebens einnimmt. Um so beachtenswerter sind die theoretischen Ansätze, um einem geschichtlichen Verständnis menschlicher Kultur – einschließlich der Religion – den Boden zu bereiten.

Ausgangspunkt aller theologischer Reflexionen über das Verhältnis von Glaube und Wissenschaft ist im Islam die Überzeugung, daß es zwischen der Offenbarung Gottes, wie sie im Koran vorliegt, und allen späteren Erkenntnissen des Menschen keine Differenzen geben könne. Darin sieht man eine deutliche Überlegenheit der eigenen Religion gegenüber dem Christentum, das in der Neuzeit bei kräftigen weltanschaulichen Konfrontationen mehrfach Niederlagen hinnehmen und seine Behauptungen korrigieren mußte. Allerdings beruht dieses islamische Selbstbewußtsein zumeist auf einer begrenzten Sicht: »Bis heute denken muslimische Apologeten, die demonstrieren wollen, daß keinerlei Widersprüche zwischen Koran und moderner Wissenschaft bestünde, fast immer nur an Naturwissenschaft und kaum jemals auch an Geschichtswissenschaft.«[84] Doch gerade in dieser Hinsicht stehen einige erhebliche Schwierigkeiten an. Herausragende symptomatische Einzelbeispiele sind die Überzeugung von der Gründung Mekkas durch Abraham[85] und die Leugnung des Kreuzestodes Jesu[86]. Aber nicht solche – schwerwiegenden – Detailprobleme stehen im Zentrum einiger beachtenswerter theologischer Versuche, zwischen muslimischem und westlichem Denken zu vermitteln, sondern die prinzipiellere Frage nach der Einordnung der partikularen

---

[84] Ebd. 47.

[85] Vgl. das Urteil von *Rudi Paret,* Mohammed und der Koran. Geschichte und Verkündigung des arabischen Propheten, Stuttgart ⁶1985, 120: »Es handelt sich um einen Sachverhalt, über den sich Muslime und Nichtmuslime wahrscheinlich nie werden einigen können.« Für *R. Wielandt,* Offenbarung und Geschichte im Denken moderner Muslime (s. Anm. 82), 52, ist dies ein »Testfall für das Maß tatsächlich zur Anwendung gelangten historisch-kritischen Bewußtseins«. Eine vereinzelte historisch-kritische Bewertung dieser Abrahamsüberlieferungen als Legenden findet man bei *Ṭāhā Ḥusayn, Fī š-šiᶜr al-ǧāhilī* (1926) – vgl. *R. Wielandt,* ebd. 106.

[86] Vgl. *H. Busse,* Die theologischen Beziehungen des Islams zu Judentum und Christentum (s. Anm. 40), 135–140; *Adel Theodor Khoury/Ludwig Hagemann,* Christentum und Christen im Denken zeitgenössischer Muslime, Altenberge 1986, 55; *Hermann Stieglecker,* Die Glaubenslehren des Islam, Paderborn/München/Wien 1962, 320–334: Der Gekreuzigte ist nicht Jesus Christus; *R. Wielandt,* Offenbarung und Geschichte im Denken moderner Muslime (s. Anm. 82) 111f.

Religion Islam in den Zusammenhang der religiös pluralen Menschheitsgeschichte.

Bezeichnenderweise werden dabei – um dem Islam seine Sonderstellung zu behaupten – Interpretationsmuster aufgegriffen, die zwar den Anschein der Wissenschaftlichkeit vorgeben, aber in kräftiger Spannung zum Geschichtsbild des Korans und der muslimischen Tradition stehen. So sieht etwa der bedeutendste muslimische Reformtheologe *Muḥammad ᶜAbduh* (gest. 1905) die Menschheit nach dem Bild der individuellen *Entwicklung* von der Kindheit über das Jugendalter zum Stadium der Erwachsenen in einen dreistufigen kulturellen Reifungsprozeß gestellt, an dessen Ende der Islam steht[87]. Dieser Weg der Menschheit ist ihm zugleich ein *universales Gesetz*. Damit trägt sein Modell offensichtlich »typische Züge der aufklärerischen Geschichtsdeutung, wie sie in Frankreich bis zum Ende des 18. Jahrhunderts herausgebildet war«[88]. Während dieses jedoch überwiegend religionskritische Funktion hatte (besonders deutlich im »Dreistadiengesetz« von *Auguste Comte*[89]), identifiziert ᶜ*Abduh* den behaupteten Fortschritt der Menschheit auf größere Vernunft hin mit der Religionsgeschichte. Die apologetische Strategie, das Selbstverständnis des Islam als der endgültigen Gestalt der Religion in das geschichtliche Denken der Neuzeit einzubringen, ist dabei unverkennbar. Die Vorstellung, daß die Menschheit ihren Weg im Fortschritt verschiedener Phasen auf den Islam als ihr letztes Ziel zugegangen sei, war für Muslime, die unter dem Einfluß westlichen Denkens standen, offensichtlich so attraktiv, daß sie auch für andere »zum eisernen Bestand« der religiösen Überzeugungen gehörte[90]. Doch bleibt in diesem Geschichtsbild das traditionelle muslimische Verständnis des Islam als der von Schöpfung an unveränderlichen Menschheitsreligion auf der Strecke. Zugleich trägt es aber nach den Maßstäben historischer Wissenschaft die Charakterzüge einer Ideologie. So ist letztlich dieser Vermittlungsversuch eher ein Beleg für bestehende Verlegenheiten als eine theoretische Verständigungshilfe.

---

[87] Vgl. *Muḥammad ᶜAbduh,* The Theology of Unity, engl. Übers. von Isḥaq Musaᶜad und Kenneth Cragg, London 1966 (orig.: Risālat at-tawḥīd, Kairo 1897), 132–141: Religions and human progress: Their Culmination in Islam; vgl. auch das ausführliche und differenzierte Kapitel über *M. ᶜAbduh* bei *R. Wielandt,* Offenbarung und Geschichte im Denken moderner Muslime (s. Anm. 82), 49–72.

[88] Ebd. 61.

[89] Vgl. *H. Zirker,* Religionskritik (s. Anm. 49), 56–68.

[90] *R. Wielandt,* Offenbarung und Geschichte im Denken moderner Muslime (s. Anm. 82), 73 – hier bezogen auf *Muḥammad Rašīd Riḍā;* vgl. ebd. etwa auch 104, 141.

Die kräftigsten Barrieren, historisches Denken in muslimische Theologie einziehen zu lassen, bestehen jedoch in der Koranexegese. Selbst die Autoren, die das Verhältnis der Religionen zueinander in einen geschichtlichen Entwicklungszusammenhang zu bringen versuchen, sperren sich durchweg dagegen, den Koran traditionskritisch in einen solchen Prozeß einzuordnen. So entspricht etwa ᶜAbduhs »Vorstellung vom Wesen der Prophetie und speziell von der Prophetie Muhammads weitgehend konventionellen Mustern der islamischen Orthodoxie«[91]. Nicht nur wird der Koran als heiliges Buch der historischen Kritik entzogen, sondern im apologetischen Gegenstoß wird gelegentlich der Geschichtswissenschaft vorgeworfen, daß sie bei ihrer Suche nach gediegenen Quellen die Zuverlässigkeit der Offenbarungsschrift zum Schaden des wissenschaftlichen Ertrags nicht hinreichend berücksichtige[92]. Als ein Promovend der Fu'ād-Universität in Kairo, *Muḥammad Aḥmad Ḫalafallāh,* mit seiner Dissertation versuchte, diese Front der ungeschichtlichen Betrachtungsweise des Korans als eines verbalen göttlichen Diktats zu durchbrechen, wurde seine Studie aufgrund theologischer Interventionen und nach heftigen öffentlichen Auseinandersetzungen vom Prüfungsausschuß abgelehnt[93].

Allein in zweierlei Hinsicht gesteht die bis zur Gegenwart herrschende traditionelle Exegese des Islam geschichtliche Fragen gegenüber dem Koran zu: zum einen im Blick auf die jeweiligen Anlässe, die zur göttlichen Mitteilung einer Sure führten (die »Ursachen der Offenbarung«: asbāb an-nuzūl) und zum anderen hinsichtlich der Elemente des Korans, deren Verbindlichkeit Gott selbst nach ihrer Verkündigung wieder aufhob und damit als rein situationsbedingt zu erkennen gab. Da innerhalb der muslimischen Koranexegese keine Einstimmigkeit darüber besteht, auf welche Stellen diese sogenannte »Abrogation« (nasḫ)[94] zu beschränken ist, besteht hier ein bescheidener Spielraum der geschichtlichen Relativierung.

[91] Ebd. 53; vgl. etwa *M. ᶜAbduh,* The Theology of Unity (s. Anm. 87), 119–122: The Qur'ān.

[92] Vgl. *R. Wielandt,* Offenbarung und Geschichte im Denken moderner Muslime (s. Anm. 82), 106 f, 117 zu *ᶜAbbās Maḥmūd al-ᶜAqqād;* 119 zu *Malek Bennabi.*

[93] Vgl. ebd. 134–152; darüber hinaus *ᶜAbdelhamid Muhammad Ahmad,* Die Auseinandersetzung zwischen al-Azhar und der modernistischen Bewegung in Ägypten von Muhammad ᶜAbduh bis zur Gegenwart, Hamburg 1963 (Diss.); *Robert Caspar,* Traité de théologie musulmane, Tome I: Histoire de la pensée religieuse musulmane, Rome 1987, 353–360: Le Coran et l'exégèse. – Bemerkenswert ist in diesem Zusammenhang die Beurteilung des Korans als eines ganz göttlichen wie zugleich ganz menschlichen Buchs und die Aufgeschlossenheit gegenüber historischen Forschungen bei dem pakistanischen muslimischen Theologen *Fazlur Rahman,* Islam, London ²1979, z.B. 16, 31, 33; vgl. auch *ders.,* Major Themes of the Qur'ān, Chicago 1980, 80–105: Prophethood and Revelation.

[94] Vgl. hierzu S. 81 f mit den Anm. 60 und 61.

Insgesamt bleibt der Islam bislang in der ungemilderten Spannung, daß er einerseits die historischen Fragestellungen und Ergebnisse der orientalistischen Wissenschaft wahrnimmt, sie aber andererseits nicht auf der Ebene westlicher Wissenschaftsstandards kritisch verarbeiten und eventuell zurückweisen kann. Daß dies für das Selbstverständnis des Glaubens eine beunruhigende Situation ist, zeigen die weit verbreiteten heftigen Vorwürfe gegen die nichtmuslimischen Orientalisten.

4. Öffentliche Geltungsverluste

Für die christlichen Kirchen ist in den meisten Regionen der Welt die Säkularisierung ihrer gesellschaftlichen Umgebung schon zur Selbstverständlichkeit geworden[95]. Sie erfahren alltäglich, daß ihr Wirkungs- und Einflußbereich auf bestimmte Segmente der Öffentlichkeit beschränkt ist. Im Unterschied zu ihrer vorneuzeitlichen Situation sind sie nicht mehr in der Lage, mit ihren religiösen Funktionen das gesamte soziale Leben zu integrieren. Dies hat vielfältige Auswirkungen, neben anderen die *Minderung an Glaubwürdigkeit und Verpflichtungskraft.*

Weit mehr als bei der Annahme bestimmter einzelner Sachverhalte sind wir bei dem ihr vorausgehenden und sie umgreifenden Orientierungswissen auf eine soziale Umgebung angewiesen, die uns den Aufbau unserer Überzeugungen ermöglicht und uns bei deren Behauptung (oder Korrektur) unterstützt. Selbst wenn wir dabei zunehmend zu eigenständigem Urteilsvermögen gelangen, so bleibt doch auch dieses immer noch von gesellschaftlichen Bedingungen abhängig. Wir hören, was andere sagen; wir sehen, was sie tun; wir erfahren, worauf sie sich berufen und auf wen sie sich verlassen; und gelegentlich nehmen wir bei all dem auch wahr, was sie von unserem Tun und Reden halten. Je einmütiger dabei diejenigen Menschen um uns herum, deren Urteil wir achten, mit uns übereinstimmen, desto weniger haben wir Anlaß, unsere eigene Position zu überdenken; je mehr Dissonanzen wir aber bei ihnen erfahren, desto stärker werden wir zur Reflexion oder gar in

[95] Aus der Fülle der Literatur sei hier hervorgehoben: *Ulrich Hommes (Hg.),* Gesellschaft ohne Christentum, Düsseldorf 1974; *Franz-Xaver Kaufmann,* Kirche begreifen. Analysen und Thesen zur gesellschaftlichen Verfassung des Christentums, Freiburg/Basel/Wien 1979; *Karl Gabriel/Franz-Xaver Kaufmann,* Zur Soziologie des Katholizismus, Mainz 1980; *Ulrich Ruh,* Säkularisierung, in: CGG 18, 59–100.

die innere Unsicherheit gedrängt. Selbst wenn wir uns dabei nicht nach außen hin ausdrücklich zur Selbstbehauptung genötigt sehen, so ziehen doch Fragen in uns ein und lassen uns spüren, wo uns die Rechtfertigung unserer Überzeugungen schwerfällt oder wo wir gar die geforderten Antworten schuldig bleiben.

Je häufiger, näher und zahlreicher wir in unserer Umgebung intellektuell und moralisch respektable Menschen finden, die unseren Standort nicht teilen, desto weniger ist es uns möglich, diesen als den allein verantwortbaren anzusehen. Wir erfahren uns dann unumgänglich als relativiert – in welchem Maß wir uns dies auch immer eingestehen oder verdrängen mögen.

Welche Konsequenzen das für die ursprünglich von Christentum eingenommene Gesellschaft mit sich bringt, liegt offen zutage: Die besonderen Ansprüche der einzelnen Konfessionen haben an Kraft verloren; das gemeinsam Christliche erfährt mehr Zuspruch als das jeweils kirchlich eigen Geprägte; aber darüber hinaus wird das Christliche wiederum zumeist in keinem betonten Abstand gesehen zu dem, was allgemein kulturell überzeugt, oder es wird sogar als solches aufgegeben zugunsten allgemeinerer, oft nur noch als »religiös« oder »menschlich« bewerteter Orientierungen.

Wollte man diese Entwicklung global moralisch disqualifizieren, etwa als bloßen Verfall der Glaubensbereitschaft, als Abstumpfung der Gewissen oder als Trend zu bequemeren Lebenswegen, übersähe man, daß der gegebenen Situation vielfältige Erfahrungen mit Religion und Kirche vorausgehen. Man könnte eine solche moralische Beschuldigung ja auch leicht umkehren und den Kirchen vorhalten, daß sie nicht in der Lage waren, den Handlungs- und Überzeugungsraum, den sie in früherer Zeit innehatten, geschlossen und stabil zu halten. Doch der eine wie der andere Vorwurf würde dem Gang der Geschichte nicht gerecht.

In *muslimischer Apologetik* ist der Verweis auf die Säkularisierung und den auf sie zurückzuführenden Sittenverfall ein Standardargument dafür, daß die Zeit der scheinbaren Überlegenheit des Christentums zu Ende gehe[96]. Dem Zustand des Westens wird dann zumeist

---

[96] Vgl. *A. Th. Khoury/L. Hagemann,* Christentum und Christen im Denken zeitgenössischer Muslime (s. Anm. 86), 170–173: Christentum: »Ein Körper ohne Seele«; *Bassam Tibi,* Die Krise des Islams. Eine vorindustrielle Kultur im wissenschaftlich-technischen Zeitalter, München 1981, 162f, zur »Assoziation der Säkularisierung mit verbotenen sexuellen Phantasien«. Die entsprechenden stereotypen Urteile durchziehen in großer Zahl muslimische Zeitschriften und Tageszeitungen. Vgl. auch die zitierten Klischees der »Verwestlichung« bei *Peter Antes,* Ethik und Politik im Islam, Stuttgart 1982, 14–22: Europa aus islamischer Sicht.

ein Idealbild des Islam entgegengesetzt, bei dem der Geltungsbereich der Religion mit der Gesellschaft schlechthin deckungsgleich zu sein scheint. Doch erwähnen und erörtern auch muslimische Autoren gelegentlich den zurückgehenden Einfluß der Religion auf die Bevölkerung ihrer jeweiligen Länder: »Die Entislamisierung ist eine spürbare Realität ... Die Angehörigen des Islam verlassen ihn ohne Lärm auf den Zehenspitzen ... Sie lassen weiterhin ihre Kinder beschneiden, ohne daß sie dies als eine religiöse Pflicht ansehen; sie rezitieren die Fātiha [die Eröffnungssure des Korans] bei den Hochzeitsfeiern und an den Gräbern der Verstorbenen, ohne daß ihr Herz dabei ist«; man lebt »eine Art bürgerlicher Religion [dīn madanī – religion civique], mit der es sich verträgt, daß man wie die alten Griechen und Römer »die Götter weiterhin preist, ohne an sie zu glauben«[97]. Wer die »désislamisation«[98] (at-tafaṣṣī fī l-islām) nur auf den Einfluß des Westens zurückführen möchte, um den Islam selbst als mögliche Ursache aus dem Blickfeld zu rücken[99], ist ebenso schwer zu widerlegen wie derjenige, der in den beschriebenen Verhältnissen nur ein gehäuft auftretendes individuelles Versagen sehen will. Beide haben jedoch wiederum – wie zuvor die entsprechenden Apologeten auf christlicher Seite – gegen sich, daß jedenfalls der religiöse Geltungsanspruch offensichtlich nicht mehr eine hinreichende Kraft besitzt, sich auch gesellschaftlich umfassend Anerkennung und Zustimmung zu verschaffen. Außerdem bekunden gerade all jene Bewegungen, die bei uns gerne als »fundamentalistisch« bezeichnet werden, auf ihre Weise, daß die geminderte Leistungsfähigkeit der Religion nicht allein den Einzelnen anzulasten ist; denn sie dringen auf Veränderungen der sozialen Substrukturen bis hin zur politischen Realisierung dessen, was sie jeweils als das ursprüngliche und unveränderliche Gesetz Gottes ansehen.

---

[97] *Ḥmīda al-Nayfar* (s. Anm. 82), 4 (zitiert damit zustimmend *Mohammed Talbi,* Islam et Occident au-delà des affrontements, des ambigutés et des complexes, in: Islamochristiana 7, 1981, 57–77, hier 63 f).

[98] Ebd.

[99] Vgl. *Hamid Algar,* Zur Frage des Säkularismus in der islamischen Welt, in: Abdoljavad Falaturi/Walter Strolz (Hg.), Glauben an den einen Gott. Menschliche Gotteserfahrung im Christentum und im Islam, Freiburg/Basel/Wien 1975, 130–156, mit den Feststellungen, »daß es sich keineswegs um eine schöpferische, aus der Tradition entstandene Neugestaltung des Lebens, sondern um eine bloße Nachahmung des Fremden handelt, da die Säkularisierung mit einer Anpassung an den Westen nahezu gleichbedeutend ist« (140), »keinen positiven Inhalt hat, sondern auf Nachahmung des Westens beruht« (142). Vgl. auch *Hossein Naṣr,* Religion and Secularism, their Meaning and Manifestation in Islamic History, in: The Islamic Quarterly 6, 1961, 118–126.

Da der Islam gegenwärtig von tiefgreifenden und weltweit beachteten Aufbruchserfahrungen bewegt wird, liegt es nahe, daß die entgegengesetzten Tendenzen der sozialen Desintegration und der religiösen Funktionsverluste leicht übersehen und vergessen werden können. Aber sie müssen deshalb nicht weniger folgenreich sein. Die Animosität, auf die das Thema »Säkularisierung des Islams« trifft, belegt eher seine Aktualität als seine Bedeutungslosigkeit: »Es ruft schon eine starke Erregung hervor, wenn ein Muslim öffentlich hiervon spricht.«[100] Offensichtlich stehen also Erörterungen an, die den Nerv der sozialen und individuellen Orientierung berühren[101].

---

[100] *Bassam Tibi,* Der Islam und das Problem der kulturellen Bewältigung sozialen Wandels, Frankfurt 1985, 37. Der Autor bezieht sich dabei auf eigene Vortragserfahrungen.
[101] Als die herausragenden Probleme des zeitgenössischen Islam bespricht *R. Caspar,* Traité de théologie musulmane (s. Anm. 93), 332–365: 1. Staat und Religion, 2. Scharia und Menschenrechte, 3. die sozialen Probleme, 4. Koran und Exegese, 5. Glaube und kritische Vernunft.

VII. Religiöse Verständigung angesichts der konkurrierenden Geltungsansprüche

Es ist nicht dasselbe, ob man einen religiösen Glauben allein aus den ihm eigenen Beweggründen zu verantworten versucht oder ob man dabei ausdrücklich andere Standorte und die von ihnen ausgehenden Widerstände und Widersprüche mitberücksichtigt. Dies letzte ist durch die neuzeitliche Situation des Christentums unvermeidlich geworden: Die fundamentaltheologischen Erörterungen der Glaubwürdigkeit des Glaubens sind genötigt, sich intensiv auf die vielfältigen Einwände der Religionskritik einzulassen[1]. Die Situation verändert sich jedoch noch einmal erheblich, wenn eine andere Religion als Herausforderung und Widerpart wahrgenommen wird. Daß dabei mit dem Islam für das Christentum eine Konstellation eigener Brisanz entsteht, sollte aus den vorausgehenden Kapiteln deutlich geworden sein.

Wenn man sich auf eine derartige Erörterung neben- und gegeneinanderstehender religiöser Ansprüche einläßt, besteht die erste grundlegende Entscheidung darin, ob man sich die fremde Religion nur als einen mitzubeachtenden *Sachverhalt* oder als eine *Gemeinschaft möglicher Gesprächsteilnehmer denkt*, d. h. mit anderen Worten: als einen *Gegenstand* oder als ein *Subjekt*. Wählt man die zweite Möglichkeit, bemißt sich die Tragfähigkeit der eigenen Überlegungen daran, mit welcher Wahrscheinlichkeit sie auch den gesprächsbereiten Angehörigen der anderen Religion als beachtenswert oder gar überzeugend erscheinen könnten. Dies ist zwar zunächst eine hypothetische Voraussetzung; aber sie hat Konsequenzen für den einzuschlagenden Weg.

Ein geistesgeschichtlich höchst beachtenswertes Beispiel für eine derartige theologische Hypothese haben wir in dem fiktiven Religionsgespräch, das *Nikolaus von Kues* in seiner Schrift »De pace fidei«[2] ent-

---

[1] Vgl. *Richard Schaeffler,* Die Kritik der Religion, in: HFth I, 117–135; *Raymund Schwager,* Ideologiekritik der Religion, in: NHthG II, 207–215; *Hans Zirker,* Religionskritik, Düsseldorf ²1988.

[2] *Nikolaus von Kues,* De pace fidei – Der Friede im Glauben, in: Ders., Philosophisch-theologische Schriften, hg. von Leo Gabriel, Bd. 3, übersetzt und kommentiert von Dietlind und Wilhelm Dupré, Wien 1967, 705–797. Vgl. hierzu *Bruno Decker,* Nikolaus von Cues und der Friede unter den Religionen, in: Josef Koch (Hg.), Humanismus. Mystik und Kunst in der

wirft – bezeichnenderweise im Jahr 1453, nachdem gerade Konstantinopel durch die Osmanen erobert worden ist; als Berichte grausamer Taten das christliche Abendland erschüttern und es in seiner eigenen Aggressivität bestärken. In einem solchen Klima erinnert Nikolaus von Kues an den »geistigen und inneren Menschen«, den Gott befähigt hat, »Gemeinschaft mit seinen Mitmenschen zu halten«[3], und weckt die Hoffnung darauf, daß »durch gemeinsame Zustimmung aller Menschen« (communi omnium hominum consensu) die Zerrissenheit der Welt überwunden werden könne – in »einem einzigen, einmütigen Frieden«[4]. Dieses erhabene Ziel soll erreicht sein, wenn alle Menschen begreifen, »daß und wie es nur eine einzige Religion in der Mannigfaltigkeit von Übungen und Gebräuchen gibt« (religio una in rituum varietate)[5]. Das Konzil, das zu diesem Zweck in Jerusalem einberufen wird, ist von der entscheidenden Überzeugung geleitet, die »das Wort« Gottes selbst allen Beteiligten, auch dem Muslim, von vornherein zusichert: »Ihr werdet nicht einen anderen Glauben, sondern ein und dieselbe einzige Religion allseits vorausgesetzt finden.«[6]

Alle Religionen der Menschheit, selbst die polytheistischen, sind in dieser Sicht letztlich bereits in der ihnen gemeinsamen Wahrheit geeint – sie haben dies nur noch nicht hinreichend erkannt. Das Einigungsgespräch soll also auf einer grundsätzlich schon alle verbindenden religiösen Vernunft aufruhen. Diese Voraussetzung ist sicher problematisch; jedenfalls hat sie sich bis heute noch nicht in einer faktischen Verständigung der Religionen bewährt.

Im Blick auf die einzige Möglichkeit, die Tragfähigkeit seiner Idee zu prüfen – das Gespräch mit den Juden –, räumte Nikolaus von Kues selbst von vornherein die wahrscheinliche Erfolglosigkeit ein; aber er schob sie mit dem äußerst fragwürdigen Argument beiseite, daß der »Widerstand der Juden« der Eintracht keinen Abbruch tue: »Sie sind nämlich nur wenige und können nicht die ganze Welt mit Waffen durcheinander bringen.«[7] So entzieht er seine Vision einerseits den

Welt des Mittelalters, Leiden/Köln ²1959, 94–121; Mitteilungen und Forschungsbeiträge der Cusanus-Gesellschaft, Bd. 16: Der Friede unter den Religionen nach Nikolaus von Kues. Akten des Symposions in Trier vom 13. bis 15. Oktober 1982, Mainz 1984. Zur geistesgeschichtlichen Umgebung vgl. *Richard W. Southern*, Das Islambild des Mittelalters, Stuttgart 1981 (orig.: Harvard 1962), 57–69.

[3] De pace fidei (s. Anm. 2), 713.
[4] Ebd. 716f.
[5] Ebd. 710f.
[6] Ebd. 719.
[7] Ebd. 761.

konkreten Verständigungsschwierigkeiten und gibt anderseits zugleich zu erkennen, wie seine Hoffnung auf religiösen Frieden von der Angst vor den Gefahren kriegerischer Auseinandersetzungen geleitet ist. Doch diese bedenklichen Momente widerlegen nicht die primäre Voraussetzung, von der Nikolaus von Kues ausgeht: Es ist nicht absehbar, wie man den Schwierigkeiten der Glaubensverantwortung anders gerecht werden sollte als mit einem prinzipiell kommunikativen Ansatz, der die übrigen Religionen wenigstens hypothetisch miteinbezieht. Damit befassen sich die folgenden Überlegungen.

Der Blick soll dabei zunächst auf die Barrieren gerichtet sein, die sich gerade aus den christlichen und muslimischen Endgültigkeitsüberzeugungen für eine Verständigung über den Glauben ergeben können. Auf dem Hintergrund gemeinsamer Erschwernisse und Verlegenheiten können dann Selbstsicherheit und Überlegenheitsgefühl als weniger angebracht erscheinen.

1. Naheliegende Gefahren des religiösen Endgültigkeitsbewußtseins

Die Religionsgeschichte weist allerorten Erscheinungen auf, über deren negativen Charakter weithin Einverständnis besteht. Doch ist dabei methodisch meistens schwer oder gar nicht auszumachen, worauf diese nachteiligen Erscheinungen letztlich zurückzuführen sind: ob sie sich kausal aus diesem und jenem Grundzug einer Religion ergeben – vielleicht sogar mit geschichtlicher Notwendigkeit – oder ob sie sich gleichsam parasitär an der Religion festgemacht haben, ohne daß man sie dieser selbst anlasten dürfte. Wo die kritische Polemik oft schnell das »Wesen« einer Religion bloßgestellt sehen will, verweisen deren Apologeten gern ebenso eilfertig darauf, daß die angegriffenen Punkte mit ihr »eigentlich« nichts zu tun hätten.

Diese zwiespältige Situation ist von vornherein mitzubeachten, wenn im folgenden von den Gefahren religiöser Endgültigkeits- und Absolutheitsansprüche die Rede ist. Es kann nicht darum gehen, bestimmte Erscheinungen kausal eindeutig bestimmten Faktoren zuzuschreiben, sondern nur darum, naheliegende und begründete Verdachtsmomente nicht aus dem Blick zu verlieren. Denn nicht die apologetische Selbstverteidigung einer Religionsgemeinschaft, sondern ihre Bereitschaft, der eigenen Realität mit kritischem Gespür gegenüberzustehen, macht sie am ehesten glaubwürdig.

a. Moralische und intellektuelle Diskriminierungen

Daß es im Christentum und im Islam erschreckende Belege für aggressives Verhalten gibt, ist ein geschichtlicher Tatbestand, der als solcher – so bedauerlich er ist – noch kein theologisches Problem darstellen müßte. Beunruhigend ist jedoch, daß bestimmte *Strukturen des religiösen Denkens* von vornherein auf radikale Oppositionen hin tendieren, selbst wenn sie zunächst noch relativ offen angelegt und nicht auf eindeutige Handlungskonsequenzen hin fixiert sind[8]. So ist etwa die polarisierende Klassifizierung der Menschheit in »Gläubige« und »Ungläubige« aus zwei Gründen sozial schwerwiegend und folgenreich: *erstens, weil sie, trotz theoretischer Unschärfen, auf gesellschaftlich faßbare Gruppierungen bezogen* wird – man weiß vielfach zu sagen, wer auf die eine und wer auf die andere Seite gehört: »Wenn jemand zu euch kommt und nicht diese Lehre mitbringt, dann nehmt ihn nicht in euer Haus auf, sondern verweigert ihm den Gruß! Denn wer ihm den Gruß bietet, macht sich mitschuldig an seinen bösen Taten.« (2 Joh 10f) –; und weil sie *zweitens mit dem theologischen Gewicht einer für alle und endgültig entscheidenden Offenbarungsgeschichte belastet* ist – es geht um die absolute Scheidung von Heil und Unheil: »Wer glaubt und sich taufen läßt, wird gerettet; wer aber nicht glaubt, wird verdammt werden.« (Mk 16,16). Solche Sätze können sich über ihren ursprünglichen Ort hinaus zu frei verfügbaren Instrumenten verselbständigen; denn wer sie später liest, bekommt nicht gleichzeitig hinzugesagt, auf welche Situationen sie um der Herausforderung und Mahnung willen vielleicht begrenzt sein sollten. Deshalb stellen sich die biblischen Religionen für den Koran sicher nicht grundlos als Gemeinschaften dar, die das Paradies exklusiv für sich beanspruchen: »Sie sagen: ›In den Garten werden nur die hineingehen, die Juden oder Christen sind.‹ Das sind ihre Wünsche. Sag: ›Bringt euren Beweis, falls ihr die Wahrheit sagt!‹« (2,111).

Wenn etwa das *Johannesevangelium* in heilsgeschichtlicher Konfrontation immer wieder Jesus mit seinen Jüngern »den Juden« gegenüberstellt, baut es Klischees mit weitreichenden Folgen auf. Denen, die sich »Kinder Abrahams« nennen, hält es entgegen: »Warum versteht

---

[8] Vgl. *Heinz Robert Schlette,* Freund-Feind-Denken im Christentum und die anonyme Christlichkeit, in: Elmar Klinger (Hg.), Christentum innerhalb und außerhalb der Kirche, Freiburg/Basel/Wien 1976, 65–85. – Zur Tendenz, einen »primär erlebnisbedingten«, »religiös begründeten Absolutheitsanspruch« mit der »Absolutsetzung des Eigenen gegenüber dem Fremden überhaupt zu verbinden« vgl. *Gustav Mensching,* Zum Phänomen des Absolutheitsanspruches im Christentum und im Islam, in: Wilhelm Hoenerbach (Hg.), Der Orient in der Forschung, Wiesbaden 1967, 444–452, hier 451f.

ihr nicht, was ich sage? Weil ihr nicht imstande seid, mein Wort zu hören. Ihr habt den Teufel zum Vater«, und dieser ist »ein Mörder von Anfang an«, »ein Lügner und der Vater der Lüge«; diejenigen dagegen, die an Jesus als den »Sohn« Gottes glauben, haben schlechthin »die Wahrheit« auf ihrer Seite (Joh 8,37–47). Gleichermaßen scharf ziehen die johanneischen Briefe ihre dogmatischen und sozialen Grenzen: »Wer leugnet, daß Jesus der Sohn ist, hat auch den Vater nicht; wer bekennt, daß er der Sohn ist, hat auch den Vater.« (1 Joh 2,23).

Welcher Situation »diese radikale Sicht, die nur Schwarz und Weiß kennt,«[9] auch immer entstammen und wieweit sie von dorther auch als verständlich, gar verantwortbar erscheinen möge, sie verzichtet in solchem Maß auf Differenzierungen, daß der Blick auf die weit nuanciertere religiöse Wirklichkeit fast völlig verstellt wird[10].

In einem Extrem biblischer Polemik – der des *2. Petrusbriefs* (dem dabei der Judasbrief zur Vorlage dient) – ist schließlich kaum noch auszumachen, welche Gruppen die erregte Scheltrede gemeint haben könnte. Die Gegner werden in äußerster verbaler Aggressivität als »freche und anmaßende Menschen« angeprangert, die zu sehen sind »wie unvernünftige Tiere, die von Natur aus dazu geboren sind, gefangen zu werden und umzukommen«, und es steht für den Autor auch schon fest: »sie werden umkommen, wie die Tiere umkommen« (2,10–22).

Wenn man solche Züge der neutestamentlichen Verkündigung wahrnimmt, lassen sich ähnliche Sätze des *Korans* nicht mehr als Symptome einer besonderen Intoleranz des Islam zitieren[11]; denn die Entsprechungen liegen auf der Hand: »Die schlimmsten Tiere bei Gott sind die, die ungläubig sind« (8,55), und: »Die schlimmsten Tiere bei

[9] *Rudolf Schnackenburg,* Die Johannesbriefe, Freiburg ⁴1970, 317.

[10] Zu den Verzerrungen kirchlicher Sprache bis zur Gewaltsamkeit im Zusammenhang von Wahrheits- und Machtanspruch (von neutestamentlichen Belegen an) vgl. *Eugen Biser,* Grenzen religiöser Kommunikation. Zum Problem der theologischen Sprachbarrieren, in: Hochl. 63, 1971, 533–551, bes. 544 f; *ders.,* Theologische Sprachbarrieren. Eine Problemskizze, in: MThZ 22, 1971, 2–48, bes. 30–32; *ders.,* Das Wort von oben. Zum Problem der einseitigen Kanalisierung der innerkirchlichen Kommunikation, in: Exeler, Adolf/Mette, Norbert (Hg.), Theologie des Volkes, Mainz 1978, 120–139; *Walter Magaß,* Die Sprache der Kirchen – Sprache der Herrschaft?, in: ComSoc 4, 1971, 323–334.

[11] Zur differenzierten Wahrnehmung des Verhältnisses von Toleranz und Intoleranz im Islam vgl. *E. Tyan,* Djihād, in: EI² II 538–540; *H.-W. Gensichen,* Weltreligionen und Weltfriede, Göttingen 1985, 83–98; *Adel Theodor Khoury,* Islam: Frieden oder »heiliger Krieg«?, in: Ders./P. Hünermann (Hg.), Friede – was ist das? Die Antwort der Weltreligionen, Freiburg/Basel/Wien 1984, 51–75; *ders.,* Toleranz im Islam, München/Mainz 1980; *Christiane Rajewski,* Der gerechte Krieg im Islam, in: Reiner Steinweg (Hg.), Der gerechte Krieg: Christentum, Islam, Marxismus, Frankfurt 1980, 13–71; *Hans Zirker,* Allah – ein kriegerischer Gott?, in: KatBl 113, 1988, 171–179.

Gott sind die tauben und die stummen, die keinen Verstand haben. Hätte Gott bei ihnen etwas Gutes festgestellt, hätte er sie hören lassen. Aber wenn er sie hätte hören lassen, hätten sie sich doch abgekehrt und abgewandt.« (8,22 f).

Gewiß sind die Weisungen von Bibel und Koran spannungsvoll und können in ihrem Charakter nicht schon von solchen vereinzelten Sätzen her bestimmt werden. Darüber hinaus lassen es auch die wechselseitigen Unterschiede dieser beiden Bücher nicht zu, daß man sie in ihren sozialen und politischen Tendenzen einfach einander gleichstelle; es ist nicht zu übersehen, daß der Koran ein größeres und bis heute schärfer wirksames Aggressionspotential enthält als die neutestamentlichen Schriften. Doch sollten hier gerade gemeinsame Muster der polemischen Grenzziehung hervorgehoben werden, die ihren Grund in der Selbstsicherheit des Glaubens haben, zu wissen, wo jeweils die von Gott anerkannten und die von ihm verworfenen Menschen zu finden sind.

Am massivsten ist die Diskriminierung derer, die nicht zur eigenen Gemeinschaft gehören, an der dogmatisch prinzipiellen Entscheidung des *Konzils zu Florenz* (1442) ablesbar, »daß niemand außerhalb der katholischen Kirche, weder Heide noch Jude, Häretiker oder Schismatiker, des ewigen Lebens teilhaftig werden kann; daß sie vielmehr dem ewigen Feuer verfallen, ›das dem Teufel und seinen Engeln bereitet ist‹ [Mt 25,41], wenn sie sich nicht vor dem Tod ihr [dieser Kirche] anschließen. [. . .] Mag einer noch so viele Almosen geben, ja selbst sein Blut für den Namen Christi vergießen, so kann er doch nicht gerettet werden, wenn er nicht im Schoß und in der Einheit der katholischen Kirche bleibt«[12]. Die universale Gültigkeit des eigenen Glaubens wird hier in einer nicht mehr zu überbietenden Rigorosität als soziale Abgrenzung und Diskriminierung definiert. Doch ist dies kein vereinzelter Unglücksfall kirchlicher Lehrverkündigung[13]; sie ist vielmehr tief

---

[12] DS 1351 (die Übersetzung in NR 381 ist grammatisch teilweise mißglückt). Das Konzil nimmt dabei zitierend Bezug auf *Fulgentius von Ruspe* (De fide lb. ad Petrum, c. 38 f, § 79 f; PL 65, 704 – in DS und NR unzulänglich angezeigt), einen 532 gestorbenen Theologen, der sich in seiner Gnadenlehre eng an Augustinus anschloß. – Vgl. *Yves Congar,* ›Außerhalb der Kirche kein Heil‹. Wahrheit und Dimensionen des Heils, Essen 1961; *Michael Figura,* Außerhalb der Kirche kein Heil?, in: ThPh 59, 1984, 560–572; *Walter Kern,* Außerhalb der Kirche kein Heil?, Freiburg/Basel/Wien 1979; *Hans Küng,* Die Kirche, Freiburg/Basel/Wien ²1967, 371–378; *Joseph Ratzinger,* Kein Heil außerhalb der Kirche? in: Ders., Das neue Volk Gottes. Entwürfe einer Ekklesiologie, Düsseldorf 1969, 339–361.

[13] Vgl. beispielsweise auch *Martin Luther* in seinen Erläuterungen zum 3. Artikel des Apostolischen Glaubensbekenntnisses: »Ausser der Christenheit aber, da das Evangelion nicht ist, ist auch kein vergebung nicht, wie auch kein heilickeit da sein kan. [. . .] Darümb scheiden und

verwurzelt in einem theologischen Offenbarungs- und Wahrheitsverständnis, wie es *Augustinus* in exemplarischer Deutlichkeit als Summe der Selbstbehauptung des Glaubens formuliert: »Wenn wir das alles zusammenfassen, wird man mit nichten die Religion in dem verwirrenden Durcheinander der Heiden oder im Unflat der Häretiker, nicht in der Erschlaffung der Schismatiker und auch nicht in der Blindheit der Juden suchen dürfen, sondern allein bei denen, die katholische und orthodoxe Christen genannt werden, das heißt bei den Hütern der Unversehrtheit, die den geraden Weg verfolgen.«[14]

Doch ein derartig absoluter Ausschließlichkeitsanspruch trägt selbst zur Überzeugungskraft des Glaubens, wo dieser erst einmal verunsichert ist, nichts bei; er markiert vielmehr nur noch schärfer die gegebenen Grenzen und intensiviert damit die Erfahrung, daß die Reichweite der eigenen religiösen Gemeinschaft beschränkt ist. Vor allem aber macht er unfähig, verständnisvoll hinzuhören und hinzuschauen, wo Menschen aus anderen Überzeugungen leben. Bezeichnend dafür ist die Bilanz, die sich aus der dogmatischen Abgrenzung von Orthodoxie und Häresie in der altkirchlichen Zeit ergibt: »Insgesamt überwiegt in dieser Geschichte die Perpetierung und Verstärkung der Differenzen, während die Konsensbildung nur innerhalb der ohnehin bestehenden Richtungen Fortschritte macht.«[15]

b. Angstbesetzte Abwehr kultureller Veränderungen

Jeder geschichtliche Wandel steht in einer gewissen Spannung zu dem vitalen Bedürfnis nach dauerhaften Strukturen der Lebenswelt; denn wo diese nicht hinreichend ausgebildet sind, fehlt es an der notwendigen Orientierung. Allein schon die Gefahr, daß eine derartige Situation eintreten könnte, wird deshalb als bedrohlich empfunden und ist eine Quelle der Angst. Darum ist es zunächst verständlich, daß das Aufkommen neuer Lebensformen psychische und soziale Schutzmechanismen auslösen kann. Bezeichnenderweise empfahl schon *Platon,* den idealen Stadtstaat nicht am Meer zu gründen, da er dadurch

sondern diese Artickel des glaubens uns Christen von allen andern leuten auff erden. Denn was ausser der Christenheit ist, es seyen Heyden, Türcken, Jüden odder falsche Christen und heuchler, ob sie gleich nur einen warhafftigen Gott gleuben und anbeten, so wissen sie doch nicht, was er gegen yhn gesynnet ist, können sich auch keiner liebe noch guts zu yhm versehen, darümb sie ynn ewigen zorn und verdamnis bleiben.« (Luthers Großer Katechismus [1529], Darmstadt 1968, 113 und 115).

[14] De vera religione 5, 9; CCh.SL 32, 194; Übers. nach: *Aurelius Augustinus,* Die wahre Religion – De vera religione liber unus, übertr. von Carl Johann Perl, Paderborn 1957, 10.

[15] *Norbert Brox,* Häresie, in: RAC XIII, 248–297, hier 295.

vielfältigen fremden Einflüssen ausgesetzt würde: »Denn das eine Gegend bespülende Meer ist zwar für das tägliche Bedürfnis eine angenehme, in der Tat aber gewiß herbe und bittere Nachbarschaft«, indem es nicht nur »den Gelderwerb gedeihen läßt«, sondern auch »in den Seelen eine veränderliche und unzuverlässige Gesinnung erzeugt«[16].

Andererseits ist es jedoch bedenklich, wenn die beharrenden Tendenzen so mächtig werden, daß sie Einzelne und Gruppen im Versuch, sich abzuschirmen, unfähig machen, neue Gegebenheiten zu verarbeiten und in die bisherige Lebenswelt zu integrieren. Schon die Abfolge der Generationen und interne soziale Verschiebungen können dazu zwingen, Veränderungen auch als herausfordernde Lernsituationen zu sehen. Darüber hinaus liegt aber heutzutage unvermeidlich jedes Gemeinwesen am Meer – ohne daß ihr mit Platons Bedarfsanmeldung für eine »Seestadt« zu helfen wäre: es »täte ihr ein gewaltiger Retter not und Gesetzgeber göttlicher Art«[17].

Von den Spannungen, die dies mit sich bringt, sind die Religionen in besonderem Maß betroffen, soweit sie ihre Funktion als umgreifende Orientierungssysteme überhaupt noch innehaben. Für das Christentum und den Islam kommt dabei verschärfend ihr theoretisch entfaltetes und dogmatisch gefestigtes Bewußtsein hinzu, die endgültig verbindliche Glaubensgestalt zu verkörpern. Unter dieser Voraussetzung kann jede Veränderung, die den vertrauten Bestand an Überzeugungen, Handlungsweisen und Ausdrucksformen tangiert, leicht als eine fundamentale Bedrohung der Identität erfahren werden und energische Abwehrreaktionen hervorrufen.

Die Geschichte beider Religionen ist reich an Maßnahmen, die den Verdacht nahelegen, daß Unsicherheit und Angst bei ihnen eine größere Rolle spielten als die verantwortliche Sorge für die Gemeinschaft. Bezeichnende Beispiele der Neuzeit finden wir innerhalb der römisch-katholischen Kirche etwa bei der Diskriminierung demokratischer Tendenzen[18], der Abwehr der historisch-kritischen Erforschung

---

[16] *Platon,* Nomoi, 705 a; nach: Ders., Sämtliche Werke, Bd. 6, Übers. von Hieronymus Müller, hg. von Walter F. Otto u. a., Hamburg 1959, 85 f.

[17] Nomoi, 704 d – ebd. 85.

[18] Vgl. die Enzyklika »Mirari vos« (DS 2730–2732), in der *Gregor XVI.* 1832 als »Wahnsinn« die Meinung anprangerte, »es sollte für jeden die ›Freiheit des Gewissens‹ verkündet und erkämpft werden«, diesen »seuchenartigen Irrtum«, zu dem auch »jene nie genug zu verurteilende und zu verabscheuende Freiheit der Presse« gehört, »die viele mit äußerst verbrecherischem Eifer fordern und fördern« (nach: Die katholische Sozialdoktrin in ihrer geschichtlichen Entfaltung. Eine Sammlung päpstlicher Dokumente von 15. Jahrhundert bis in die Gegenwart, hg. von Arthur Utz/Brigitta Gräfin von Galen, Bd. 1, Aachen 1976, 149).

der Bibel[19], der Warnung vor dem evolutionären Denken in der Naturwissenschaft[20], dem Verbot interkonfessioneller Beziehungen (von der
Gewerkschaftsbewegung[21] bis zur Ehe[22]), der Aufstellung eines »Index
librorum prohibitorum«, d. h. eines Verzeichnisses der für Katholiken
untersagten Lektüren[23] usw. Ein besonders komplexes Syndrom dogmatischer Gefährdungsängste bietet darüber hinaus die von geheimen
Verdächtigungen und offenen Vorwürfen durchzogene kirchliche Ver-
folgung und Ächtung der »Modernisten«[24]. – Wie das Stichwort
»Fundamentalismus«[25] mit seiner Herkunft aus bestimmten Bewegungen des amerikanischen Protestantismus belegt, ist die auf Absicherun-
gen und Abschirmungen bedachte Mentalität aber keine konfessionell
beschränkte Eigenart. Nur bringen die jeweiligen institutionellen Voraussetzungen auch entsprechende Unterschiede mit sich. Im einen Fall

19 Vgl. etwa die Entscheidung der päpstlichen Bibelkommission von 1909, daß der historische
   Charakter der ersten Kapitel der Genesis (z. B. die Erschaffung der Welt in genau sechs
   Tagen, die Erschaffung der Frau aus einer Rippe des Mannes) nicht in Zweifel gezogen
   werden dürfe (NR 128; DS 3512–3519).
20 Vgl. außer Anm. 19 auch noch die Warnung *Pius' XII.* in seiner Enzyklika »Humani generis«
   (1950) vor denen, die sich »in kühner Vermessenheit« so benehmen, »als ob der Ursprung des
   menschlichen Leibes aus schon vorhandener belebter Materie durch die bisher festgestellten
   Indizien und die aus diesen Indizien abgeleiteten Schlußfolgerungen schon einfachhin sicher
   und bewiesen sei und als ob von seiten der Quellen der göttlichen Offenbarung nichts vor-
   liege, was die größte Mäßigung und Vorsicht in dieser Frage verlange«; dementsprechend fordert er in dieser Sache nach wie vor: »alle sollen bereit sein, sich dem Urteil der Kirche zu
   unterwerfen« (NR 332; DS 3896).
21 Vgl. *Rudolf Brack,* Deutscher Episkopat und Gewerkschaftsstreit, Köln/Wien 1976; *Ernst
   Deuerlein,* Gewerkschaftsstreit, in: StL⁶ III, 943–946.
22 Vgl. Codex Iuris Canonici (1917), § 1060: »Aufs strengste verbietet die Kirche überall, daß
   zwei Getaufte die Ehe miteinander schließen, von denen der eine katholisch ist, der andere
   aber einer häretischen oder schismatischen Religionsgemeinschaft [sectae] angehört; wenn
   gar für den katholischen Partner und die Kinder die Gefahr des Glaubensabfalls besteht, ist
   die Ehe durch das göttliche Gesetz selbst verboten.«
23 Vgl. *Othmar Heggelbacher/Albert Ebneter,* Index, in: LThK V, 644–647; *Hubert Jedin/Otto
   Heggelbacher,* Bücherzensur, in: LThK II, 741–744; *Herman H. Schwedt,* Kommunika-
   tionskontrolle durch den römischen »Index der verbotenen Bücher«, in: ComSoc 20, 1987,
   327–338. Vgl. außerdem grundsätzlich über »Fügsames Lesen und Lektüreabwehr«: *Hans
   Zirker,* Die Freiheit des Lesers, in: Hans-Günter Heimbrock (Hg.), Spiel – Räume. Kreativi-
   tät im Horizont des christlichen Glaubens, Neukirchen-Vluyn 1983, 34–45, hier 34–38.
24 Vgl. *Peter Neuner,* ›Modernismus‹ und kirchliches Lehramt. Bedeutung und Folgen der
   Modernismus-Enzyklika Pius' X., in: StdZ 190, 1972, 249–262; *Norbert Trippen,* Theologie
   und Lehramt im Konflikt. Die kirchlichen Maßnahmen gegen den Modernismus im Jahre
   1907 und ihre Auswirkungen in Deutschland, Freiburg/Basel/Wien 1977.
25 Vgl. *James Barr,* Fundamentalismus. Mit einer Einführung in die deutsche Ausgabe von
   Gerhard Sauter, München 1981 (orig: Philadelphia, P. A. 1984); *Thomas Meyer* (Hg.),
   Fundamentalismus in der Welt. Die Internationale der Unvernunft, Frankfurt 1989; *Józef
   Niewiadomwski* (Hg.), Eindeutige Antworten? Fundamentalistische Versuchung in Religion
   und Gesellschaft, Thaur 1988; *Dieter Stoodt,* Fundamentalismus versus Modernismus im
   Jahre 1982. Beobachtungen zum Verhältnis von Religion und Öffentlichkeit in den USA, in:
   Jahrbuch der Religionspädagogik 1, 1984, 191–204.

wird die unabänderliche Wahrheit und unangefochtene Gewißheit stärker beim kirchlichen Lehramt und seinen dogmatischen Definitionen des Glaubens gesucht, im anderen Fall bei der für verbal inspiriert gehaltenen Schrift und ihren vermeintlich eindeutigen Lesarten[26]. Doch hier wie dort werden Gräben gezogen und Mauern errichtet, um die eigene Position vor Infiltrationen zu sichern und die Herausforderungen, die von der Wahrnehmung des Fremden und Neuen ausgehen können, abzuhalten. Die wechselseitige Bestätigung, wie sie eine geschlossene Gesellschaft bietet, soll möglichst wenig gestört sein.

Um dies zu erreichen, wird schnell bei der Polarisierung von einerseits »Glaube« und andererseits »Unglaube«, »Irrglaube«, »Glaubensabfall« o. ä. Zuflucht gesucht, ohne zunächst einmal mit Gelassenheit zu bedenken, ob es sich nicht vielleicht bloß um eine Spannung von »Vertrautem« und »Neuem« – und dabei auch von »Mehrheit« und »Minorität« – handeln könnte. Der geschichtliche Abstand von den entsprechenden Konfliktsituationen zeigt in vielen Fällen, daß die Berufung auf »die Offenbarung«, »die Wahrheit Gottes«, »den Glauben der Kirche« und ähnlich sakrosankte Größen fehl am Platz war; daß man mit den theologischen Instrumentarien in Wirklichkeit einen gegebenen Bewußtseinsstand und dabei oft auch bestimmte gesellschaftliche Verhältnisse schützte. So ist es bezeichnend, daß *Pius X.* in seinem »Syllabus« (1864), einem Verzeichnis theologischer Irrtümer, abschließend den Satz verurteilte: »Der römische Pontifex kann und muß sich versöhnen und einlassen mit Fortschritt, Liberalismus und moderner Gesellschaft.«[27] Hier »wird dem schwindenden Einfluß kirchlicher Lehre und Institution der in einer formalen Offenbarungsautorität gründende Rechtsanspruch der kirchlichen Gewalt entgegengestellt«[28].

Daß der *Islam* kein kirchliches Lehramt kennt und nicht dogmatische Differenzierungen zu rechtsverbindlichen Glaubenskriterien erhebt, schützt ihn nicht vor analogen Neigungen, zeit- und gruppenbedingte Bewußtseins-, Lebens- und Gemeinschaftsformen als endgültige, gottgewollte Glaubensgestalten anzusehen und kulturelle Veränderungen mit dem Verweis auf Offenbarung abzuwehren; nur ge-

---

[26] Bezeichnend ist hier schon die Inspirationslehre der protestantischen Orthodoxie; vgl. *Otto Weber*, Inspiration. II. Inspiration der hl. Schrift, dogmengeschichtlich, in: RGG III, 775–779, hier 776–778.

[27] DS 2980.

[28] *Peter Eicher*, Offenbarung. Prinzip neuzeitlicher Theologie, München 1977, 123 (in der hier insgesamt beachtenswerten »Studie I« über »Offenbarung als apologetische Kategorie«, 71–162).

schieht dies in einem politisch bewegteren, spannungsvolleren und nicht selten gewaltsameren Kräftefeld.

Bezeichnenderweise rekurrieren gerade auch reformorientierte muslimische Bewegungen häufig – um ein traditionsorientiertes Bewußtsein zu überwinden – auf die ein für allemal mit dem Koran verbindlich gesetzten Normen der Scharia. So wendet sich der Theologe *Muḥammad ᶜAbduh* gegen einen blinden Autoritätsglauben, der auf bloße Nachahmung drängt (taqlīd)[29], beruft sich dabei auf die Kraft der Vernunft (ᶜaql), die einen Wesensbestandteil menschlicher Würde ausmacht, und bezieht doch andererseits jede Reform zurück auf die Vollkommenheit des ursprünglich realisierten Islam. Die ideale Zukunft wird gedacht nach dem Muster einer vermeintlichen Vergangenheit.

Ein solches Denken, das die faktisch herrschenden Traditionen überspringt, um sich an dem einzig gültigen Ursprung aller Verbindlichkeiten festzumachen, steht jedoch noch stärker in der Gefahr, beliebig verwendbar zu sein, als ein traditionsorientiertes Bewußtsein, das sich konkret bestehenden, in ihren Auswirkungen erkennbaren Normen verpflichtet sieht. So ist es verständlich, daß auch die heute häufig als »fundamentalistisch«[30] bezeichneten politischen Gruppen des Islam, zumeist kaum wirklich »traditionalistisch« ausgerichtet sind, sondern eher mit »reformistischen« Argumenten neue Verhält-

---

[29] *ᶜAbduh* lehnt vor allem zwei Formen des traditionsbehafteten Denkens ab: 1. die »stumpfsinnige und törichte« Einstellung, »die immer danach Ausschau hält, was die Vorfahren sagen«; 2. die Ausrichtung an den »Führern der Religion«, als ob allein diesen ein »vernünftiges Verständnis der himmlischen Bücher« und »das ausschließliche Recht der Interpretation« zukäme (The Theology of Unity, engl. Übers. von Isḥāq Musaᶜad und Kenneth Cragg, London 1966 [orig.: Risālat at-tawḥīd, Kairo 1897], 127f).

[30] Es ist nicht unproblematisch, diesen Begriff, der sich ursprünglich auf christliche Bewegungen amerikanischen Ursprungs bezieht, auf den Islam zu übertragen. Bezeichnenderweise fehlt innerhalb des Arabischen für ihn ein treffendes Äquivalent. Die allgemeinste Redeweise spricht im Blick auf die integralistisch ausgerichteten politischen Gruppen einfach von »islāmiyya« und »islāmiyyūn«, also von »Islamismus« und den »Islamisten«. Den radikalen und gewaltsamen Aspekt betont stärker der Begriff »taṭarruf«, »Extremismus«. Vgl. *Khalid Duran,* Islam und politischer Extremismus. Einführung und Dokumentation, Hamburg 1985 (Deutsches Orient-Institut. Aktueller Informationsdienst moderner Orient, Sondernummer 11), 2f über Nomenklatur. Über das Spektrum von »Westernism«, »secularism«, »liberalism«, »Modernism« einerseits bis zu »Revivalism«, »traditionalism«, »conservativism« und »fundamentalism« anderseits. Vgl. auch *Ghanie Ghaussy,* Der islamische Fundamentalismus der Gegenwart, in: Th. Meyer Fundamentalismus in der modernen Welt (s. Anm. 26), 83–100; *Rudolph Peters,* Islamischer Fundamentalismus: Glaube, Handeln, Führung, in: Wolfgang Schluchter (Hg.): Max Webers Sicht des Islams. Interpretation und Kritik, Frankfurt 1987, 217–241; *Fazlur Rahman,* Islam, London ²1979, bes. 212–234: Modern Developments; *William Shepard,* What it »Islamic fundamentalism?«, in: SR 17, 1988, 5–26.

175

nisse anstreben. Sie berufen sich zwar mit Nachdruck auf die Scharia und wollen als die einzig wahren Vertreter des Islam angesehen werden – »In Wirklichkeit wird jedoch die *sharīʿa* von den Islamisten gar nicht traditionalistisch verstanden, was auch immer ihr Anspruch auf Tradition sein mag. Vielmehr wird die *sharīʿa* von ihnen recht willkürlich als ›Islamisches System‹ interpretiert. Mit den religiösen Vorstellungen der Orthodoxie hat es meist nur noch die Nomenklatur gemeinsam.«[31] Das hier entworfene Idealbild der muslimischen »Umma« stellt eine gewaltige Problemreduktion dar nicht nur gegenüber der politischen Realität, sondern auch gegenüber den weit komplexeren und weniger eindeutigen Rechtsnormen der Überlieferung. Aber in seiner Einfachheit, oft Grobschlächtigkeit ist das Ideal für viele ein um so leichteres Identifikationsmodell.

So treffen sich die unterschiedlichen reformistischen wie fundamentalistischen Tendenzen trotz aller Gegensätze in ihrer Ausrichtung an einer weitgehend geschichtslos gefaßten »Umma«, in ihrer Scheu oder gar Angst, geschichtliche Veränderungen, die es auch für das religiöse Leben unabweisbar gibt, als solche prinzipiell für legitim zu halten, gar für eine Gelegenheit, im Glauben Neues zu lernen[32]. Stabilität scheint es unter diesen Voraussetzungen nur im Anschluß an das zu geben, was von der Vergangenheit her immer schon gilt – oder wenigstens im Anschein eines entsprechenden Alters propagiert werden kann.

Weil diese Vergangenheit religiös zugleich von Gott her gedacht wird, wird sie der Notwendigkeit weiterer Legitimationen entzogen und dem Einzelnen wie der Gesellschaft als ganzer als unverbrüchliche Norm vorgegeben. Damit darf sich auch derjenige, der sich in seinem Handeln auf die grundlegende Vergangenheit beruft, von zusätzlichen Rechtfertigungen entlastet sehen. Als anstößig oder gar verwerflich kann dann immer nur das Neue erscheinen. Unter diesen Voraussetzungen liegt es nahe, daß Relativierungen, wie sie besonders das neuzeitliche Geschichtsbewußtsein einerseits und politische Tendenzen zu

---

[31] *Kh. Duran,* ebd. 24. Vgl. dazu die aufschlußreiche Analyse der Lehre und Politik Chomeinis von *Sabine Schmidtke,* Modern modifications in the Shiʿi doctrine of the expectation of the Mahdi (intiẓar al-Mahdī): The case of Khumaini, in: Orient 28, 1987, 389–406; s. auch *Ernest Gellner,* Warten auf den Imam, in: Wolfgang Schluchter (Hg.): Max Webers Sicht des Islams (s. Anm. 30), 272–293.

[32] Vgl. *Fazlur Rahman,* Islam & Modernity. Transformation of an Intellectual Tradition, Chicago/London 1982, 142, über die Ironie der Situation, daß muslimische Fundamentalisten und Modernisten gegeneinander ausgespielt werden, obwohl sie über die Prozedur einer gesellschaftlichen Erneuerung prinzipiell dasselbe sagen.

gesellschaftlichem Pluralismus andererseits mit sich bringen, als kräftige Bedrohung erfahren und abgewehrt werden.

2. Voraussetzungen und Aufgaben religiöser Verständigung

Wenn hier von einer Verständigung über die Religionen, ihre Überzeugungen und Geltungsansprüche, die Rede ist, so soll dabei nicht in erster Linie an ausdrückliche Situationen des theologischen Dialogs gedacht sein. Wann und unter welchen Bedingungen diese sinnvoll, bereichernd und zukunftsweisend können, ist eine von der Einschätzung vieler – auch kulturell-atmosphärischer und politisch-taktischer – Momente abhängige Frage. Dem voraus liegt aber die grundsätzlichere Entscheidung, ob die theologische Reflexion und Verantwortung des je eigenen religiösen Standortes die Ansprüche anderer Positionen mit wahrnehmen und sich auf die durch sie gegebenen Herausforderungen und eventuellen Verlegenheiten einlassen soll. Daß dies eine nicht selbstverständliche Verpflichtung ist, zeigt der erklärte, ausdrücklich entgegenstehende Grundsatz: »Dem Theologen ist [...] nicht die Rede vom Christentum im Zusammmenhang der Religionsgeschichte aufgetragen, sondern die Rede von Gott, der den Sünder in Jesus rechtfertigt.«[33] Doch eine solche Alternative kann der Theologie »bei bewußter Beachtung des sich ändernden gesellschaftlich-geschichtlichen Kontextes«[34] gerade als unverantwortlich erscheinen. Der »Dialog« mit den »anderen« ergibt sich ihr dann nicht erst sekundär aus der Notwendigkeit, auch *nach außen hin* Rede und Antwort zu stehen, sondern schon prinzipiell aus der *internen* Aufgabe, Sinn und Glaubwürdigkeit der eigenen Überzeugungen zu erörtern. Daß die Theologie auf ein kommunikatives Denken verpflichtet ist, ist dann also nicht nur eine Sache der *Ver*mittlung, sondern bereits der *Er*mittlung dessen, was sich im Glauben verständlich sagen läßt.

a. Die Wahrheitsfrage angesichts des unabgeschlossenen Glaubensverständnisses

Wer etwas sagt oder schreibt, hat nie in der Hand, daß seine Mitteilung genau so aufgenommen wird, wie er sie gemeint hat. Dies kann im Ein-

[33] *Gerhard Rosenkranz,* Was müssen wir heute unter Absolutheit des Christentums verstehen?: ZThK 51, 1954, 105–123, hier 120.
[34] *Hans Waldenfels,* Kontextuelle Fundamentaltheologie, Paderborn 1985, 19.

zelfall zu erheblichen Störungen führen. Daran zeigt sich, daß das Verstehen nie ein rein rezeptiver Vorgang ist: Immer bringt derjenige, der eine fremde Äußerung verstehen will, seine eigenen Voraussetzungen mit ein. Er – nicht schon der Text selbst, auch nicht der Autor – konstituiert letztlich die Bedeutung. Er schließt das, was er vernimmt, an seine Welt an oder hält es in Distanz; er gibt ihm den Ernst oder schätzt es als weniger belangvoll ein; er urteilt, was das Gesagte »meint«, oder beläßt es in seiner Vieldeutigkeit usw. Freilich kann er dabei nicht nach individuellem Belieben verfahren; ihm sind Bedingungen vorgegeben, die sowohl seine Beteiligung herausfordern als auch seine Eigenmächtigkeit beschränken.[35]

Diese grundsätzliche hermeneutische Situation muß nicht immer gleichermaßen bewußt sein; denn solange alle etwas in umfassender Gemeinschaft einhellig verstehen, erscheint es von sich aus als eindeutig. Doch wo eine solche Übereinstimmung nicht oder nicht mehr gegeben ist, wird um so kräftiger spürbar, daß *Bedeutungen soziale Fakten* sind, daß sie ausgemacht werden müssen und nicht einfach bei vorgegebenen Texten abgeholt werden können. Ob uns dies gefällt oder nicht, ob wir es als ein Moment der Freiheit oder der Verunsicherung erfahren – der Sachverhalt steht jedenfalls nicht in unserer Verfügung.

Es liegt auf der Hand, daß dies für Religionen, die sich wie das Christentum und der Islam an ein begrenztes Korpus normativer Texte – als »Heiliger Schrift«, als »Wort Gottes«, als endgültiges »Dogma« der Kirche aus »unfehlbarer« Lehrkompetenz – gebunden sehen, in besonderem Maß zum Problem werden kann. Die Bedeutung und die Stabilität dessen, was jeweils als verbindliche »Wahrheit« ausgegeben wird, können dann als leicht gefährdet erscheinen. Doch hängt andererseits die Glaubwürdigkeit des jeweiligen Wahrheitsanspruchs gerade auch davon ab, daß diese unvermeidliche Offenheit des Glaubensverständnisses nicht verdrängt wird – gar mit disziplinären Maßnahmen oder psychischen Instrumentarien der Angst. Wo »die Wahrheit« – wie bei religiösen Bekenntnissen – nicht am eindeutig zutage liegenden Sachverhalt ausgewiesen werden kann, ist es höchst erheblich, wenigstens zu sehen, unter welchen Bedingungen sie ausge-

---

[35] Vgl. zu dieser prinzipiellen hermeneutischen Relation von Autor, Text und Rezipient *Hans Zirker,* Lesarten von Gott und Welt. Kleine Theologie religiöser Verständigung, Düsseldorf 1979; *ders.,* Die Freiheit des Lesers (s. Anm. 23); *ders.,* Erzählungen und Überzeugungen im gemeinsamen Geschick, in: Antonius H. J. Gunneweg/Henning Schröer (Hg.), Standort und Bedeutung der Hermeneutik in der gegenwärtigen Theologie, Bonn 1986, 77-100. (Jeweils mit weiterführender Literatur).

macht und behauptet wird; ob die Verständigung über sie auch dort noch offen bleiben kann, wo man sich zugleich endgültig angesprochen und verpflichtet glaubt.

Ein aufschlußreiches Bekenntnis zur Notwendigkeit, die *Zuverlässigkeit des Wortes Gottes* mit dem *hypothetischen Charakter menschlicher Erkenntnis* zusammenzudenken, finden wir innerhalb der muslimischen Tradition bei *al-Ghazālī*. Er überliefert als gültige Regel für die im Glauben erforderliche Wahrheitsfindung: »Wer sich in diesem Bemühen um eine eigene Meinung irrt, verdient eine Belohnung, wer aber das Richtige trifft, verdient eine doppelte Belohnung.«[36] Hier wird der Irrtum nicht primär als ein Verfehlen der Wahrheit diskriminiert, sondern im Gegenteil geachtet als eine naheliegende Folge für den, der sie sucht. Zwar setzt al-Ghazālī prinzipiell auch die »Notwendigkeit eines Lehrers und dessen Unfehlbarkeit«[37] voraus; doch er grenzt nicht dessen Domäne eindeutig gegen die des menschlichen Bemühens ab. Die eine steht nicht in Konkurrenz gegen die andere, sondern ist deren notwendige Entsprechung. Es gibt hier nicht *außer* der unfehlbaren Erkenntnis in anderem Zusammenhang auch noch die fehlbare, sondern die erste ist als geschichtliche Vorgabe der zweiten zur verantwortlichen Übernahme anvertraut.

Eine solche Einstellung kann sich vor allem dann als hilfreich und letztlich notwendig erweisen, wo das Verständnis des Glaubens und seine Anerkennung aufgrund kultureller Umstände problematisiert sind, etwa dadurch, daß fremde Wahrheitsansprüche in die eigene Reflexion einziehen, manche Überzeugungen ihre bisher vielleicht selbstverständliche Anerkennung verlieren und die Frage nach der Verantwortbarkeit des Glaubens oder bestimmter seiner Elemente sich in neuer Weise aufdrängt. Dann wird sich nämlich der Rekurs auf das eigene theologische System als ungenügend herausstellen, falls dieses nicht von vornherein seine Vorläufigkeit und Korrigierbarkeit auf ein reicheres Verständnis, eine bessere Mitteilbarkeit und eine größere Überzeugungskraft hin mitberücksichtigt hat.

Je verfestigter die religiöse Tradition ist – sei es durch die Institutionalisierung der Lehrkompetenz in einem eigenen Amt, durch die Definition der unaufgebbaren Dogmen oder einfach durch die gesellschaftliche Macht eines Bewußtseins, das die einzig gültige Interpretation des Willens Gottes zu kennen meint –, desto notwendiger ist auch der

[36] *Abū-Ḥāmid Muḥammad al-Ghazālī*, Der Erretter aus dem Irrtum – al-Munqid min aḍ-ḍalāl, Hamburg 1988, 34.
[37] Ebd. 33.

theologische Hinweis auf die geschichtlichen Veränderungen, die der jeweilige Glaube faktisch schon erfahren hat, und auf die *Unmöglichkeit, im voraus theoretisch zu bestimmen, an welchen genauen Grenzen der künftig noch zu erwartende Wandel haltmachen wird.*

Daraus folgt nicht, daß der Relativierung religiöser Bekenntnisse und sittlicher Werte Tür und Tor geöffnet würde. Offensichtlich sind manche Überzeugungen von einer umfassenderen Zustimmung getragen als andere, erscheinen deshalb auch als weniger angefochten und stabiler. So kann man beispielsweise mit gutem Grund annehmen, daß sich *alle* verantwortungsfähigen Menschen unserer Welt in dem Urteil einig sind, die Errichtung von Konzentrationslagern zum Völkermord sei *absolut* verwerflich und *niemals* zu rechtfertigen. Demgegenüber liegt auf der Hand, daß etwa das religiöse Bekenntnis, jeder Mensch – welcher Zeit, Kultur und Religion auch immer – sei auf die Gnade Christi angewiesen und könne ohne sie nicht gerettet werden, eine weit begrenztere Zustimmung findet – und dies wird vermutlich immer so bleiben. Denn selbst wer mit Nachdruck betont: »Die unaufhebbare Bindung allen Heils an Jesus gehört zu jedem Christusbekenntnis«, kann zugleich »eine sehr schwache Seite« jeder theologischen Verarbeitung dieses Bekenntnisses nicht übersehen: »Für Nichtchristen muß sie wie eine unverschämte Vereinnahmung ins Christentum erscheinen.«[38] Damit hat eine solche Aussage nicht schon ihren Geltungsanspruch schlechthin verwirkt, aber es ist für sie viel wahrscheinlicher, daß sie auf Dauer auch dort an Überzeugungskraft einbüßt, wo man sie ursprünglich zum unaufgebbaren Bestand des Glaubens rechnete.

Für die jeweilige Glaubensgemeinschaft stellt sich dabei die Überlegung, ob sie derartiges als ein bloßes Faktum der gesellschaftlichen Realität nehmen will, das vielleicht für Religionssoziologen erheblich sein mag, aber die Wahrheitsfrage selbst nicht berührt, oder ob sie nicht doch die *zu erwartende Zustimmung* als *ein Kriterium der Wahrheit* annehmen muß. Die zweite Option läßt freilich viele Fragen offen:
– wie lange man im Einzelfall – trotz aller Verständigungsbarrieren und -stagnationen – noch eine künftig zunehmende Anerkennung des eigenen Bekenntnisses voraussetzen darf;

[38] *Karl-Heinz Ohlig,* Fundamentalchristologie. Im Spannungsfeld von Christentum und Kultur, München 1986, 682, innerhalb des insgesamt beachtenswerten Kapitels über »Die ›Unizität‹ Jesu oder die Exklusivität der Heilsvermittlung« (679–685), das mit der Feststellung endet, daß jede theologische Vermittlung von geschichtlicher Kontingenz und Absolutheitserfahrung »aporetisch« bleibt, »wie sich anhand aller bisherigen inhaltlichen Christologien gezeigt hat«.

- wo man - trotz ausdrücklicher Verweigerungen und deutlichen Widerspruchs auf der sozialen »Oberfläche« - auf einer »tieferen Ebene« mit einem unreflektierten, unausdrücklichen Einverständnis rechnen kann;

- wann die fehlende Kraft, eine größere Zustimmung zu erreichen, einen Wahrheitsanspruch widerlegt und wann sie nur auf die kulturell begrenzte Artikulation des Bekenntnisses verweist, dessen »eigentlich gemeinte« und konsensfähigere Wahrheit noch erhoben werden muß;

- ob und wo man schließlich nicht vielleicht doch die fehlende Zustimmung auf kollektive Unaufgeschlossenheit, geschichtlichen Erfahrungsverlust, gemeinschaftlich mangelndes Gespür und fehlende Vernunft zurückführen darf[39].

In dieser Sicht fächert sich die *Wahrheitsfrage* demnach in ein Bündel von Überlegungen auf, die nicht erster Linie nach der in den religiösen Bekenntnissen angesprochenen »*Wirklichkeit*« Ausschau halten, um an ihr Maß zu nehmen - dies bringt gerade in problematisierten Situationen kaum einen Erkenntnisgewinn -; sie richten ihr Augenmerk vielmehr vor allem auf die *Verständigungssituation,* auf die vielfältigen Bedingungen, unter denen man jeweils die Überzeugungen für sich und andere als »wahr« zu verantworten meint. Bei derartigen Bedenken gibt es aber keine theologische Kompetenz, die mit wissenschaftlicher Zuständigkeit Bescheid geben könnte. Hier kommen Abwägungen und Urteile zum Zug, deren Gewicht sich selbst erst im Laufe der Zeit und über vielfältige kommunikative Wege herausstellen kann.

Setzt die Frage nach der Glaubwürdigkeit einer Religion derart an, dann ist also einerseits kein von vornherein zwingendes und insgesamt allgemeingültiges Ergebnis zu erwarten; die Antwort kann aber andererseits auch nicht einfach nach individuellem Belieben erfolgen. Außerdem ist offensichtlich, daß sich dabei insbesondere für Christen und Muslime aus den kulturellen und institutionellen Gegebenheiten ihrer Tradition beträchtliche Schwierigkeiten ergeben können. Doch wenn sie diese Erfahrung als eine Gemeinsamkeit entdeckten, wäre dies vielleicht für ihre wechselseitige Beurteilung ein Gewinn.

---

[39] So gibt z. B. *K.-H. Ohlig,* Fundamentalchristologie (s. Anm. 38) für Buddhismus, Hinduismus u. a. zu bedenken, ob nicht »ein tatsächlich vorhandenes humanes Erfahrungsdefizit in diesen Monismen« angenommen werden könne (684). - Demgegenüber sieht er (ebd. in Anm. 37) die Verständigung mit dem Islam nur wegen seiner »sich vielen äußeren Einflüssen verschließenden Mentalität« und »die koloniale Überheblichkeit der Christen« belastet. Mit diesen zwei Gründen kommen aber die theologischen Differenzen noch nicht in den Blick.

b. Zusätzliche Orientierungen für das verantwortliche Handeln

Wer davon ausgehen wollte, daß das religiöse Handeln immer nur zum Ziel hätte, die einmal offenbarten Weisungen Gottes (oder auch eine kraft der Offenbarung zu erkennende konstante sittliche Naturordnung) in die jeweils konkret gegebene Lage zu übertragen, dem wären die Verhältnisse, unter denen er lebt, immer nur die Situationen seiner moralischen Bewährung, nicht aber vorher schon eine mögliche Quelle der Erkenntnis dessen, was ihm zu tun aufgetragen ist. Alle Besonderheiten der jeweiligen Umstände würden dann letztlich unter die eine, immer schon vorgegebene Handlungsorientierung subsumiert. Selbstverständlich könnte man sich noch bemühen, diese besser zu verstehen; doch man bedürfte keiner irgendwie gearteten Ergänzung oder gar Korrektur der Handlungskriterien mehr.

Wie sich ein derartiges Selbstbewußtsein im Verhältnis zu den anderen Religionen auswirkt, läßt sich *im christlichen Raum* an theologischen Äußerungen noch unseres Jahrhunderts, aus der Zeit unmittelbar vor dem Zweiten Vatikanischen Konzil, ablesen: Während eine repräsentative »Theorie der Mission« über die »Wahrheiten der nichtchristlichen Religionen« insgesamt sagt, daß sie »nicht zu einem zielgerechten Leben« genügen – in ihrem Umfeld »bleiben entscheidende Fragen unbeantwortet oder sie werden falsch beantwortet« –, behauptet sie vom christlichen Glauben, daß er allein »die wichtigsten Lebensfragen nach dem Urgrund und Ziel, dem Sinn und Zweck, der Form und Weise des Lebens befriedigend« zu beantworten weiß[40]. Hier können grundsätzlich nur die anderen von der eigenen Religion lernen; mögen sie selbst auch »tiefe und schöne Gedanken, Wahrheiten und Wahrheitselemente« haben, »diese finden sich auch im Christentum«[41]. Mit der Berufung auf Jesus als den »absoluten *Lehrer*«, »Höhepunkt und Ziel, Abschluß und Zusammenfassung« aller Offenbarung Gottes[42], erübrigt es sich letztlich, noch auf die anderen zu hören; die eigene Erkenntnis genügt sich dann schlechthin selbst.

Religionskritisch hält *Friedrich Nietzsche* diese Einstellung sowohl dem Christentum wie dem Islam mit einer bezeichnenden Anekdote vor: Nach der Eroberung Alexandriens im Jahr 642 sei der Kalif Omar von seinem General gefragt worden, wie mit der mächtigen und berühmten Bibliothek zu verfahren sei; darauf habe Omar lapidar ent-

---

[40] *Thomas Ohm,* Machet zu Jüngern alle Völker. Theorie der Mission, Freiburg 1962, 190.
[41] Ebd.
[42] Ebd. 182.

schieden: »Stimmen die Bücher mit dem Koran, dem Worte Gottes, dann sind sie überflüssig und brauchen nicht erhalten zu werden; stimmen sie nicht, dann sind sie gefährlich, lasse sie also verbrennen!«[43] Und Nietzsche selbst bemerkt dazu: »So dachte in Betreff der griechischen Litteratur die katholische Kirche.« Historisch läßt sich gegen diese Anekdote[44] und ihr kritisches Beiwort manches einwenden (vor allem, daß die alexandrinische Bibliothek nicht durch die muslimischen Eroberer – Omar könnte es schon gar nicht gewesen sein –, sondern zuvor schon durch die christliche Bevölkerung vernichtet wurde). Die geistesgeschichtlichen Beziehungen waren für beide Religionen weit komplexer; ihr Austausch mit der kulturellen Umwelt war rege. Dennoch trifft die Kritik in der Überzeichnung ein für das Selbstverständnis des Christentums wie des Islam erhebliches Moment: Beiden Religionen fällt es aufgrund ihres Selbstbewußtseins zunächst nicht leicht, ausdrücklich – also auch theoretisch – einzuräumen, daß sie den Aufgaben, die ihnen bei dem Verständnis und der Gestaltung dieser Welt zukommen, nicht auf Dauer gewachsen wären, wenn sie sich allein von ihrer eigenen Tradition leiten lassen wollten; daß sie sich nicht als geistig völlig autarke Gemeinschaften sehen können, vielmehr darauf angewiesen sind, von und mit Menschen anderer Standorte zu lernen, um auch mit ihnen gemeinsam handeln zu können.

Die *Kirche* verstand sich beispielsweise vom Mittelalter an als eine *»societas perfecta«* – gleich dem Staat »als sich selbst genügendes, von keiner anderen Autorität abhängiges, über alle rechtlichen Möglichkeiten und Befugnisse zur Ordnung und Sicherung des gemeinschaftlichen Lebens der in ihm geeinten Menschen verfügendes Gemeinwesen«[45]. Dieses Selbstverständnis betonte sie in besonders akzentuierter und defensiver Weise angesichts der sie bedrängenden politischen Bewegungen der Neuzeit. Das hatte Konsequenzen über den primär staats- und völkerrechtlichen Aspekt des Begriffs der »societas perfecta« hinaus. Von ihm eingenommen, beabsichtigte die Kirche nicht nur, sich gegenüber den äußeren Zugriffen staatlicher Gewalt zu

---

[43] Geschichte der griechischen Literatur, 3. Teil, in: Nietzsche's Werke, 3. Abteilung, Bd. XVIII/II: Philologica, Leipzig 1912, 129–198, hier 132.

[44] Sie steht in einer ähnlichen Fassung auch in *Hegels* »Vorlesungen über die Philosophie der Geschichte«, in: Ders., Sämtliche Werke, hg. von Hermann Glockner, Bd. 11, Stuttgart-Bad Cannstatt ⁴1961, 457, allerdings ohne die religionskritische Wendung gegen das Christentum. – Zum erstenmal ist sie bei einem arabischen Autor des 13. Jahrhunderts zu finden (vgl. L. Labib, Al-Iskandariyya, in: EI2 IV, 132–137, hier 132).

[45] *Ernst-Wolfgang Böckenförde,* Staat – Gesellschaft – Kirche, in: CGG 15, 5–120, hier 16, zusammen mit 16–19: Die Kirche als eigenständiges, selbsttragendes Gemeinwesen.

schützen, sondern auch ihrer »geistlichen Gewalt« die letzte Kompetenz in der Beurteilung der menschlichen Verhältnisse zu wahren. Sie
war also darauf bedacht, allen gesellschaftlichen Instanzen mit dem
»rechtlichen Maßgeblichkeits- und Ausbreitungsanspruch der objekti-
ven Wahrheit«[46] gegenüberzutreten und damit »als ein Konkurrenz-
modell gegenüber allen anderen Sozialgruppierungen«[47] zu erscheinen.

Zu einem wesentlich verschiedenen Tenor ihrer Äußerungen findet
die Kirche erst beim *Zweiten Vatikanischen Konzil.* Sie reagiert damit
– recht spät – auf eine gesellschaftliche Situation, die sie zum Um-
denken zwang: »Der alleinige Anspruch der katholischen Kirche, als
societas perfecta zu gelten, mußte in einer sich zunehmend plura-
listisch empfindenden Welt geradezu anachronistisch, wenn nicht
lächerlich wirken.«[48] Für ihre veränderte Bewertung der Lage bezeichnend ist besonders, wie sie sich jetzt bei der Erfüllung ihrer Aufgaben
auf die »Welt« in ihrer kulturellen – und dabei auch religiösen – Vielfalt angewiesen sieht.

Erheblich ist vor allem, daß sie sich »angesichts dieses unermeßlichen Unternehmens, das schon die ganze Menschheit erfaßt«, nicht
nur als eine begreift, die »auch nicht immer zu allen einzelnen Fragen
eine fertige Antwort bereit hat«, sondern ausdrücklich vorsieht, daß
»das Licht der Offenbarung mit der Sachkenntnis aller Menschen in
Verbindung zu bringen« ist[49]. Dabei spricht sie allen »Einzelwirklich-
keiten« unserer Welt einen »festen Eigenstand« zu und fordert dazu
auf, ihre »Autonomie« anzuerkennen[50]. Daß das Konzil das »Ineinander des irdischen und himmlischen Gemeinwesens« nicht zu definie-
ren versucht, sondern zu einem »Geheimnis der menschlichen Geschichte« erklärt[51], zeigt, wie wenig es darauf bedacht ist, den einen
Part von dem anderen abzugrenzen. Die Kirche ist sich hier »darüber im klaren, wieviel sie selbst der Geschichte und Entwicklung der
Menschheit verdankt« und rechnet auch für die Zukunft damit, daß
ihr ein solcher »Austausch« zum Vorteil gereiche[52].

Freilich fehlen in den Konzilsdokumenten nicht Symptome für ein
instrumentalistisches Verständnis der kulturellen Gegebenheiten –

---

[46] Ebd. 56 in einem Abschnitt über »Die Untauglichkeit der societas-perfecta-Lehre«.
[47] *Knut Walf,* Die katholische Kirche – eine ›societas perfecta‹?,: ThQ 157, 1977, 107–118, hier
108.
[48] Ebd. 114.
[49] Pastoralkonstitution über die Kirche in der Welt von heute »Gaudium et spes«, Artikel 33.
[50] Ebd., Artikel 36.
[51] Ebd., Artikel 40.
[52] Ebd., Artikel 44.

etwa wenn es heißt, daß die Kirche die Errungenschaften der Menschheit »in Gebrauch nimmt« (adhibuit), um ihre Botschaft besser zu vermitteln[53]. Außerdem wird – vor allem im Blick auf die anderen Religionen – deutlich jeder Anschein vermieden, die Kirche könnte auch in ihrem Glaubenswissen von den fremden Kulturen noch Neues lernen[54]. Dennoch legt das bekundete Bewußtsein, daß die Menschheit und in ihr die Kirche auf eine »Universalkultur«[55] hin unterwegs sei, eine geistige Offenheit nahe, deren Folgen sich nicht von vornherein definitiv bestimmen lassen. Die Wirkungsgeschichte solcher Tendenzen kann prinzipiell weiter reichen, als es die Absicht derer war, die sich zunächst für sie aussprachen.

Andererseits sind Konzilserklärungen – gerade die des Zweiten Vatikanums – oft auf weite Strecken mehr programmatische Visionen und Willensäußerungen als Lagebeschreibungen. Deshalb garantiert das kirchliche Votum für einen kulturellen Austausch über die eigenen Grenzen hinweg selbstverständlich nicht, daß ihm auch faktisch das geistige Klima in der Kirche entspricht – gar Jahrzehnte nach der Dynamik des Konzils[56]. Aber die Aufgabe bleibt prinzipiell angezeigt und legitimiert.

Sicher wäre es unangebracht, wollte man aus der Lerngeschichte einer Religion, hier des Christentums (oder noch genauer: einer Kirche in ihr), ohne weiteres Forderungen an andere Religionen, etwa den Islam, ableiten. Die Voraussetzungen sind jeweils recht unterschiedlich. Doch in dem Maß, als die verschiedenen Kulturen nicht nur einander begegnen und dabei – wie schon immer – vereinzelte Elemente austauschen, sondern gemeinsame normative Standards entwickeln, wie beispielsweise in Moral und Politik durch die Menschenrechte, in den Wissenschaften durch geregelte Verfahren der Erkenntniskontrolle, in dem Maß gewinnen sie eine Grundlage der Verständigung und des Handelns, die über den begrenzteren Geltungsbereich ihrer jeweiligen Religionen hinausgeht. Dabei können sie sich zugleich herausgefordert sehen, zu *prüfen, ob diese Grundlage sich nicht noch erweitern und tragfähiger ausbauen läßt.* Das aber schließt zugleich eine Relativierung der Religionen ein, die in ihrem Ausmaß gewiß nicht unbegrenzt sein wird, doch auch nicht im voraus einzuschränken ist.

[53] Ebd., Artikel 58.
[54] Vgl. S. 52–54: III.4. über »Die Beschränkung des Dialogs in der Selbstbehauptung«.
[55] Pastoralkonstitution über die Kirche in der Welt von heute »Gaudium et spes«, Artikel 61.
[56] Vgl. im Blick auf restaurative Gruppen und Tendenzen *Knut Walf,* Fundamentalistische Strömungen in der katholischen Kirche, in: Th. Meyer Fundamentalismus in der modernen Welt (s. Anm. 26), 248–262.

Welche Schwierigkeiten sich damit für den *Islam* auftun können, zeigt sich gerade dort besonders deutlich, wo er sich nicht fundamentalistisch abschottet, sondern solche Herausforderungen wahrnimmt, beispielsweise die neuzeitliche Erklärung von *Menschenrechten*. Daß diese in einer bestimmten geistesgeschichtliches Situation – der europäischen Aufklärung des 18. Jahrhunderts – konzipiert und nach mannigfachen Auseinandersetzungen von politischen Gremien formuliert wurden, nimmt ihnen nach muslimischer Sicht von vornherein ihren fundamentalen Charakter. Denn wer grundlegende Rechte ermitteln will, soll sie dort suchen und finden, wo sie schon längst gegeben sind: im Koran und in den Hadithen des Propheten. Alle Menschenrechtsdiskussionen des Westens sind nach solcher Sicht Ausdruck unwissender Verlegenheit.

In diesem Bewußtsein beginnt die Einleitung der *»Islamischen Deklaration der Menschenrechte«*, die 1981 vom Internationalen Islamrat (für Europa mit Sitz in London) verabschiedet wurde: »Vor mehr als 1400 Jahren bereits – zur Zeit der Auswanderung des Propheten Muhammad aus Mekka nach Medina – gab der Islam der Menschheit einen idealen Code der Menschenrechte.«[57] Hier wird deutlich gesehen, daß ein Anschluß an Menschenrechte, die sich anders begründen als im Bezug auf den Koran und diesen gar in der politischen Konsensfähigkeit überbieten, das eigene Glaubensfundament schwerwiegend beeinträchtigen könnte; denn damit würde eine Rechtsgrundlage anerkannt, die sich nicht aus dem religiösen Gesetz legitimiert und inhaltlich nicht mit ihm identisch ist[58]. Die gesonderte Deklaration muslimischer Menschenrechte stellt also den Versuch dar, einerseits das neuzeitliche Bemühen um den rechtlichen Schutz menschlicher Würde durch die Formulierung eines eigenen Beitrags zu unterstützen, aber andererseits jeglicher Relativierung des Korans und der Scharia von vornherein entgegenzuwirken.

---

[57] Zitiert nach der deutschen Fassung (die wiederum auf eine englische zurückgeht): *Die islamische Deklaration der Menschenrechte,* hg. vom Islamischen Zentrum München in Zusammenarbeit mit dem Islamic Council London, London/München 1984, 5. Der Originaltext ist arabisch. Beide Fassungen weichen nicht unerheblich voneinander ab. Eine deutsche Übersetzung des Originaltextes und einen kritischen Vergleich mit der englischen Version veröffentlichte *Karl Forstner* in: Cibedo-Dokumentation Nr. 15/16, Frankfurt 1982. Vgl. auch *Peter Antes,* Islamische Ethik, in: Ders. u. a., Ethik in nichtchristlichen Kulturen, Stuttgart 1984, 48–81, hier 70–72.

[58] Deshalb ist es bemerkenswert, daß Ägypten 1982 das Internationale Abkommen über die Menschenrechte ratifiziert hat; vgl. *Heribert Busse,* Die theologischen Beziehungen des Islams zu Judentum und Christentum. Grundlagen des Dialogs im Koran und die gegenwärtige Situation, Darmstadt 1988, 154f.

Das geschieht zwar mit dem Anspruch, »die uralte Hoffnung auf eine gerechte Weltordnung«[59] höchst angemessen, universal und endgültig zu erfüllen; doch ist nicht damit zu rechnen, daß diese Behauptung über die Grenzen der muslimischen Gemeinschaft Zustimmung findet. Wenn in den nachträglichen »Erläuterungen« der deutschen Übersetzung angemerkt wird, daß es sich im gesamten Text der islamischen Menschenrechtserklärung »bei dem Ausdruck ›Recht‹ bzw. ›Gesetz‹ um die Schariah, das heißt um die Gesamtheit der Anweisungen, die aus dem Koran und der Sunnah sowie anderen Gesetzen hervorgehen« handelt[60], dann ist dies ein einschränkend erläuternder Satz mit weitreichenden, dem nichtkundigen Leser unabsehbaren Konsequenzen. So läßt beispielsweise der 13. Artikel zur Religionsfreiheit, der jedem Menschen die »Ausübung religiöser Riten im Einklang mit seiner religiösen Überzeugung« zusichert, nicht erkennen, daß dabei nach islamischem Rechtsverständnis den Muslimen eine Abkehr von ihrer eigenen Glaubensgemeinschaft, um sich einer anderen zuzuwenden, absolut verwehrt bleiben muß. Die Differenzen zwischen dem neuzeitlichen Verständnis von Grundrechten und einem, das sich an der muslimischen Tradition ausrichtet, sind demnach hartnäckig; sie werden mit der Behauptung, daß auf der einen Seite die absolute Weisheit Gottes stehe, auf der anderen dagegen nur das unzulängliche und immer zeitbedingte Bemühen der Menschen um eine politische Ordnung, gewiß nicht gemindert, sondern nur noch verschärft.

Hier wird also nicht eine Religion vom Bekenntnis einer anderen herausgefordert, die mit ihr um die Zustimmung der Menschen konkurriert, sondern sie beide stehen unter dem Druck der sie gemeinsam umgreifenden sozialen Verhältnisse, unter denen die partikularen Religionen nicht mehr als fundamentale Orientierungen des Handelns hinreichen können und die dazu nötigen, nach konsensfähigeren Grundlagen Ausschau zu halten. Die weithin mit »*Säkularisierung*« bezeichnete Lage der modernen Gesellschaften hat ihren Grund primär nicht in einer areligiösen kulturellen Mentalität, sondern in der Notwendigkeit, eine sozial umfassendere Basis zu finden, als die Religionen sie gewähren.

Die geistesgeschichtlichen Wurzeln dieser Einsicht, in der sich die abendländische Welt von der muslimischen kräftig unterscheidet und die sich letztlich erst in der Neuzeit tiefgreifend und mit Konsequenz durchsetzte, reichen weit zurück: Schon für das Mittelalter läßt der

---

[59] Die islamische Deklaration der Menschenrechte (s. Anm. 57), 8.
[60] Ebd. 19.

wissenschaftsgeschichtliche Vergleich erkennen, daß der Westen in der theologischen Verarbeitung andrängender philosophischer Probleme – die nicht zuletzt durch die arabische Philosophie vermittelt wurden – »die kontrollierende Macht der glaubensförmigen Bewußtseinsstrukturen durchbrach und sich auf Universalität in den Bezugsbegriffen und in den Diskursgemeinschaften zu bewegte«, während sich im muslimischen Raum die Theologie der Philosophie weit mehr verschloß, sie abdrängte und damit der Kultur erschwerte, »die Universalität zu entwickeln, die zu einer weitergehenden Funktionalialisierung des Denkens und einer weiteren Formalisierung in der Sprache erforderlich ist«.[61]

Unter dem massiven und irritierenden Eindruck der religiös-weltanschaulich Dissonanzen, wie sie in der Neuzeit aufbrachen, lernte Europa schließlich, daß sich die formale Rationalisierung der verschiedenen gesellschaftlichen Systeme für die Bewältigung anstehender Aufgaben oft als weit funktionstüchtiger erweisen kann als die Orientierung an sittlichen Wertsystemen und religiösen Weltbildern. Religion wurde unter dieser Voraussetzung zu einem sozialen Funktionsbereich neben anderen in einer insgesamt fragmentierten Lebenswelt. Offen und problematisch bleibt dabei freilich zum einen, wieweit diese Situation ethisch verantwortbar ist, und zum anderen, ob sie – selbst unter bloß funktionalen Gesichtspunkten – auf Dauer genügen kann oder nicht zu fundamentalen Identitätskrisen führt, da sie den Menschen nicht hinreichend Deutungen ihrer bewegenden Lebenserfahrungen vermittelt[62].

Sicher wäre es angesichts der gegebenen Verhältnisse in unserer Welt unrealistisch, wollte man annehmen, daß es einer der Religionen in absehbarer Zeit selbst gelingen könnte, das Fundament für eine Verständigung der verschiedenen Völker und Kulturen oder auch nur der Gruppen in einer säkularisierten Gesellschaft abzugeben. Nicht gleichermaßen unrealistisch ist es jedoch, daß über alle Divergenzen hinweg eine wachsende *Übereinstimmung in allgemeineren humanen Orientierungen* gefunden werden kann – und auch dabei können aus guten Gründen Urteile mit Absolutheitsanspruch erhoben werden, vor allem bei der Einschätzung dessen, was als Übel in unserer Welt besei-

[61] *Benjamin Nelson*, Zivilisatorische Komplexe und interzivilisatorische Begegnungen, in: Ders., Der Ursprung der Moderne. Vergleichende Studien zum Zivilisationsprozeß, Frankfurt 1977, 58–93, hier 86f.
[62] Vgl. *Willi Oelmüller*, Die Grenze des Säkularisierungsbegriffs am Ende der bisherigen Neuzeitgeschichte, in: Ulrich Hommes (Hg.), Gesellschaft ohne Christentum, Düsseldorf 1974, 48–84.

tigt werden sollte. Damit aber sind die Religionen notwendigerweise vor die Frage gestellt, wieweit sie sich um der gemeinsamen Verantwortung willen auf kulturelle Verhältnisse einlassen können, die den besonderen Geltungsansprüchen des Glaubens gegenüber weitgehend indifferent bleiben.

Daß dem Islam aus einer solchen Lage erhebliche Schwierigkeiten erwachsen, ist offensichtlich. Seine Tendenz, Religion und Gesellschaft zur Deckung zu bringen, steht einer säkularisierten Welt so prinzipiell entgegen, daß eine Lösung nicht zu sehen ist[63] und schon gar nicht mit guten Ratschlägen von außen her gefördert werden kann. Doch geht es hier auch nicht darum, geschichtliche Abläufe zu prognostizieren oder moralische Verpflichtungen aufzustellen; zu sehen ist zunächst nur, daß die religiösen Traditionen in der modernen Welt gerade mit denjenigen Anteilen, die mit dem Anspruch der endgültigen Verbindlichkeit festgeschrieben sind, zunehmend sozial funktionsschwach oder gar dysfunktional werden – es sei denn, sie können bestimmte Überzeugungen auf einen breiteren Konsens gründen, als ihn schon die jeweilige Glaubensgemeinschaft bietet.

Von dieser Situation sind Christentum und Islam trotz aller Unterschiede gemeinsam betroffen[64]. Ihre Glaubwürdigkeit hängt entscheidend davon ab, wieweit sie dieses Geschick ihrer faktischen Relativierung anzunehmen wissen oder es im Pathos ihres Endgültigkeitsbewußtseins verdrängen.

c. Religiöse Erfahrungs- und Lerngemeinschaft

Unter den verschiedenen Aspekten dieser Untersuchung hat sich gezeigt, daß das Glaubensverständnis des Islam und des Christentums – wie immer es sich im einzelnen theoretisch entfaltet – durchgängig

---

[63] Vgl. aber den theoretischen Ansatz dazu bei ᶜAlī ᶜAbdarrāziq: Rotraud Wielandt, Offenbarung und Geschichte im Denken moderner Muslime, Wiesbaden 1971, 95–99. Vgl. auch ᶜAbdelhamid Muhammad Ahmad, Die Auseinandersetzung zwischen al-Azhar und der modernistischen Bewegung in Ägypten von Muhammad ᶜAbduh bis zur Gegenwart, Hamburg 1963 (Diss.); Smail Balić, Säkularisation. 3. Islamisch, in: LrG 941–944; Robert Caspar, Traité de théologie musulmane, Tome I: Histoire de la pensée religieuse musulmane, Rome 1987, 332–337: Etat et religion: religion d'Etat, laicité, sécularisation; 337–343: Le droit, la charīᶜa et les droits de l'homme; Wilfred Cantwell Smith, Der Islam in der Gegenwart, Frankfurt/Hamburg 1963 (orig.: Princeton 1957), 59–75: Liberalismus; Francis Robinson, Säkularisierung im Islam, in: W. Schluchter (Hg.): Max Webers Sicht des Islams (s. Anm. 31), 256–271.

[64] Dies ist eine der Voraussetzungen, von denen her Hans Küng die Auseinandersetzung mit dem Islam anlegt: Ders. u. a., Christentum und Weltreligionen, München 1984, bes. 91–117.

geprägt ist von der Spannung eines zeitüberlegenen und universalen Geltungsanspruchs einerseits und geschichtlich bedingter, mancherlei Wandel unterworfener, immer nur begrenzt anerkannter Realisierungen dieses Glaubens andererseits. Im rückschauenden Blick legt sich dabei die theologische Deutung nahe, daß sich bei aller Vielfalt und Variabilität das »Wesentliche« des Glaubens, das für ihn »Endgültige« als Konstante durchgehalten habe. Doch läßt sich daraus nicht auch für die Zukunft eindeutig ableiten, bis zu welchen Grenzen die geschichtlichen Modifikationen noch zulässig sind und von wo ab sie verwehrt sein müssen.

Gerade angesichts des traditionellen Widerstands des *Islam* gegenüber jeglicher »Neuerung« (bid^{c}a)[65] ist es theologisch aufschlußreich, zu sehen, wie selbst in ihm dennoch ein Wandel der religiösen – und dies heißt hier vor allem: ethischen – Orientierungen als verantwortbare Möglichkeit gedacht, ja sogar gefordert werden kann[66]. Dabei wird die Identität des Glaubens gelegentlich weniger in bestimmten inhaltlichen Normen gesehen als in dem durchgängigen Vertrauen auf Gott, der den Menschen zur schöpferischen Gestaltung seiner Wirklichkeit ruft, in Wahrnehmung der Tradition, aber auch der je gegenwärtigen Verhältnisse und ihrer Notwendigkeiten. In solcher Sicht »steht es außer Frage, daß die *sunna* [also die Überlieferung] niemals bloß die *bid^{c}a* [also die Neuerung] zurückgewiesen, sondern im Gegenteil weitgehend von ihr gelebt hat, auch wo ihre Verfechter das nicht wahrhaben wollten«[67]. Die Geschichte des Glaubens kann man dabei verstehen nach dem Modell eines Gesprächs, als »nie endenden Dialog *(ḥiwār azalī)* zwischen Gott und dem Menschen«, »den unser Vater Abraham eröffnet hat«[68]. Wo sich die religiöse Verantwortung derart auf Zukunft hin offen sieht, ist die Wahrheit des Glaubens keine ein für allemal eindeutig fixierbare Größe; die Offenbarung bleibt immer einbezogen in »einen Dialog mit der Reflexion ihrer Empfänger«[69].

---

[65] Vgl. S. 116 mit Anm. 70.

[66] Vgl. über »The task of rethinking and reformulating Islam« *F. Rahman,* Islam (s. Anm. 30), bes. 235–254: Legacy and Prospects, hier 251; auch *ders.,* Islam & Modernity (s. Anm. 32), bes. 141–162: Some Considerations toward a Solution.

[67] *R. Wielandt,* Offenbarung und Geschichte im Denken moderner Muslime (s. Anm. 63) 163 f mit Bezug auf den tunesischen Philosophen und Pädagogen *Maḥǧūb Ibn Milād.*

[68] *Ḥasan Ṣa^{c}b,* ein libanesischer Politologe und Diplomat, zitiert bei R. Wielandt, ebd. 164. (Der bezeichnende Titel des Buchs, dem das Zitat entnommen ist, lautet in deutscher Übersetzung: Der Islam angesichts der Herausforderungen des modernen Lebens, Beirut 1965).

[69] *R. Wielandt,* ebd. 165, mit Bezug auf den marokkanischen Philosophen *Muḥammad ^{c}Azīz Lahbābī.*

Die Anerkennung des endgültigen Wortes Gottes durch die Menschen kann demnach nie eine bloß rezeptive Übernahme sein; sie ist vielmehr immer zugleich eine *verarbeitende* Aneignung unter den jeweils gegebenen Bedingungen. »Ist der Mensch geschichtlich in dem Sinne, daß sein Selbstverständnis und seine Weltsicht zeitlich wandelbar und stets unabgeschlossen sind, so bleibt auch seine Interpretation des Offenbarungsbuches, die nur auf der Grundlage seiner jeweiligen Deutung von Selbst und Welt erwachsen kann und wiederum auf sie einwirkt, grundsätzlich unabgeschlossen.«[70]

Ob solche Gedanken eine Chance haben, im Islam wirksam aufgenommen zu werden, muß hier dahingestellt bleiben. Doch wäre es jedenfalls unangebracht, sie mit dem vermeintlich religionswissenschaftlichen Argument, daß sie »unislamisch« seien, als belanglos beiseite zu schieben – wenn sich selbst dogmatisch eine geschichtliche Identität nie im voraus endgültig festlegen läßt. Diese wird immer wieder in vielfältigen sozialen Prozessen ausgemacht, selbst dort, wo die Theorie von der Tradierung des Glaubens dies weniger wahrhaben will oder gar ausdrücklich abwehrt[71].

Auch innerhalb *christlicher Theologie* wird die Frage, welche Bedeutung der *Rezeption* kirchlicher Überlieferung und Lehrverkündigung zukommt, uneinheitlich beantwortet. Je stärker die institutionelle Zuständigkeit eines Lehramtes und die Endgültigkeit dogmatischer Entscheidungen betont werden, desto geringfügiger erscheint die Funktion der nachträglichen Aufnahme und Verarbeitung. So ist die kirchliche Rezeption in der katholischen Theologie der Neuzeit auf weite Strecken wenig beachtet, da man ihr doch leicht unterstellen kann, sie gebe die Verbindlichkeit kirchlicher Glaubensverkündigung preis und lasse statt ihrer Beliebigkeit walten. Aber die Tatsache, daß selbst ein noch so autoritativ definiertes Lehramt nicht in der Lage ist, allein von sich aus zu bestimmen, wie das, was es lehrt, letztlich von der Kirche aufgenommen wird, findet zunehmend auch theologische Beachtung[72]. Die Rezeption eines überkommenen Glau-

[70] *R. Wielandt,* ebd. 166.
[71] Vgl. *Franz-Xaver Kaufmann,* Kirche begreifen. Analysen und Thesen zur gesellschaftlichen Verfassung des Christentums, Freiburg/Basel/Wien 1979, 147–187: Gesellschaftliche Bedingungen der Glaubensvermittlung.
[72] Vgl. die entsprechenden Beiträge in: *Conc 21, 1985, Heft 4:* Die Lehrautorität der Gläubigen; *Yves Congar,* Die Rezeption als ekklesiologische Realität, in: Conc 8, 1972, 500–514; *Miguel Garijo,* Der Begriff ›Rezeption‹ und sein Ort im Kern der katholischen Ekklesiologie, in: Peter Lengsfeld/Heinz-Günther Stobbe (Hg.), Theologischer Konsens und Kirchenspaltung, Stuttgart 1981; *Alois Grillmeier,* Konzil und Rezeption. Methodische Bemerkungen zu

bens, einer vorgelegten Lehre setzt immer eine interpretative Beteiligung voraus. Sie ist nie bloße Bejahung, wenn diese überhaupt verständig sein soll.

Deshalb bleibt auch jeder Anspruch auf Endgültigkeit noch angewiesen auf eine vielgestaltige, weithin unausdrückliche, aber dennoch folgenreiche Kommunikation darüber, wie er sich in den Gesamtzusammenhang der Erfahrungen und Geltungen der Lebenswelt integrieren und aus ihm verantworten lasse. Unausweichlich nehmen wir alltäglich wahr, in welchem Maß unsere Überzeugungen Zustimmung finden; mit wem wir sie teilen und zu wem wir durch sie in Gegensatz geraten; wo es uns leichter fällt, uns mitzuteilen, und wo wir uns eher unsicher und verlegen sehen; was offensichtliche Konsequenzen für unser Selbstverständnis und unser Handeln hat und was uns weniger folgenreich erscheint. Von derartigen Erfahrungen sind prinzipiell nicht nur Einzelne je für sich betroffen, sondern auch die sozialen Räume, in denen sie leben. Wann dies eine Gefährdung der notwendigen Stabilität und Identität darstellt und wann im Gegenteil eine wertvolle Gelegenheit, um aus den gesellschaftlichen und geschichtlichen Sachverhalten für das Verständnis des Glaubens zu lernen, steht wiederum nicht ein für allemal fest[73]. Deshalb bleiben auch Religionen immer dem Spannungsverhältnis von Selbstbehauptung und Verständigungsbereitschaft, Treue zu sich selbst und Korrekturfähigkeit, Beharrungswillen und Beeinflußbarkeit ausgesetzt – ohne daß sie eine eindeutige Grenze ziehen könnten zwischen dem, was endgültig tragfähig ist und verbindlich bleiben muß, und dem, was künftigen Erfahrungen und Verarbeitungen anheimgestellt werden darf. Damit sind absolute Wahrheitsansprüche, wie sie im christlichen und muslimischen Glauben besonders intensiv ausgeprägt zu finden sind, nicht verwehrt; aber sie stehen im Experiment ihrer Geschichte – das heißt ebenso der Lebensgeschichte des einzelnen Gläubigen wie der Geistes- und Kulturgeschichte der jeweiligen Religionen, letztlich sogar der

einem Thema der ökumenischen Diskussion der Gegenwart, in: Ders., Mit ihm und in ihm. Christologische Forschungen und Perspektiven, Freiburg/Basel/Wien 1975, 303–334; *Hans Waldenfels,* Kontextuelle Fundamentaltheologie, Paderborn 1985, 470–472: »Sensus fidei« – »consensus fidelium«; *Franz Wolfinger,* Die Rezeption theologischer Einsichten und ihre theologische und ökumenische Bedeutung: Von der Einsicht zur Verwirklichung, in: Cath(M) 31, 1977, 202–233.

[73] Dies ist grundsätzlich auch anzumerken zu *Wolfhart Pannenberg,* Religion und Religionen. Theologische Erwägungen zu den Prinzipien eines Dialoges mit den Weltreligionen, in: Andreas Bsteh (Hg.), Dialog aus der Mitte christlicher Theologie, Mödling 1987, 179–196, hier 192–194 mit dem Verweis auf den möglichen »Identitätsverlust der Kirche oder des Islams« (195).

Menschheit. Dies kann nicht nur als *Unsicherheit,* sondern vor allem auch als *Freiheit* erfahren werden. Ob das eine oder das andere überwiegt, hängt nicht zuletzt von den Bedürfnissen und Erwartungen ab, die die Religionen selbst vermitteln.

Register

Register der Bibelzitate

Gen	18,1ff	73		25,41	170
Ex	2	61		28,19	143
	3,6	73	Mk	9,1	96
	3,14	74		12,6	76
	3,18	74		16,16	168
	25,8	74	Lk	1,1–4	86
Dtn	18,18	71		1,2	87
Ps	24,7.9	73		3,1	63
	31,17	73		4,21	59
	42,3	73		22,20	58
	46,6	73	Joh	1,17	61
	50,2f	73		8,37–47	169
	96,1	58		14,6	52
	132,13f	73		14,9	75
Jes	40,8	108		14,16	134
	42,9	57		14,17	134
	43,19	57		14,26	134
	48,6	57		15,26f	71, 134
	62,2	57		16,14	134
	66,22	57		17,3	75
Jer	23,11f, 15f, 23f	83		20,28	75
	23,24	82		21,25	89
	31,31–34	57	Apg	1,21f	86
	31,34	112		4,10	77
Ez	11,19	57	Röm	5,14	61
	18,31	57		6,10	69, 76
Hos	2,4	74		10,4	69
	2,16.18.22	74		11,7.25	143
Am	9,7	68		15,4	60
Hag	2,23	136	1 Kor	1,10	128
Mt	2	61		1,18–31	143
	10,23	96		2,4	144
	17,1–13	69		3,11	86
	24,32–34	96		9,2	136

	10,6	61	Hebr	3,14	96
	10,11	60	Hebr	1,1f	76
	11,25	58		7,27	69, 76
	15,3f	60		8,8–13	58
	15,1.3	86		9,12	69, 76
2 Kor	3,6	58		9,15	58
	5,17	58		10,10	69, 76
Gal	1,8f	9, 90	1 Petr	1,12	60
	4,4	59, 76		3,21	61
	6,15	58	2 Petr	2,1	128
Eph	2,15	58		2,10–22	169
	2,20	87	1 Joh	2,19	128
	4,24	58		2,23	169
Phil	3,2	128	2 Joh	10f	9, 168
1 Tim	2,5	77	Offbg	14,6	137
2 Tim	1,14	96		21,1f	58

Register der Koranzitate

2,30–34	66		5,68	35
2,37f	67		6,39	148
2,78	82		6,159	131
2,99	79		6,161f	83
2,111	168		7,12	66
2,113	128		7,157f	82
2,125–128	37		7,158	78
2,255	44		7,172	64
2,285	69		8,22f	170
3,3	80		8,55	169
3,7	80		9,71	128
3,19	128		9,87	143
3,45	33		9,111	34
3,81	69		10,19	67
3,85	9, 71		10,36	81
3,103	128, 144		10,37	80
3,103–105	47		10,38	80
3,105	128		11,49	82
3,110	47		12,1	79
4,171	33		12,2	78, 91
5,3	70		13,39	80
5,6	136		16,125	31
5,14	28, 128		17,49f	65
5,48	136, 147		17,88	80

19,9.19.21	83		41,44	78, 92
20,113	78		42,13	71
22,52	80		48,28	9, 70, 143
23,53	28		53,2–11	101
26,193	81		53,3f	101
26,195	78		54,17.32	80
26,198f	92		61,6	70, 137
29,46	35		73,88–96	80
30,30	68, 142		74,18–25	81
33,40	69, 133, 137		74,31	81
34,28	78		75,17–19	82
35,24	68		95,4f	65
39,23	81		96	90
39,28	78			

Sachregister

Abraham 37, 44f, 71, 73, 158, 168, 190

Abrogation 81f, 118

Absolutheit 9, 23, 27, 55, 77, 84, 107, 111, 129, 139, 141, 143, 149f, 152–156, 167f, 171, 180, 182, 188, s. Ausschließlichkeitsanspruch, Endgültigkeit

Aggressivität/Feindschaft 16, 31, 33, 42, 107, 126, 128, 131, 166, 168–170

Ahmadiyya 130, 140–142

Altes Testament 34f, 56, 61, 87, 99, 137, s. Bibel

»anonymes Christentum« 20, 146

Apokalyptik 57, 61, 72, 137, s. Eschatologie

Aufklärung 10, 38, 142, 147, 149–156, 159, 186, s. historisch-kritische Wissenschaft, Religionskritik

Ausschließlichkeitsanspruch 25, 97, 170f, s. Absolutheit

Bahai 138–140, 142

Bekenntnis 15f, 25, 44, 48–51, 63f, 75, 95, 108f, 111, 124, 144, 146, 180f, s. Dogma

Bibel 34f, 37, 60, 68, 72, 79, 82f, 92f, 109–111, 128, 170, s. Altes Testament, Inspiration, Neues Testament

Black Muslims 138

Bund 64, 68, 74, 122

Charidschiten (Ḥāriǧiten) 129

Dialog 11, 27, 31, 40–43, 52–54, 165–167, 177, 190, s. Verständigung

Dogma 20, 25, 27f, 36f, 43, 75, 77, 84, 87, 100, 105–112, 123–125, 128, 142, 146, 170, 174, 178f, 191, s. Bekenntnis, Glaube

Drusen 138

Endgültigkeit 17, 25f, 28, 33, 55–95, 98, 101, 104–115, 120, 133–164, 167, 192, s. Absolutheit

Erfüllung 56–64, 70f, 135f, s. Heilsgeschichte
Eschatologie 22, 44f, 59, 63, 65, 112, 131, 134, 140, s. Apokalyptik
Ethos/Ethik 15, 43, 45, 50f, 180, 182–193, s. Handlungsbezug, Menschenrechte, Scharia

Freiheit 10f, 40, 43, 178, 187, s. Menschenrechte
Fundamentalismus 163, 173, 175f, 186

Gebet 44, 49f, 137
Geltungsanspruch 10, 13–17, 23, 25, 47, 56, 142, 145f, 161–164, 190–193, s. Legitimation, Verbindlichkeit
Geschichtlichkeit 85, 94–104, 120–128, 149–156, 171–177, 180, 189–191, s. Geschichtsverständnis, Kirchengeschichte
Geschichtsverständnis 55f, 59–62, 73, 100, 135, 148–161, s. Geschichtlichkeit, Heilsgeschichte
Glaube 20, 35–57, 41, 43–45, 61, 64f, 68f, 81, 90, 94–99, 106, 108, 111, 113, 122–125, 144, 146f, 151–153, 174, 179f, 185, 189–191, s. Dogma
Glaubwürdigkeit 9, 16, 92, 106, 128, 144, 146, 151, 161, 165, 167, 177f, 180f, 189, s. Legitimation, Wahrheit
Gott 22, 25, 28, 35, 37, 44, 50–52, 64–68, 72–77, 90, 112, 137, 139, 150, s. Offenbarung, Schöpfung

Hadith 90, 92, 101–104, 112, 119, s. Sunna, Tradition

Handlungsbezug 16, 42f, 50f, 103, 106, 116, 125, 131, 182–189, s. Ethos/Ethik
Häresie 26, 32f, 35, 107, 130, 171
Heilsgeschichte 22, 56–64, 67, 112, 143, 145, s. Bund, Erfüllung, Menschheits-/Weltgeschichte, Überbietung
Hermeneutik 17, 61f, 178, s. Verständigung, Schriftbeweis, Typologie
historisch-kritische Wissenschaft 28, 151, 158–161, 172, s. Orientalistik

Iğmāᶜ 114
Iğtihād 114–117, 157
Inspiration 88, 92, 101, 111, 174

Jesus 21f, 26, 32, 37, 51, 58f, 61, 63, 69–77, 84, 86, 95f, 111f, 134–137, 141, 158, 168
Juden 18, 20–23, 28, 30, 34f, 37, 39, 41, 43, 45f, 56, 58, 68, 87, 118, 128, 130, 140–143, 150, 166, 168, 170f

Kirchengeschichte 26, 38, 63, 84, 96f, 99f, 108–110, 120–122
Konfessionen 47, 100, 105–115, 121, 128–132, 162, 173
Konkurrenz 9, 12, 17, 24–27, 54, 123, 131f, 134, 141, 165–193, s. Pluralität
Konzil
– von Chalkedon 108f
– von Ephesus 109
– von Florenz 170
– von Nizäa 77, 107–109
– von Trient 87, 99
– Erstes Vatikanum 97f, 110
– Zweites Vatikanum 18, 38–54, 96, 98, 110f, 149, 182, 184f

Koran 24–26, 28–30, 34, 36f,
47–49, 78–85, 90–93, 101–104,
112f, 115–119, 125, 128f, 140,
158, 160, 170, 186f
Kult 73, s. Gebet, Mekka

Legitimation/Rechtfertigung 10,
15–17, 22, 86, 112, 114, 126,
146f, 162, 176, 179, 186, s.
Glaubwürdigkeit, Verbindlichkeit, Wahrheit
Lehramt 40, 105–113, 119, 123f,
174, 178, 191

Manichäismus 136
Mekka 37, 50, 137, 158
Menschenrechte 10, 51, 185–187,
s. Ethos/Ethik
Menschheits-/Weltgeschichte 19,
27, 56, 63, 71, 137–139, 148–
151, 159, s. Geschichtsverständnis, Heilsgeschichte, Religionsgeschichte
Mission 38, 182
Mohammed 24, 28, 30, 35, 48f,
69–71, 78–80, 90–92, 101,
103f, 129f, 133, 136–141
Montanismus 135f
Mose 61, 71, 73

Neues Testament 35, 57, 60–63,
75–77, 88, 99, 137, s. Bibel

Offenbarung 17f, 23, 25f, 28–
30, 32, 34–36, 44, 48, 63, 67f,
70–85, 88, 90, 92, 95f, 101f,
105, 107–109, 118, 120, 133–
141, 147, 151, 155, 160, 171,
174, 182, 184, 190
Orientalistik 10, 29f, 161, s. Religionswissenschaft

Partikularität 106, 131, 140,
142, 158

Pluralität 17, 30, 34, 100, 115,
120–132, 145, 147f, 177, 184,
s. Konkurrenz

Rechtsschulen 115
Reform 117, 126, 138–141, 159
Relativität 26, 33, 77, 89, 123,
147–161, 175f, 180, 185f, 189
Religionsgeschichte 27, 30, 134,
139, 152f, 157, 159, 177, s.
Menschheits-/Weltgeschichte
Religionskritik 17, 151f, 159,
165, 167, 182, s. Aufklärung
Religionswissenschaft 12, 14f,
46, 191, s. Orientalistik

Säkularisierung 149, 158, 161–
164, 187–189
Scharia 21, 50, 115f, 137, 163,
175f, 186f
Schia 79, 91, 103, 113, 115, 117–
120, 126f, 129, 137f, 140
Schöpfung 44, 58, 62, 65, 68,
156
Schriftbeweis 59f, s. Hermeneutik, Typologie
Sunna 84, 101f, 104, 113, 115–
119, 127, 129f, 187, 190, s.
Hadith, Tradition

Tradition 10, 24, 26, 28–30, 55,
59–62, 86–90, 92f, 95–105,
110, 114, 116–120, 152, 159,
175f, 179, 189–191, s. Hadith,
Sunna
Typologie 59–64

Überbietung 21, 25, 28, 55–64,
133–142, s. Heilsgeschichte,
Erfüllung
Umma 47, 67, 137, 176
Universalität 25, 27, 40, 60, 78–
85, 124, 138, 142–147, 151,
159, 170, 185, 188, 190

Verbindlichkeit 13, 19f, 51, 87, 92, 104–120, 113, 119, 139, 175, 189, 191, s. Geltungsanspruch, Lehramt
Verständigung 11, 13–17, 37f, 40–43, 91, 114, 146, 151, 166f, 177–193, s. Dialog, Hermeneutik, Iǧmāᶜ, Iǧtihād, Legitimation

Wahrheit 13, 15f, 40f, 52, 62, 81f, 84, 87, 98, 105, 107, 112, 114, 116, 118f, 143f, 146f, 150f, 153f, 166, 171, 174, 178–184, 190
Wert(-erfahrung, -urteil) 14–16, 22, 52, 56, s. Ethos/Ethik

Personenregister

Nicht aufgeführt sind hier Namen aus Bibel und Koran; sie stehen vereinzelt im Sachregister. – Der arabische Artikel »al-« (bzw. »at-« usw.) wurde bei der alphabetischen Reihenfolge nicht berücksichtigt.

ᶜAbdarrāziq, ᶜA. 198
ᶜAbduh, M. 131, 159, 175
Abdullah, M. S. 148
Abū Bakr 129
Adams, Ch. J. 79
Ahmad, ᶜA. M. 189
Ahmad, Mirza Bashiruddin Mahmud 140
Aḥmad Ġulām Ḫalīl 119
Ahmad, Sheikh Nasir 140
Algar, H. 163
ᶜAlī 103, 129
Anawati, G.-C. 12, 20, 34, 51, 69, 93, 104
Antes, P. 14, 25, 36, 47, 51, 118, 162, 186
Apfelbacher, K.-E. 55
al-ᶜAqqād 160
al-Ašᶜarī 130
Athanasius 108
Augustinus 32, 76, 135, 171

al-Baġdādī 130
Bahā'ullāh 139
al-Bīrūnī 36
Balić, S. 85, 126, 189
Barr, J. 173

Barth, K. 155
Bausani, A. 139
Behm, J. 58
Bell, R. 81f
Ben Chorin, Sch. 148
Bennabi, M. 160
Benso, Th. L. 14
Benz, E. 27, 32–34, 49
Bernand, M. 114
Beumer, J. 88f, 95
Biser, E. 87, 108, 169
Blachère, R. 64, 71, 78f, 91
Blank, J. 121
Bobzin, H. 31, 33
Böckenförde, E.-H. 183
Bonhoeffer, D. 155
Borrmans, M. 43
Bouman, J. 65f, 69, 84
Brack, R. 173
Brakel, L. F. 126
Braune, W. 29
Brox, N. 96f, 110, 171
Bucaille, M. 80
Buddha 136
al-Buḫārī 102
Buhl, F. 34, 78
Bultmann, R. 134

Busse, H. 26, 104, 148, 158, 186

Cain, S. 14
Campenhausen, H. von 87–89, 106
Cancik-Lindemaier, H. 62
Caspar, R. 40, 44, 78, 84, 189
Cassirer, E. 142
Comte, A. 159
Congar, Y. 97, 170, 191

Dammann, E. 24
Daniel, N. 10, 33
Darrow, W. R. 47
Decker, B. 165
De Jong, F. 126
Deuerlein, E. 173
Diderot 142
Didymos 135
Dilger, K. 127
Duran, Kh. (s. auch Khálid, D.) 175 f

Ebneter, A. 173
Eicher, P. 174
Eising, H. 74
Elijah Muhammad 138
Ende, W. 117
Ephräm der Syrer 108
Epiphanius von Salamis 106, 135
Ess, J. van 50, 103, 138
Esslemont, J. E. 139

Falaturi, A. 64
Feiner, J. 37
Figura, M. 170
Forstner, M. 51, 186
Frank, K. S. 122
Fulgentius von Ruspe 170
Fück, J. 101, 104

Gabriel, K. 161
Gaddafi 117
Garijo, M. 191
Gardet, L. 10, 12

Gätje, H. 137
Geiselmann, J. R. 89
Gelin, A. 60
Gellner, E. 91, 114, 117, 176
Gensichen, H.-W. 169
al-Ġazālī 68–70, 112, 116, 119, 178
Ghaussy, Gh. 175
Gladigow, B. 14
Gökbilgin, M. T. 138
Goldziher, I. 104, 130 f
Goppelt, L. 61
Grässer, E. 97
Gregor XVI. 172
Gregor von Nazians 107
Greschat, H.-J. 14
Grillmeier, A. 75, 191
Groß, H. 60
Grotzfeld, H. 80
Grunebaum, G. E. von 80
Ġulām Aḥmad, Mīrzā 140

Hacker, P. 25
Hagemann, L. 24, 26, 71, 80, 158, 162
Hamidullah, M. 101, 115
Harnack, A. von 152
Harpigny, G. 10
Hegel, G. W. F. 131, 150–152, 183
Heggelbacher, O. 173
Henning, M. 68
Hessen, J. 156
Hick, J. 146
Hieronymus 92
Hock, K. 10
Hodgson, M. G. S. 118, 138
Hommes, U. 161
Horovitz, J. 136
Hottinger, A. 126
Ḥusain ᶜAlī Nūrī (Bahā'ullāh) 138 f
Ḥusayn, T. 158

Ibn Ḥanbal 102
Ibn Isḥāq 71, 129

Ibn Mīlād, M. 190

Jäggi, Christian J. 139
Jedin, H. 173
Joachim v. Fiore 137
Johannes von Damaskus 32
Justin 31 f
Juynboll, G. H. A. 104

Käsemann, E. 121, 131
Kampling, R. 89
Kasper, W. 26, 64, 74, 98
Kaufmann, F.-X. 161, 191
Kern, W. 97, 123, 170
Khálid, D. (s. auch Duran, Kh.)
  127, 148
Khoury, A. Th. 24, 26, 71,
  80, 148, 158, 162, 169
Klemens von Alexandrien 62
Klinger, E. 146
Knitter, P. F. 14, 16
Kramers, R. P. 121
Kraus, H.-J. 73
Kriss, R. 126
Kriss-Heinrich, J. 126
Küng, H. 12, 15, 84, 97, 110,
  146, 170, 189

Labib, L. 183
Lahbābī, M. ᶜA. 190
Lambton, A. K. S. 113
Lanczkowski, G. 14
Laroui, A. 29
Laurentin, R. 121
Le Gai Eaton, Ch. 82
Lehmann, K. 150, 156
Leo XIII. 123
Lerner, R. E. 137
Lessing, G. E. 148, 151
Leuze, R. 150, 156
Librande, L. T. 101
Limbeck, M. 88
Lubac, H. de 23, 59 f, 62 f
Lülling, G. 79

Luther, M. 170

Macdonald, D. B. 113, 118
Madelung, W. 113, 141
Magaß, W. 169
Maḥmūd, ᶜA. al-Ḥ. 49
Mani 136 f
Mann, U. 14, 146, 155
Marmura, M. 66, 84, 103, 113,
  118, 125, 130
Massignon, L. 292
Maximilla 135
Mayer, A. E. 50
Mensching, G. 145, 168
Metz, J. B. 123
Meyer, Th. 11, 173
Möhler, J. A. 21 f, 78, 148
Möller, J. 150
Moltmann, J. 143
Montanus 135–137
Monzel, N. 72, 78, 85
Moubarac, Y. 10, 38

Nagel, T. 29, 104
Nasr, S. H. 163
Al-Nayfar, Ḥ. 31, 157, 163
Nelson, B. 188
Neuner, P. 173
Neuwirth, A. 79
Nietzsche, Fr. 182 f
Niewiadomsik, J. 173
Nikolaus von Kues 165–167
Noori, A. Y. 142
North, R. 56
Noth, A. 31, 138

Oberhammer, G. 25
Oelmüller, W. 16, 150,
  188
Oesterreicher, J. 39
Ohlig, K.-H. 88, 180 f
Ohm, Th. 20, 31, 145, 182
Omar (ᶜUmar) 182 f

Pannenberg, W.   12, 15f, 22, 59, 72, 192
Pareja, F. M.   10
Paret, R.   47, 66, 78, 80, 82, 84, 92, 131, 147, 158
Pesch, R.   76
Peters, R.   117, 126, 175
Pius IX.   97, 123
Pius X.   174
Pius XI.   145
Pius XII.   123, 173
Platon   171f
Puech, H.-C.   136

Rad, G. von   59f
Radtke, B.   116
Rahman, F.   84, 103, 148, 175f, 190
Rahner, H.   62
Rahner, K.   18–20, 23, 39, 77, 87f, 111f, 124, 126
Rajewski, Chr.   169
Ratzinger, J.   42, 88, 99, 137, 143, 170
Reissner, J.   126f
Rendtorff, R.   73
Riḍā, M. R.   159
Riße, G.   30
Ritter, A. M.   87, 135
Robinson, F.   189
Robson, J.   102, 116
Rodinson, M.   10, 29
Rosenkranz, G.   177
Rousseau, J.-J.   145
Rütti, L.   145
Ruh, U.   162

Ṣaᶜb, Ḥ.   190
aš-Šahrastānī   130
aš-Šāfiᶜī   101
Sand, A.   87
Schacht, J.   50, 113f, 116
Schäfer, R.   156
Schaeffler, R.   16, 54, 152, 165

Schimmel, A.   65f, 71, 126, 157
Schlette, H. R.   17, 168
Schlippe, G. von   156
Schmidt, M.   10
Schmidtke, S.   120, 176
Schmucker, W.   130
Schnackenburg, R.   42, 169
Schneemelcher, W.   87
Scbrödter, H.   16
Schumacher, J.   88
Schumann, O. H.   85, 126
Schürmann, H.   42
Schwager, R.   63, 165
Schwarzenau, P.   148
Schwedt, H. H.   173
Seckler, Max   10, 95, 99
Seeberg, R.   109
Sezgin, F.   104
Sharpe, E. J.   14
Shepard, W.   175
Sieben, H. J.   106, 108f
Smith, W. C.   64, 85, 91, 125, 140f, 189
Southern, R. W.   10, 33, 166
Söderblom, N.   85
Söll, G.   98
Speyer, H.   64, 136
Stieglecker, H.   65, 69, 71, 80, 82, 101f, 158
Stockmeier, P.   31, 95, 99, 106–108, 110
Stoodt, D.   173

aṭ-Ṭabarī   78, 148
Talbi, M.   163
Tayler, Ch.   150
Tekindağ, M. C. Ş.   138
Tertullian   135
Thomas v. Aquin   35
Tibi, B.   47, 120, 126f, 162f
Trippen, N.   173
Troeltsch, E.   78, 152–156
Tyan, E.   113, 169

ᶜU̱tmān (Osman)   91

Vahman, F.   139
Vinzenz von Lerin   97
Vischer, L.   37
Vorbichler, A.   104
Vorgrimler, H.   39

Waardenburg, J.   67
Wagner, S.   74
Waldenfels, H.   15, 27, 54, 177, 192
Walf, K.   184 f
Wanke, G.   87
Wansbrough, J.   79, 83, 103
Watt, W. M.   66, 79, 81, 84, 91, 102 f, 113, 115, 118, 125, 130, 138
Weber, O.   174

Welch, A. T.   66, 79, 81, 91, 102, 115, 138
Welte, B.   150
Wensinck, A. J.   101, 130
Westermann, C.   56–58
Whaling, F.   14
Widengren, G.   136
Wiederkehr, D.   95, 99
Wielandt, R.   29, 64 f, 82, 126 f, 157–159, 189–191
Willms, A.   126
Wolfinger, F.   192

az-Zamaḫšarī   137
Zarathustra   136
Zirker, H.   15, 67, 82, 95, 104, 111, 151, 159, 169, 173, 178